U0115180

史學研究叢書・歷史文化叢刊

北宋黨爭
與文禍、學禁之關係研究

涂美雲 著

目　次

第一章

緒 論

一 研究動機與研究範圍界定

　　歐陽修於其〈朋黨論〉一文中說：「臣聞朋黨之說，自古有之，惟幸人君辨其君子小人而已。」誠然，中國古代的社會，自從有政治出現，由於政治理念的差異，於是「朋黨」問題，就彷彿如影隨形般，隨之而出。因此，歐陽修遠溯自堯之時，即有「小人共工、驩兜等四人為一朋，君子八元、八愷十六人為一朋。」[1]「朋黨」議題可謂由此啟其端；爾後，中國歷代的朝政多有朋黨之爭，至於宋代亦不例外，並且在兩宋的政治環境中，朋黨之爭實為一突出的政治現象。「朋黨」的產生，左右了朝廷的政治格局，牽引了朝廷的政治發展，更影響了無數人的政治命運，因此，歷代君臣對「朋黨」之說皆諱莫如深，但它卻又始終與中國歷代的政治操作離不開關係，無論君子或小人，對立的雙方，往往即以「朋黨」作為攻伐對方的理由，藉此挑起統治階層的重視與懲處。

　　在歷代的政治鬥爭中，可以看出不同的特點，首先，從組成份子來說，或為宗室，或為外戚，或為權臣，或為宦官，或為名士，或為學者，或為君子，或為小人，各代黨爭中，成員多有不同。其次，從

---

[1]　以上所引歐陽修之語，見宋・歐陽修撰，李逸安點校：《歐陽修全集》（北京：中華書局，2001 年 3 月第 1 版，2009 年 1 月第 2 次印刷），〈居士集〉，卷 17，頁 297。

目的上來說，或為權勢，或為利益，或為仇怨，或為意氣，或為身家，或為社稷，或為政治原則，或為學術理念，黨人各自以不同的思想理念或利害問題相聚為伍。再者，從對付政敵的方式來說，或揭露實事，或羅織構陷，或蠱惑君王，或運作朝臣，或鼓勵告訐，或詆毀攻擊，為傾軋政敵，往往無所不用其極。此外，從結果上來說，黨爭之後，對於落敗的一方，或毀名屈辱，或置獄禁錮，或徒刑殺戮，或貶謫降黜，或奪官放逐，手段方式不一。而「朋黨」形成的主因，歐陽修概分之為：「君子以同道為朋，小人以同利為朋」[2]，總之，黨人們為了某些政治目的或利害關係，進而展開或長或短的政治鬥爭。

至於宋代的朋黨之爭，與之前各代相比之下有同有異，其中顯示出一些鮮明的特點。首先，重文輕武是趙宋政權的基本國策，士人的地位提升至空前高度，所謂的「士大夫政治」，在宋代可謂具體落實，因此宋代朋黨的組成份子，多有文人士大夫參與其中，舉凡仁宗朝的「慶曆黨議」、神宗朝的「新舊黨爭」、哲宗朝的「洛蜀朔黨爭」與「新舊黨爭」、徽宗朝的「崇寧黨禁」，乃至南宋寧宗朝的「慶元黨禁」等等，其中參與其事或捲入黨爭漩渦者，多為文人士大夫，此與前代有異。其次，宋代的文人士大夫既為政黨的核心人物，卻也同時是宋代文學上以及學術上的主體，王水照先生於其主編之《宋代文學通論》書中即曾指出：「宋代士人的身份有一個與唐代不同的特點，即大都是集官僚、文士、學者三位于一身的複合型人才，其知識結構一般遠比唐人淹博融貫，格局宏大。」又說：「政治家、文章家、經術家三位一體，是宋代『士大夫之學』的有機構成。」[3]這種多元因素的組合，使宋代文人同時具有了參政主體、文學主體和學術主

2　同前註。

3　見王水照主編：《宋代文學通論》（開封：河南大學出版社，1997年），〈緒論〉，頁27。

體，呈現出複合型的主體特色。而如此複合型的主體結構，便使得宋代的黨爭，在政黨間彼此黨同伐異的過程中，形成了有別於其他朝代黨爭的一個明顯特色，即興發了「文禍」與「學禁」的問題。宋室重文的風氣，本應使士人備受尊崇，學術備受重視，但事實不然，兩宋時期黨爭不斷，甚至產生政治迫害學術之事，其大者，如北宋有「元祐學禁」，南宋有「慶元學禁」，許多士人遭罹黨禍，學術創作也隨之湮沒於黨爭下的歷史洪流中，亡佚不一。

　　據前文所述，宋代的黨爭有其特點，除了政治層面之外，還牽延至學術層面，小至個人的文字之禍，大到群體學術之禁，政治與學術之間，在宋代為何關係甚切？朝臣又如何操作這個議題，入人於罪？朝廷在作出懲處之時，又是基於什麼考量？而一樁樁政治利害與學術文字糾結的禍患，將造成個人如何的命運際遇？更值得注意的是，這些事件又將對宋代的朝政產生如何的影響？凡此議題，皆引發筆者探討的興趣，此為研究動機之一。其二，本書之構想，原是經由「行政院國家科學委員會」審查通過之計畫議題，藉此機會，將計畫執行期間所蒐集與閱讀之相關資料作一梳理，進而撰寫成書，期能更清楚呈現出其間的脈絡與面貌。

　　至於研究範圍，首先在時代上，限定於北宋。其次在議題上，本文將選擇案例顯著且影響深遠者作為探討對象，依其發生的先後次序，其一是蘇軾的「烏臺詩案」，其二是蔡確的「車蓋亭詩案」，其三是蘇軾的「策題之謗」，其四是「元祐黨禍與元祐學禁」。以上幾個案例，無論是從個人或群體來說，都曾經引發朝廷的軒然大波，而且彼此間存在著或隱或顯、或深或淺的相互影響，不可以單一事件看待。透過這幾個顯例的探析，將對北宋時期的黨爭、政治與學術之間的關聯，有更清楚的認識。

二　近年來相關議題之研究概況

　　宋代三百多年國祚，幾乎與內憂外患相始終，這樣一個積弱不振的王朝，卻成功地攀上了中國古代文明的另一次高峰，學者柳詒徵云：「有宋一代，武功不競，而學術特昌。上承漢、唐，下啟明、清，紹述創造，靡所不備。」[4]陳寅恪亦云：「華夏民族之文化歷數千年之演進，造極於趙宋之世。」[5]由於趙宋王朝「抑武重文」國策的影響，文士得到統治者空前的重視，並因而帶動了趙宋三百年的學術發展，因此，後世研究宋代之學的專家學者及其著述，實多不勝舉。而研究宋代之學，由於宋代士人多兼政治家與學者於一身，因此，無論是針對個體研究抑或群體研究，也無論是著眼於政治研究抑或社會、文化、學術等不同方面的研究，似乎總難免涉及黨爭的一些論述，這些都或多或少值得參閱。

　　而目前所見，與本文議題較有相關的專著，舉其顯著者而論，主要有大陸學者沈松勤先生所撰寫的《北宋文人與黨爭》、《北宋政治與文學研究》二書，及蕭慶偉先生所撰寫的《北宋新舊黨爭與文學》一書。關於沈松勤先生所撰寫的《北宋文人與黨爭》一書，作者首先著重於北宋黨爭歷史背景的探索，包括君子之黨與小人之黨其黨同伐異的主體性格，以及臺諫制度的形成與作用等；其次，則著重於探討北宋黨爭與文人及其文學創作的互動關係；而與本文相關的議題探討，僅為其中一章，其中對於黨爭所引發的「文禍」與「學禁」議題，僅就其相關的人事及過程作一簡單敘述性的說明。而《北宋政治

4　見柳詒徵撰：《中國文化史》：（上海：上海書店，1990 年），頁 503。
5　見陳寅恪撰：《金明館叢稿二編》：（北京：三聯書店，2001 年），頁 245。

與文學研究》一書，則在前書的基礎上，更加著力於探討兩宋政治制度與黨爭之下，各項文學領域的發展概況[6]。至於蕭慶偉先生所撰寫的《北宋新舊黨爭與文學》一書，也同樣著重在北宋黨爭的產生及其影響北宋文人的創作方面作探討，對於與本文議題相關的論述則相對為少。因此，綜觀此三書，大體上皆著重於北宋黨爭對北宋文人創作的影響方面進行探析，與本文的視角及切入點有所不同，但是三書中的研究成果，可提供本文研究時的基礎參考。此外，羅家祥先生的《北宋黨爭研究》一書，詳細地探討了北宋各朝黨爭發生的過程，堪稱詳盡仔細，然此書唯著眼於政治鬥爭層面的探析，對於學術文化層面的影響，則著墨較少，故僅能作為政治背景的參考。此外，臺灣的金中樞先生有一系列探討《宋代的學術和制度研究》的套書，其中第八冊闢有專章探討「車蓋亭詩案研究」，史料內容豐富詳細，足堪引鑑。

另外，相關研究之學位論文，在臺灣則有如：1987年江惜美之碩士論文《烏臺詩案研究》，這是針對蘇軾在神宗元豐年間所遭受的詩禍作專題研究，作者從東坡的生平事略，進而論述東坡所處之政治背景，藉以分析烏臺詩案的源起，並進一步對詩案中所涉及的詩篇依其創作年代作探析，最後探討烏臺詩案對東坡之後的人生與創作所產生的影響，可謂是此一專題的力作；然則，烏臺詩案涉及面甚廣，只以東坡本身作為研究主體，對整體詩案來說，恐怕難以顧及全面。2005年王璧寰之博士論文《北宋新舊黨爭與詞學》，內容重在探索政治鬥爭對文人詞作的思維影響，提供了文人處在政爭中的心態表現方面的研究成果，唯其研究範疇亦僅局限於詞學層面。

此外，大陸方面近年來亦陸續有與黨爭相關的碩士論文撰述，如2002年有周克勤所撰《烏臺詩案研究》碩士論文，與臺灣江惜美

6　見沈松勤撰：《宋代政治與文學研究》（北京：商務印書館，2010年10月第1版）。

之碩士論文同名，作者首先簡述詩案的始末，其次論及當時臺諫的表現與對涉案詩文的闡釋，再則論及蘇軾涉案時的心態表現及對所撰詩文的解釋，最後則述及詩案對蘇軾日後創作的影響，以及後人對涉案詩文的闡釋等，相較於江惜美之研究，此文的研究視野較為寬廣，但篇幅甚短，難以呈現出深入的研究成果。2005 年有陝西師範大學王偉撰述之《新舊黨爭與秦觀詞風嬗變關係研究》，蓋秦觀的政治命運可謂與北宋新舊黨爭相終始，作者也藉此探討秦觀所經歷的黨爭背景，並進而探討黨爭對其文學創作的影響。2006 年有暨南大學蔣啟俊撰述之《元祐黨爭中的臺諫研究》，蓋臺諫與宋代黨爭關係密切，大凡宋代黨爭無不有臺諫涉足其中，元祐黨爭尤其如此，因此，作者探討了臺諫在宋代的發展及其言風的變化，其次，聚焦於元祐時期的臺諫作研究，探討了臺諫對元祐黨爭的推波助瀾以及二者之間的互動關係。2006 年有河北大學張欣撰述之《劉摯與北宋中後期的黨爭研究》，劉摯在元祐時期扮演著重要的角色，既身為臺諫，掌控言路，更是當時朔黨的領袖人物，作者探討他在元祐時期的政治表現，及以劉摯為線索，據以解析當時錯綜複雜的黨爭關係。此外，2006 年尚有孫澤娟撰述之《蔡確研究》，蔡確為「車蓋亭詩案」的主角，也是當時新黨的首腦人物，作者首先探析了蔡確的生平履歷，研究其政治生涯，並有一章專門討論其「車蓋亭詩禍」議題，最後也述及蔡確之文學成就等方面。2007 年有山東大學李真真撰述之《蜀黨與北宋黨爭》，作者針對蜀黨的成員及其政治主張，以及蜀黨在黨爭中的沉浮作系統的探討。唯以上所列舉之大陸學位論文，內容皆稍顯淺薄，篇幅之短，則凸顯出研究深度之張力不足，然其研究之角度，則可提供吾人對相關議題的參考。

　　至於單篇論文，大陸近年來多有投入黨爭研究之相關論文，如宋鴻先生的〈宋代朋黨思想及其對北宋政治的影響〉一文，探討宋代朋

黨思想產生的背景與原因及其主要內容。范寧先生的〈從北宋後期文壇看文學創作和政治鬥爭的關係〉一文，試圖從王安石、蘇軾、黃庭堅等人的詩文創作，探索政治鬥爭對文人創作的思維影響。其他如陳樂素所撰〈流放嶺南的元祐黨人〉、羅家祥所撰〈元祐新舊黨爭與北宋後期政治〉、張勁撰〈宋哲宗紹述時期新舊黨爭述論〉、鍾巧靈撰〈論黨爭漩渦裡文人退隱心態〉、蔡靜波撰〈論蘇軾與新舊黨爭〉、周祚紹撰〈論黃庭堅和北宋黨爭〉、何滿子撰〈元祐蜀洛黨爭和蘇軾的反道學鬥爭〉、夏露撰〈論蘇軾與理學〉、楊勝寬撰〈「烏臺詩案」前後的蘇軾〉、殷嘯虎撰〈「烏臺詩案」與宋代法制〉、蕭慶偉撰〈車蓋亭詩案平議〉、何正泰撰〈蘇軾「烏臺詩案」述評〉、周寶榮撰〈烏臺詩案與蘇軾「以詩托諷」〉、蘇培安撰〈北宋「烏臺詩案」起因管見〉、蕭慶偉撰〈蘇軾策題之謗與洛蜀黨爭〉、蕭永明撰〈論蘇氏蜀學與洛學的歧異〉、諸葛憶兵撰〈洛蜀黨爭辨析〉等，或著眼於北宋黨爭背景的探討、或著眼於黨人遭受貶謫的際遇及處境、或著眼於個案與黨爭的關係，其研究成果皆足以參酌。惜學者們所選擇的研究對象畢竟有所局限，尚未能充分呈現出黨人政治命運的諸多面向。另外，如臺灣雷飛龍先生的〈北宋新舊黨爭與其學術政策之關係〉一文，乃是從黨爭對學術政策的深刻影響方面著手，這是學術與政治間不容忽視的重要問題。

　　綜觀與本文議題有關之論著，雖各有其精彩，也不乏或深或淺的研究成果，然總體來說，皆尚未能呈現出宋代由於黨爭所引發的「文禍」或「學禁」問題的整體面向；對於具體的學術文化層面的深刻影響，似乎也未能更深遠地體現出來，而這才是本文所欲凸顯的研究焦點。因此，本文的研究目的，乃在於從學術文化的視角出發，對北宋由於黨爭所引發的「文禍」或「學禁」問題作觀察，深入探討其發生的原因、經過及其衍生的種種影響——主要包括政治與學術層面，其

間，對於相關人事的更迭，及種種學術文化的消長，皆可就此機會作一番新的檢視與探索，期使北宋政治與學術文化的發展面向，得以呈現出更清楚的興衰脈絡。

三　研究內容概述

本文主要論述內容共分四章，以下分述之：

其一，為「蘇軾烏臺詩案與黨禍」

首先，第一節探討詩案產生的原因。雖然前輩學者對此議題不乏相關論文研究，但觀點或有所偏頗。筆者在詳閱相關史料之後，認為詩案的產生原因，非能以一人、一言或一事以蔽之，此詩案之引發，雖是起源於蘇軾的〈湖州謝上表〉一文，然則，在此之前，蘇軾實不乏譏諷新法、新政之作，為何獨以此篇為其招禍之源？而告發置獄的新黨臺諫們，又是如何操作此一事件，致使蘇軾下獄，甚至牽連一批舊黨官員同罹詩禍？尤其扮演懲處角色的神宗，又是持何種心態看待這一詩案？筆者以為這些都是此件詩案產生的背景原因，必須加以釐清，因此，從此案的關係人物──神宗、臺諫以及蘇軾本身著手，分析神宗對反變法派的蘇軾，其夾雜欣賞與厭煩的矛盾心境，致使蘇軾從一單純案件，竟成為重大的「詔獄」事件的過程；進而分析新黨臺諫對蘇軾的反感，從蘇軾對新法的敢言諷諫，到蘇軾對新黨「新進」的譏諷等因素，分析臺諫欲藉由構陷蘇軾個人，進而傾軋整體舊黨的激進作為；最後也必須針對詩禍主角蘇軾作一分析，探討其性格及作風，與新法扞格不入，乃致招禍的原因。其次，第二節則探討烏臺詩案的經過。從詩禍的導火線〈湖州謝上表〉說起；進而敘述臺諫藉此小題大作的構陷行為；再述及蘇軾下獄後，御史臺的根勘概況；進一

步，筆者根據宋・朋久萬《烏臺詩案》所載蘇軾之供詞，製表呈現出蘇軾到底與何人有往復的文字？其中又是哪些篇章中的哪些文字語涉譏諷？而蘇軾在這些文字中，又是譏諷些什麼內容？再根據蘇軾的供詞，並對照蘇軾之原詩文，逐一註明其出處，作一簡表分析，以期對烏臺詩禍之內容有更簡明扼要的掌握，再進而分析蘇軾作這些「譏諷」文字，其背後思想為何？其次，第三節則論述烏臺詩案的結案概況與牽延之禍。文中說明蘇軾下御史臺獄一百多天，其結局到底是如何？而尤可注意的是，新黨臺諫對付蘇軾的目的，原本是想藉此將舊黨人士一網打盡，而此「朋黨」之禍情況又是如何？也一併作說明；最後凸顯蘇軾這場詩禍所標示的意義，它既是宋代新、舊黨爭下，一場文字之禍的重要開端，也呈現出朋黨相爭中，以文字罪人的惡劣手段。

其二，為「蔡確車蓋亭詩案與黨禍」

首先，第一節探討詩案產生的原因。雖然造成這起詩案的主要原因，是由於吳處厚告發蔡確貶謫安州時所作〈車蓋亭詩〉十絕句語涉譏訕所引發，部分學者認為蔡確責降，故心懷怨望而作詩譏訕是一事實，並認為朝廷最後將蔡確遠謫嶺南是其罪有應得；但筆者檢視史料，認為詩案的起因亦含有複雜的因素，首先，身為新黨黨魁、又身兼上相的蔡確，當時處於宋室易主、政黨輪替的情況下，舊黨在宣仁太后支持下回朝秉政，蔡確隨即成為舊黨首要的攻擊目標，勢屬必然，於是舊黨臺諫紛紛上奏彈劾，欲將蔡確逐出朝廷，然則，朝廷卻因其為顧命大臣，而遲遲未加行遣；正巧吳處厚因與蔡確有多年恩怨，偶得蔡確詩作，為報仇雪恨，於是刻意曲解詩意，上奏朝廷，其實單憑吳處厚一小官員，是無法輕易傾陷身為宰相的蔡確，只不過歷史的巧合，讓吳處厚的奏章成為舊黨攻擊蔡確的最佳口實。其次，第

二節探討車蓋亭詩案的經過。針對吳處厚告發蔡確的奏章，朝臣出現兩派意見，一者，必欲藉此置蔡確於死地者，另一方，則是反對以此羅織文字的方式罪確，雙方有激烈交戰；當然，最重要的是朝廷所持的態度，關鍵人物宣仁太后最初由「不怒」，到最後卻重懲蔡確的原因何在？本文有詳細的分析。其次，第三節，探討車蓋亭詩案所產生的影響。首先論述告方吳處厚與被告蔡確之後的命運發展；其次，論述在此事件中，舊黨朝臣竟因所持觀點的不同，而造成分裂、甚至黨同伐異的情況；最後，論述蔡確車蓋亭詩案過後所引發的政治影響，日後，朝廷新、舊黨更迭執政，蔡確即成為新黨得勢的指標議題，在哲宗、徽宗親政，新黨擅權之際，許多舊黨官員即以曾經迫害過蔡確被指以為罪，而遭受皇帝與新黨官員的報復，更明確一點來說，蔡確車蓋亭詩案，竟成為日後元祐黨禍的成因之一，針對此點，本文有詳細的分析。

其三，為「蘇軾策題之謗及其影響」

蘇軾以其文才著稱當世，卻也屢以文字遭禍，本章主要探討蘇軾在哲宗元祐年間，兩次因撰試館職策題事件，遭受圍攻彈奏的情況。首先，第一節探討蘇軾策題之謗產生的原因。蘇軾的「烏臺詩案」，是在神宗元豐年間新、舊黨爭的背景下產生，蘇軾當時以被視為舊黨、反變法派而遭受新黨猛烈的打擊；諷刺的是，時至哲宗元祐年間，蘇軾的策題之謗，卻是在舊黨的分裂下所形成的，本節詳細探討元祐舊黨分裂的原因，並進一步闡述蘇軾所代表的蜀黨，與洛、朔兩黨在政治與學術層面上交惡的原因。其次，第二節，探討蘇軾策題之謗的經過。分別針對元祐元年（1086）末以及元祐二年（1087）末兩次的撰試館職策題事件，探討洛、朔兩黨臺諫如何羅織構陷，必欲正蘇軾之罪，也詳述朝廷的對應態度。其次，第三節，則論述蘇軾策題

之謗的影響。哲宗元祐年間，所謂「策題之謗」只是一個指標性的議
題，實則在元祐年間，洛、蜀、朔三黨交攻不已，一方面，蘇軾自知
不安於朝，屢次上疏以明淡出之志；另一方面，三黨交攻，不斷地陷
入意氣之爭的泥淖中，實欠缺正面的政治意義；而更嚴重的是，在舊
黨分裂相攻之際，竟給予了新黨乘隙而入，坐收漁利的機會，歷代學
者多有評議，認為這是導致日後元祐黨禍的重要原因，本文針對此點
有詳細闡述。

其四，為「元祐黨禍與元祐學禁」

北宋自神宗朝開始至北宋末，新、舊兩黨更迭執政，為了固權保
勢，任何一方秉政之時，莫不對另一方政敵打擊傾軋。而哲宗與徽宗
朝，在皇帝親政之前，皆有一段太后垂簾聽政時期，從史料所載，可
以看出太后攝政時為舊黨得勢，而至哲宗、徽宗親政後，皆重用新
黨。新黨得勢，憑藉二帝皆有「紹述」神宗之意，於是對舊黨極盡打
壓之能事，致使哲宗紹聖年間與徽宗崇寧年間，產生嚴重的「紹聖之
禍」與「崇寧黨禁」等政治禍患，元祐舊黨，生者竄謫，死者追貶，
可謂無一倖免，本文第一節與第二節即詳細闡釋哲宗與徽宗其親政後
的政治轉向，及其對舊黨政治報復的種種舉措。其次，第三節，則論
述「元祐學禁」的相關問題，包括哲宗時期的禁毀元祐學術，及編類
元祐群臣章疏；至於徽宗則更有長達二十餘年的元祐學術之禁，二帝
所為，實標示著一場學術文化的浩劫，關於其間的始末，本文有詳細
論述。此外，為使元祐舊臣在哲宗與徽宗時期遭受貶竄的情形有更清
楚的呈現，因此，除了在內文中述其經過之外，於文末更擇其要者製
表臚列其黜降概況，期使元祐舊臣遭受迫害之情形，有更清楚的體
現。

第二章
蘇軾「烏臺詩案」與黨禍

　　北宋神宗元豐二年（1079），蘇軾由徐州（今屬江蘇）移知湖州（今屬浙江），到任後，循例進〈湖州謝上表〉，因內容有牢騷之語，御史臺遂摭以攻訐蘇軾作詩為文謗訕朝政，於是累上奏章，欲置蘇軾於死地，神宗也詔諭送御史臺根勘，蘇軾遂以詩文招禍下獄。然則，何以名之曰「烏臺詩案」？據《漢書・朱博傳》載：「是時御史府吏舍百餘區井水皆竭，又其府中列柏樹，常有野烏數千棲宿其上，晨去暮來，號曰朝夕烏。」[1]故後人稱「御史府」為「烏府」。「御史府」又稱「御史臺」或「烏臺」、「柏臺」[2]；蘇軾繫御史臺獄，主要又是因詩得罪入獄，故此案史稱「烏臺詩案」[3]。

第一節　「烏臺詩案」產生的原因

　　歷來探討「烏臺詩案」的篇章不勝枚舉，關於此案的起因，眾說

---

[1]　見漢・班固撰、唐・顏師古注，楊家駱主編：《漢書》（臺北：鼎文書局，1995年1月第8版，第4冊），卷83，〈薛宣朱博傳〉，頁3405。

[2]　蘇軾於獄中有詩云：「柏臺霜氣夜淒淒，風動琅璫月向低。夢繞雲山心似鹿，魂驚湯火命如雞。」見宋・蘇軾撰、清・馮應榴輯註，黃任軻、朱懷春校點：《蘇軾詩集合注》（上海：上海古籍出版社，2001年6月第1版，2009年8月第2次印刷，第3冊），卷19，〈予以事繫御史臺獄獄吏稍見侵自度不能堪死獄中不得一別子由故作二詩授獄卒梁成以遺子由〉，頁976。

[3]　關於「烏臺詩案」的記載，自宋以降，雖有多種版本，本文採取宋・朋久萬所纂《烏臺詩案》，《百部叢書集成》函海本，作為論述的參考基礎。

紛紜卻莫衷一是，如江惜美撰《烏臺詩案研究》論文，在探討「烏臺詩案源起」的議題時，即指出蘇軾「忠規讜論指陳時弊」、「襟懷磊落個性通脫」、「以才致禍見忤政敵」等因素，是導致詩禍的主要原因[4]。另外，周克勤所撰《烏臺詩案研究》論文，則指出：「烏臺詩案的發生與王安石變法及由此引起的黨爭確實密不可分。」[5]何正泰所撰〈蘇軾「烏臺詩案」述評〉一文也持類似看法，說其起因是：「新舊黨爭，種下禍根」[6]。周寶榮所撰〈烏臺詩案與蘇軾「以詩托諷」〉一文，則是指出：「『以詩托諷』是引發烏臺詩案的主要原因。」[7]殷嘯虎所撰〈「烏臺詩案」與宋代法制〉一文，則是指出：「就『烏臺詩案』的性質而言，與其說是一起刑事案件，不如說是政治案件。它是當時朝廷內部變法派與保守派之間鬥爭的結果。」[8]至於蘇培安所撰〈北宋「烏臺詩案」起因管見〉一文，則指出：「以一人的『訕謗』罪而打擊一大片。顯然，此舉是為了某種政治突破，是一次政治變化的重要環節。只有神宗才具備導演這一事件的權力；在他親自主政之後，也只有他才有這種需要。」[9]學者們各自從蘇軾本身、或政治層面、或法律層面、甚至神宗主導等不同角度探討「烏臺詩案」的起因，實有

---

[4] 見江惜美撰：《烏臺詩案研究》（臺北：東吳大學中國文學研究所碩士論文，1987年4月），頁54～70。

[5] 見周克勤撰：《烏臺詩案研究》（西南師範大學漢語言文學系碩士論文，2002年4月），頁5。

[6] 見何正泰撰：〈蘇軾「烏臺詩案」述評〉，（《四川教育學院學報》，2001年8月第17卷），頁113。

[7] 見周寶榮撰：〈烏臺詩案與蘇軾「以詩托諷」〉，（《史學月刊》，2008年第10期），頁36。

[8] 見殷嘯虎撰：〈「烏臺詩案」與宋代法制〉，（《法治論叢》，1993年第5期），頁62。

[9] 見蘇培安撰：〈北宋「烏臺詩案」起因管見〉，（《貴州文史叢刊》，出版年月不詳。）頁58。

其一定的根據與道理，但也可能失之偏頗。綜合而論，詩案的產生，其原因無法一言以蔽之，涉及層面是相當廣泛的，然而，此案是在新舊黨爭的大背景下產生，則是無庸置疑。以下筆者擬就詩案的相關人物——神宗、臺諫以及蘇軾三方面進行探析，嘗試從另一角度觀察，藉以釐清詩禍的箇中原因。

一 關於神宗方面

（一）神宗對新法的支持

北宋太祖立國之策採重文抑武，然至北宋中期，可謂已至積貧積弱的態勢，朱熹曾評述仁宗至神宗朝君王的應對作為，說：

> 仁宗朝是甚次第時節！國勢卻如此緩弱，事多不理。英宗即位，已自有性氣要改作，但以聖躬多病，不久晏駕，所以當時諡之曰「英」。神宗繼之，性氣越緊，尤欲更新之。便是天下事難得恰好，卻又撞著介甫出來承當，所以作壞得如此！[10]

從朱子語中，可知英宗及神宗面對宋室的危弱已亟思振作，只是英宗不幸英年早逝，未及施行；神宗繼父之志，更是「厲精圖治，將大有為。」[11]而他所依賴的執政對象，是以王安石為首的新黨人士，據《宋史・王安石傳》載，熙寧二年（1069）二月，王安石拜參知政事後，君臣曾有如下的對話：

---

10 見宋・黎靖德編：《朱子語類》（臺北：文津出版社，1986年12月，第8冊），卷130，〈本朝四・自熙寧至靖康用人〉，頁3095。

11 見元・脫脫等撰，楊家駱主編：《宋史》（臺北：鼎文書局，1994年6月第8版，第1冊），卷16，〈神宗本紀三・贊語〉，頁314。

上問：「然則卿所施設以何先？」安石曰：「變風俗，立法度，最方今之所急也。」上以為然。於是設置三司條例司，命與知樞密院事陳升之同領之。安石令其黨呂惠卿任其事。而農田水利、青苗、均輸、保甲、免役、市易、保馬、方田諸役相繼並興，號為新法，遣提舉官四十餘輩，頒行天下。[12]

就在神宗的支持下，王安石等所議之新法在熙寧年間陸續推行。然則，在新法匆促施行的過程中，由於法制研議不周，及執行官員營私舞弊等問題，致使人民百姓多無法適應，新法的施行可謂流弊叢生，史書載：「青苗、保甲、均輸、市易、水利之法既立，而天下洶洶騷動，慟哭流涕者接踵而至。」[13]

在這場新法的改革中，可謂盡變祖宗之法，在這背景下，所產生的許多天災人怨，其實也曾或深或淺的衝擊過神宗的心意，如《宋史・王安石傳》載：（熙寧二年），「御史中丞呂誨論安石過失十事，帝為出誨，安石薦呂公著代之。韓琦諫疏至，帝感悟，欲從之。」又載：（熙寧）四年（1071）春，「京東、河北有烈風之異，民大恐。帝批付中書，令省事安靜以應天變，放遣兩路募夫，責監司、郡守不以上聞者。」又載：「（熙寧）七年春，天下久旱，饑民流離，帝憂形於色，對朝嗟嘆，欲盡罷法度之不善者。安石曰：『水旱常數，堯、湯所不免，此不足招聖慮，但當修人事以應之。』帝曰：『此豈細事，朕所以恐懼者，正為人事之未修爾。今取免行錢太重，人情咨怨，至出不遜語。自近臣以至后族，無不言其害。兩宮泣下，憂京師亂起，以為天旱更失人心。』」[14]《宋史・慈聖光獻曹皇后傳》也

12　見《宋史》第13冊，卷327，〈王安石傳〉，頁10544。

13　見《宋史》第1冊，卷16，〈神宗本紀三・贊語〉，頁314。

14　以上三則引文俱見《宋史》第13冊，卷327，〈王安石傳〉，頁10545～10548。

載：「初，王安石當國，變亂舊章，后乘間語神宗，謂祖宗法度不宜
輕改。熙寧祀前數日，帝至后所，后曰：『吾昔聞民間疾苦，必以告
仁宗，因赦行之，今亦當爾。』帝曰：『今無他事。』后曰：『吾聞民
間甚苦青苗、助役，宜罷之。安石誠有才學，然怨之者甚眾，帝欲愛
惜保全之，不若暫出之於外。』帝悚聽，垂欲止，復為安石所持，遂
不果。」[15] 可知，雖然神宗在這過程中，曾對執行新法的決心有所動
搖，甚至欲出安石，但由於王安石「性強忮，遇事無可否，自信所
見，執意不回，至議變法，而在廷交執不可」；又「安石傳經義，出
己意，辯論輒數百言，眾不能詘。甚者謂『天變不足畏，祖宗不足
法，人言不足恤。』」[16] 這其中所謂的「三不足」，即預言了新法執行
後可能會遇到的各方阻力，對神宗來說，王安石的誡語，可說是他徬
徨時的精神支柱，因此，儘管王安石也曾數次出入朝廷，仕途上黜陟
非一，但神宗對「新法」的支持，似乎始終沒太大的改變，正如《宋
史·李定傳》所載，李定因王安石薦對，神宗問青苗事，李定進讒言
對之：「民便之，無不喜者。」「於是諸言新法不便者，帝皆不聽。」[17]
《宋史·神宗本紀》也載：諸新法之推行引發天下騷動，但是，「帝
終不覺悟，方斷然廢逐元老，擯斥諫士，行之不疑。卒致祖宗之良法
美意，變壞幾盡。」[18] 足見神宗對「新法」支持的深刻態度。

（二）神宗對新黨的進用及對舊黨的擯斥

　　神宗既銳意改革，於是，似乎即秉持著王安石所說的「人言不足
恤」的立場，對反對「新法」者多予以罷黜，如《宋史·王安石傳》

---

[15]　見《宋史》第 11 冊，卷 242，〈后妃上·慈聖光獻曹皇后傳〉，頁 8621～8622。

[16]　以上引述見《宋史》第 13 冊，卷 327，〈王安石傳〉，頁 10550。

[17]　見《宋史》第 13 冊，卷 329，〈李定傳〉，頁 10601。

[18]　見《宋史》第 1 冊，卷 16，〈神宗本紀三·贊語〉，頁 314。

所載：「（呂）公著……亦以請罷新法出潁州（今屬安徽）。御史劉
述、劉琦、錢顗、孫昌齡、王子韶、程顥、張戩、陳襄、陳薦、謝景
溫、楊繪、劉摯，諫官范純仁、李常、孫覺、胡宗愈、皆不得其言，
相繼去。……翰林學士范鎮三疏言青苗，奪職致仕。」[19]其餘因言新法
不便而遭黜降或自求外任者，散見史冊，實不勝細數。

　　王安石當政，中外老成人既罷黜殆盡，於是朝廷只好「多用門
下儇慧少年」[20]，如李定，「少受學於王安石，登進士第，為定遠尉、
秀州推官。熙寧二年（1069），孫覺薦之，召至京師」，因進諂媚之
語，言新法之利，受神宗青睞，「遂拜太子中允、監察御史裏行」。
而在這當中，知制誥宋敏求、蘇頌、李大臨三直舍人，為維護朝廷用
人體制，拒絕起草詔書而封還制書，《宋史·蘇頌傳》載：「大臣薦
秀州判官李定，召見，擢太子中允，除監察御史裏行。宋敏求知制
誥，封還詞頭。復下，頌當制，頌奏：『祖宗廟，天下初定，故不起
孤遠而登顯要者。真宗以來，雖有幽人異行，亦不至超越資品。今定
不由銓考，擢授朝列；不緣御史，薦真憲臺。雖朝廷急於用才，度
越常格，然竊素法制，所益者小，所損者大，未敢具草。』次至李大
臨，亦封還。神宗曰：『去年詔，臺官有闕，委御史臺奏舉，不拘官
職高下。』頌與大臨對曰：『從前臺官，於太常博士以上、中行員外
郎以下舉充。後為難得資敘相當，故朝廷特開此制。止是不限博士、
員郎，非謂選人亦許奏舉。若不拘官職高下，并選人在其間，則是秀
州判官亦可為裏行，不必更改中允也。今定改京官，已是優恩，更處
之憲臺，先朝以來，未有此比。倖門一啟，則士塗奔競之人，希望
不次之擢，朝廷名器有限，焉得人人滿其意哉！』」為了重用李定，

---

[19] 見《宋史》第 13 冊，卷 327，〈王安石傳〉，頁 10546。
[20] 同上註，頁 10551。

神宗不顧體制，與蘇頌等人爭執，結果竟是：「（三人）並落知制誥，歸工部郎中班。」但三人也受到世人稱頌，「天下謂頌及敏求、大臨為『三舍人』。」[21]神宗不惜將三人皆罷黜，對李定不次拔擢；元豐初，甚至「進知制誥，為御史中丞。」其後神宗對其言聽計從，如「請復六案糾察之職，并諸路監司皆得鉤考」之議，或議廢明堂祀等事，神宗的反應皆是：「聽卿言足矣。」[22]足見神宗對其信任之態度。又如舒亶，因為官強悍，「王安石當國，聞而異之，御史張商英亦稱其材」，於是「用為審官院主簿」。元豐初，甚至「權監察御史裏行」；未幾，又擢升為御史中丞，史載其「舉劾多私，氣焰熏灼，見者側目，獨憚王安禮。」[23]又如何正臣，「元豐中，用蔡確薦，為御史裏行。」[24]又如張璪，史載：「張璪……早孤，鞠於兄環。……王安石與環善，既得政，將用之，而環已老，乃引璪同編修中書條例，授集賢校理、知諫院、直舍人院。……元豐初，入權度支副史，遂知制誥、知諫院。……哲宗立，諫官、御史合攻之，謂：『璪姦邪便佞，善窺主意，隨勢所在而依附之，往往以危機陷人。深交舒亶，數起大獄，天下共知其為大姦。小人而在高位，德之賊也。』」[25]以上四人，受神宗及王安石之重用，皆躋身臺諫，也正是導致蘇軾「烏臺詩禍」的主打人物。

　　神宗欲革新政事，於是對阻撓新法的舊黨人士多有反感，在主觀意識上，甚至將他們視為「朋邪」、「小人」，頗表厭棄之情，如熙寧八年（1075）三月，神宗對復相不久的王安石說：「小人漸定，卿

---

[21]　以上引述俱見《宋史》第13冊，卷340，〈蘇頌傳〉，頁10862。

[22]　以上引述俱見《宋史》第13冊，卷329，〈李定傳〉，頁10601～10602。

[23]　以上引述俱見《宋史》第13冊，卷329，〈舒亶傳〉，頁10603～10604。

[24]　見《宋史》第13冊，卷329，〈何正臣傳〉，頁10613。

[25]　見《宋史》第13冊，卷328，〈張璪傳〉，頁10569～10570。

且可以有為。」又曰:「自卿去後,小人極紛紜,獨賴呂惠卿主張而已。」[26]其中所謂的「小人」,當即指反對新法者,相對於王安石與呂惠卿等新黨而言,廣義來說即指守舊派人士。而神宗所描繪的情況,或可以熙寧七年(1074)之一事看出,是年五月,左司郎中、天章閣待制李師中,曾上疏請召回「司馬光、蘇軾、蘇轍輩,復置左右,以輔聖德。」此事正是王安石熙寧七年(1074)四月第一次罷相後之時,李師中希望藉著王安石退去,神宗能復用舊黨為政。然則,對此章疏,神宗不僅不聽,甚至怒而批示說:「師中敢肆誕謾,輒求大用。朋邪罔上,愚弄朕躬。識其姦欺,所宜顯黜。」[27]在此批示中,顯示出神宗的態度,對舊黨的希冀復用,視之為「朋邪罔上」的小人行徑,絲毫不予重用的機會。對神宗來說,王安石雖暫離朝廷,而他所仰賴的執政者,依然是呂惠卿等新黨人士。然則,到了元豐年間,王、呂等人皆已退去,朝廷人材更是不濟,無怪乎南宋・朱熹不禁評議神宗,說:「神宗盡得荊公許多伎倆,更何用他?到元豐間,事皆自做,只是用一等庸人備左右趨承耳。」[28]針對神宗元豐年間朝廷的人事概況,朱熹頗示鄙夷。

而對於神宗元豐二年(1079)所發生蘇軾的「烏臺詩案」,直舍人院的王安禮曾乘間進諫救軾,神宗的回應是:「朕固不深譴,特欲申言者路耳。」[29]當時詩案發生,李定、舒亶、何正臣等新黨人士紛紛上疏彈奏,而此三人正躋身臺諫,為人主之耳目,因此,神宗「特欲

---

26 以上二引文俱見宋・李燾撰:《續資治通鑑長編》(北京:中華書局,2004年9月第2版,第11冊),卷261,熙寧八年三月己未條,頁6365。

27 李師中上疏事及神宗之批示,見《續資治通鑑長編》第10冊,卷253,熙寧七年五月戊戌條,頁6187～6188。

28 見《朱子語類》第8冊,卷130,〈本朝四・自熙寧至靖康用人〉,頁3096。

29 見《續資治通鑑長編》第12冊,卷301,元豐二年十一月庚申條,(案:此段所引乃據田畫〈王安禮行狀〉所載。)頁7336。

申言者路」之語，實耐人尋味，說明了他支持新黨臺諫的立場與態度，實際踐行了王安石所謂「擇術為先」[30]的用人方式。

（三）神宗對蘇軾的矛盾心態

關於神宗對蘇軾的心態，大陸學者楊勝寬於其文中曾概括敘述說：「從有關史料看，神宗與蘇軾，他們對於對方的感情都很複雜，……神宗對於蘇軾的態度，可以歸納為欣賞、厭煩、相信的變化過程，而形成這一變化過程的基礎，便是神宗對蘇軾才華的欣賞和對其忠心的體察。」[31]「烏臺詩案」成為「詔獄」的產生背景，可以說就是神宗對蘇軾由欣賞轉為厭煩的心理變化下間接產生的，以下試論之。

首先從「欣賞」階段來說，熙寧二年（1069），蘇軾還朝，時值王安石當政，王安石「素惡其（蘇軾）議論異己」[32]，而蘇軾尚未了解神宗對其意向如何，於是稍作試探，如在哲宗元祐年間所撰之〈杭州召還乞郡狀〉中，蘇軾即曾回憶說：

> 自惟遠人，蒙二帝非常之知，不忍欺天負心，欲具論安石所為不可施行狀，以裨萬一。然未測聖意待臣深淺，因上元有旨買燈四千椀，有司無狀，虧減市價，臣即上書論奏，先帝大喜，即時施行。臣以此卜知先帝聖明，能受盡言，上疏六千餘言，極論新法不便。後復因考試進士，擬對御試策進上，並言安石不知

---

30 見《宋史》第13冊，卷327，〈王安石傳〉載：「熙寧元年四月，始造朝。入對，帝問為治所先，對曰：『擇術為先』。」頁10543。

31 見楊勝寬撰：〈「烏臺詩案」前後的蘇軾〉，載於《宜賓師專學報》，1993年第1期，頁104。

32 參見《宋史》第13冊，卷338，〈蘇軾傳〉，頁10802。

人，不可大用。先帝雖未聽從，然亦嘉臣愚直，初不譴問。[33]

蘇軾於文中提到其先後撰有〈諫買浙燈狀〉、〈上神宗皇帝書〉以及〈擬進士對御策〉等文，即使蘇軾於文中批評新法不便並非議新黨人士，但神宗皆能從欣賞角度予以包容，未予深罪。與此同時，熙寧四年（1071），王安石欲變科舉、興學校，神宗詔兩制、三館議，蘇軾即上〈議學校貢舉狀〉提出異議，據史傳所載，議上，神宗感悟說：「吾固疑此，得軾議，意釋然矣。」即日召見，問軾：「方今政令得失安在？」甚至對蘇軾說：「雖朕過失，指陳可也。」蘇軾即對曰：「陛下生知之性，天縱文武，不患不明，不患不勤，不患不斷，但患求治太急，聽言太廣，進人太銳。願鎮以安靜，待物之來，然後應之。」神宗聽後悚然曰：「卿三言，朕當熟思之。凡在館閣，皆當為朕深思治亂，無有所隱。」[34]神宗基於對蘇軾撰文論政的欣賞，也能體察其尊君體國之忠心，其後屢欲重用蘇軾，但皆為王安石所阻，如神宗「欲用軾修中書條例」，安石即駁曰：「軾與臣所學及議論皆異，別試以事可也。……今陛下但見軾之言，其言又未見可用，恐不宜輕用也。」此外，神宗本欲用蘇軾及孫覺同修起居注，王安石又阻之，曰：「軾豈是可獎之人？」神宗對曰：「軾有文學，朕見似為人平靜，司馬光、韓維、王存俱稱之。」但安石卻極力詆毀蘇軾人格卑下，認為若「驟用此人，則士何由知陛下好惡所在？」神宗為讒言所惑，「乃罷軾不用」[35]。蘇軾雖未能受重用，然據以上資料可看出，截

---

33 見宋·蘇軾撰、明·茅維編，孔凡禮點校：《蘇軾文集》（北京：中華書局，1986年3月第1版，2008年7月第7次印刷，第3冊），卷32，〈杭州召還乞郡狀〉，頁912。

34 以上引述參見《宋史》第13冊，卷338，〈蘇軾傳〉，頁10802～10804。

35 以上引述參見宋·楊仲良撰：《資治通鑑長編紀事本末》（臺北：文海出版社，1969年），卷62，〈神宗皇帝·蘇軾詩獄〉，頁2010～2012。

至神宗熙寧四年（1071）前後，神宗本人對蘇軾是有一定的欣賞程度
的。

　　其次，若言及「厭煩」階段，則是與神宗極力維護新法，而蘇軾
卻屢屢表示批評非議的態度有關，從政策的觀點上，無疑是時常地
衝撞了神宗皇帝。正如楊勝寬所說：「他（神宗）對蘇軾的賞識和厭
惡，關鍵取決於其才能是否為我所用上。」[36]蘇軾忠君體國之心，自是
無庸置疑，以其哲宗元祐年間所撰文中屢次追憶提及：「昔先帝（指
神宗）召臣上殿，訪問古今，勑臣今後遇事即言。」[37]又說：「臣丁父
憂去官。及服闋入覲，便蒙神宗皇帝召對，面賜獎激，許臣職外言
事。」[38]於是蘇軾總是抱持著「獨立不倚，知無不言」[39]的態度發表其
議論，如熙寧四年（1071）三月，蘇軾有〈再上皇帝書〉，文中直
指：「陛下自去歲以來，所行新政，皆不與治同道，立條例司，遣青
苗使，斂助役錢，行均輸法，四海騷動，行路怨咨。自宰相以下，皆
知其非而不敢爭。……今日之政，可謂小用則小敗，大用則大敗，若
力行而不已，則亂亡隨之。」[40]言詞可謂直接而激烈，江惜美所撰《烏
臺詩案研究》論文，其中探討「烏臺詩案源起」時，首先即指出蘇軾
的「忠規讜論，指陳時弊」[41]，乃是造成詩禍的重要原因。誠然，諸如
此類非議新法的言論，與神宗推行新法的主軸思想，自是背道而馳，
於是神宗漸生厭煩，日益疏遠蘇軾。蘇軾亦知不為朝廷所容而乞外

36　見楊勝寬撰：〈「烏臺詩案」前後的蘇軾〉，載於《宜賓師專學報》，1993年第1
　　期，頁104。

37　見《蘇軾文集》第3冊，卷29，〈乞郡箚子〉，頁829。

38　見《蘇軾文集》第3冊，卷32，〈杭州召還乞郡狀〉，頁912。

39　同上註，頁913。

40　見《蘇軾文集》第2冊，卷25，〈再上皇帝書〉，頁749。

41　見江惜美撰：《烏臺詩案研究》（東吳大學中國文學研究所碩士論文，1987年4
　　月），頁54。

補，自熙寧四年（1071）七月通判杭州起，至元豐二年（1079）「烏
臺詩案」發生，中間八年，先後移知密州（今屬山東）、徐州（今屬
江蘇），而後知湖州（今屬浙江），一直未能回歸朝廷。至元豐二年
（1079），李定等摭蘇軾〈湖州謝上表〉，認定有謗訕之語，累上奏章
彈劾蘇軾，神宗即順勢詔令逮捕蘇軾下御史臺獄，這起案件遂成「詔
獄」，這些應與神宗對蘇軾不滿有密切關係。

二　關於臺諫方面

（一）擁護新法，懼舊黨復用

釀製「烏臺詩案」的主腦人物——李定、舒亶、何正臣等人，
皆是因擁護新法而驟升御史臺，如李定，史載其於熙寧二年（1069）
至京師謁諫官李常，「常問曰：『君從南方來，民謂青苗法何如？』
定曰：『民便之，無不喜者。』常曰：『舉朝方共爭是事，君勿為此
言。』定即往白安石，且曰：『定但知據實以言，不知京師乃不許。』
安石大喜，謂曰：『君且得見，盡為上道之。』立薦對，神宗問青苗
事，其對如曩言，於是諸言新法不便者，帝皆不聽。」李定蒙上欺下
的諂媚之語，卻正中王安石與神宗之懷，因此，史譏其「徒以附王安
石驟得美官」[42]。如舒亶，由於其狠戾作風，頗受王安石賞識，因此官
運亨通，屢屢擢升，例如熙寧七年（1074），監安上門鄭俠曾上疏，
「繪所見流民扶老攜幼困苦之狀，為圖以獻，曰：『旱由安石所致，
去安石，天必雨。』」[43]反應新法流弊的結果，鄭俠受到貶竄；之後再

---

[42] 以上引述參見《宋史》，卷329，〈李定傳〉，頁10601～10603。

[43] 見《宋史》第13冊，卷327，〈王安石傳〉，頁10548。

受逮捕，即是由舒亶承命往捕，而其間的過程，據史載：「遇諸陳，搜俠篋，得所錄名臣諫草，有言新法事及親朋書尺，悉按姓名治之，竄俠嶺南，馮京、王安國諸人皆得罪。」[44]由此可見，在推行新法的過程中，舒亶無疑是王安石攻擊反對派的得力打手。又如何正臣，亦為新黨蔡確所薦，為御史裏行；因提出御史「得備言路，以激濁揚清為職，不宜兼治它曹」之議，頗受神宗賞識，遂擢為「御史知雜事」[45]，元豐二年（1079），乃與李定、舒亶論奏蘇軾譏諷新法，而興起獄案。

在「烏臺詩案」中，新黨所要攻擊的對象自然是蘇軾，而他們之所以忌恨蘇軾，主要原因是怕蘇軾回歸朝廷，蘇軾在哲宗元祐年間所撰的〈杭州召還乞郡狀〉中即曾追憶說：「先帝眷臣不衰，時因賀謝表章，即對左右稱道。黨人疑臣復用，而李定、何正臣、舒亶三人，構造飛語，醞釀百端，必欲致臣於死。」[46]然則，除了極力對付蘇軾之外，新黨更進一步想藉此機會摒除其他舊黨官員，於是他們積極蒐羅曾經與蘇軾詩文往還、或收受蘇軾具有譏諷新法文字的對象，想將他們依「朋黨」之名一併定罪，如史載舒亶「同李定劾蘇軾作為歌詩譏訕時事」，此外，舒亶又上疏言：「王詵輩公為朋比，如盛僑、周邠固不足論，若司馬光、張方平、范鎮、陳襄、劉摯，皆略能誦說先王之言，而所懷如此，可置而不誅乎？」如此一網打盡的激烈言論，連神宗也「覺其言為過」，於是，「但貶軾、詵，而光等罰金。」[47]小人構陷，幸未得逞。然而，從他們的言行舉措，可看出這些新黨官員為持祿固位，而對舊黨無所不用其極傾軋打擊的激烈行徑。

---

44 見《宋史》第13冊，卷329，〈舒亶傳〉，頁10603。

45 見《宋史》第13冊，卷329，〈何正臣傳〉，頁10613。

46 見《蘇軾文集》第3冊，卷32，〈杭州召還乞郡狀〉，頁912。

47 以上引述參見《宋史》第13冊，卷329，〈舒亶傳〉，頁10603。

（二）箝制言論，鼓勵告訐之風

自熙寧二年（1069）王安石任參知政事，在神宗的支持下陸續推行新法，然新法弊端叢生，如前引蘇軾在熙寧四年（1071）三月〈再上皇帝書〉中所言：「陛下自去歲以來，所行新政，皆不與治同道。……四海騷動，行路咨怨。自宰相以下，皆知其非而不敢爭。」[48]然則，眾臣何以不敢在朝廷據理力爭？前文曾引王安石薦李定入對，言青苗法之善，民皆便而喜，神宗善之，「於是諸言新法不便者，帝皆不聽。」實則青苗法多有弊端，如史載：「陸佃……受經於王安石。熙寧三年（1070）應舉入京。適安石當國，首問新政，佃曰：『法非不善，但推行不能如初意，還為擾民，如青苗是也。』安石驚曰：『何為乃爾？吾與呂惠卿議之，又訪外議。』佃曰：『公樂聞善，古所未有，然外間頗以為拒諫。』安石笑曰：『吾豈拒諫者？但邪說營營，顧無足聽。』佃曰：『是乃所以致人言也。』」[49]由此，可見神宗與王安石皆持聽喜不聽憂的心態，旁人的負面議論，竟視為「邪說」異論，群臣自然不敢多言。此外，從烏臺詩案所記載的一些涉案詩文以及蘇軾的供詞，亦可見當時朝廷對言論的箝制情況，如針對作於熙寧三年（1070）的〈與劉攽通判唱和〉一詩，蘇軾原詩云：「君不見阮嗣宗，臧否不掛口。莫誇舌在齒牙牢，是中惟可飲醇酒。」供詞云：「言當學阮籍口不臧否人物，惟可飲酒，勿談時事。——意以譏諷朝廷，新法不便，不容人直言，不若耳不聞而口不問也。」[50]又針對

---

48 見《蘇軾文集》第 2 冊，卷 25，〈再上皇帝書〉，頁 749。

49 見《宋史》第 13 冊，卷 343，〈陸佃傳〉，頁 10917。

50 見宋·朋九萬撰：《烏臺詩案》（臺北：藝文印書館，1965～1971 年，《百部叢書集成》函海本），頁 24。（案：蘇軾原詩見《蘇軾詩集合注》第 1 冊，卷 6，〈送劉攽倅海陵〉，頁 226。）

作於熙寧五年（1072）的〈與湖州知州孫覺詩〉一詩，蘇軾原詩云：
「若對青山談世事，直須舉白便浮君。」供詞云：「軾是時約孫覺并坐
客，如有言及時事者，罰一大盞。——雖不指時事，是亦軾意言時事
多不便，更不可說，說亦不盡。」[51]可見當時「言禁」之森嚴。

　　雖然新法推行時期，上自神宗，下至新黨執法官員，皆忌諱聽到
譏評新法的聲音，但士大夫們乃至民間百姓，卻不免有私議新法利弊
的議論，於是執政官員為了加強思想控制的需要，致使告訐成風，甚
至私人信件也往往成為告訐的把柄，不少士大夫們痛斥這種惡劣風
氣，如《宋史·陳升之傳》載：「時俗好藏去交親尺牘，有訟，則轉
相告言，有司據以推詰。升之謂：『此告訐之習也，請禁止之。』」[52]
蘇軾於〈上韓丞相論災傷手實書〉中也提到：「今又行手實之法，
雖其條目委曲不一，然大抵恃告訐耳。昔之為天下者，惡告訐之亂
俗也，故有不干己之法，非盜及強姦不得捕告。其後稍稍失前人之
意，漸開告訐之門。而今之法，揭賞以求人過者，十常八九。夫告
訐之人，未有非凶姦無良者。異時州縣所共疾惡，多方去之，然後
良民乃得而安。今乃以厚賞招而用之，豈吾君教化、相公行道之本意
歟？」[53]可見所謂「告訐」風氣在當時極為盛行，許多心術不正者，
為投執政者所好，便爭相明察暗訪，檢舉揭發，以訐人為能事。而臺
諫官員可任意蒐證以發人之罪，是因為朝廷賦予他們極大的權力，王
安石曾說：「許風聞言事者，不問其言所從來，又不責言之必實。若
他人言不實，即得誣告及上書詐不實之罪，諫官、御史則雖失實亦

---

[51] 見《烏臺詩案》，頁24～25。（案：原詩見《蘇軾詩集合注》第1冊，卷8，〈贈孫
　　莘老七絕〉，頁384。）

[52] 見《宋史》第13冊，卷312，〈陳升之傳〉，頁10236。

[53] 見《蘇軾文集》第4冊，卷48，〈上韓丞相論災傷手實書〉，頁1396。

不加罪,此是許風聞言事。」[54]因此,臺諫可說是無所忌憚。而蘇軾的「烏臺詩案」雖是由其〈湖州謝上表〉一文所引發,然則,之後李定等人卻得到更多蘇軾與他人往還的文字中語涉譏訕的材料,或許不少正是在這種背景下挖掘出來的。

(三)蘇軾直言不諱,得罪新進

神宗熙寧年間變法時期,朝廷無可避免地形成擁護新法與反對變法的兩股勢力,而由於神宗支持新法,於是新、舊兩黨勢力的消長不言可喻。從新黨的立場來說,他們既是依附新黨、執行新法而竊居要津,自然是害怕舊黨復用而失去政治舞台,於是他們嚴密監控舊黨的言行,如前文所析,箝制言論,並鼓勵告訐之風,即是最直接打擊異己的方法。而從舊黨方面來說,道既不同則難以相為謀,於是大多數舊黨官員自求外任,以避是非;甚或辭官歸隱,不問是非;其餘仍在朝廷者,則採委曲求全的姿態,不談是非。舊黨大多數人但求明哲保身,以避臺諫之鋒。

在反對變法的舊黨成員中,蘇軾應是最直言不諱者之一了,除了對新法的流弊藉由詩文明說暗諷之外,致使他招惹詩禍的重要原因,可說是他對新黨人士的直接攻擊。如作於熙寧四年(1071)的〈上神宗皇帝書〉中,蘇軾直言不諱的提出:「今議者不察,……招來新進勇銳之人,以圖一切速成之効,未享其利,澆風已成。」蘇軾明白地指出朝廷的用人不明,視當時的新黨官員為躁進的「新進勇銳之人」,而朝廷以這批「新進」執政,卻非社稷之福,尤其他們多躋身臺諫,卻未能善盡言責,蘇軾批評說:「臣自幼小所記,及聞長老之談,皆謂臺諫所言,常隨天下公議,公議所與,臺諫亦與之,公議所

擊，臺諫亦擊之。……今者物論沸騰，怨讟交至，公議所在，亦可知矣，而相顧不發，中外失望。」[55] 此番針對新黨臺諫而發的言論，必使新黨人士懷恨在心，意圖伺機報復。而致使蘇軾招禍的〈湖州謝上表〉，蘇軾又是語帶牢騷的說：「知其愚不識時，難以追陪新進；察其老不生事，或能牧養小民。」[56] 意謂著自己的不合時宜，未能應合朝廷所需，故只能退居朝廷之外。在《烏臺詩案》所記載的供詞中，也有不少是譏諷「新進」小人當政的文字，如針對「與王詵作碑文」一條，供詞云：「元豐元年（1078）六月，王詵寄到曾祖禹偁內翰神道碑示軾，求軾題碑陰，軾於當月五日，寄與王詵。此文除無譏諷外，不合云：『使其不幸而立於眾邪之間，安危之際，則公之所為，必將驚世絕俗，使斗筲穿窬之流，心破膽裂。』——意謂近日進用之人為『眾邪』，又言今時所行新法，係天下安危。……又謂天子今時進用之人，皆『斗筲穿窬之流』，皆以譏諷朝廷進用之人，并新法不便也。又云：『紛紛鄙夫，亦拜公像。何以占之，有泚其顙。』亦以譏諷今時進用之人，謂之『鄙夫』，言拜公之像，心愧而汗顙也。」[57]《烏臺詩案》所記載的供詞，或為蘇軾實供，或為誘供，或為迫供，內容除了譏刺新法之流弊以外，其他涉及譏諷新黨小人之處亦甚多，無論蘇軾原始之措意如何，至少在新黨臺諫們的解讀中，蘇軾是語涵譏諷的，蘇軾的這些言論，無可避免的必受到新黨臺諫們的集體報復。

而在釀製這場詩禍的過程中，李定被視為主腦人物，這應該也與蘇軾曾得罪於他有關，據《邵氏聞見錄》所載：「李定，介甫客

---

[55] 以上二則引文分別見《蘇軾文集》第2冊，卷25，〈上神宗皇帝書〉，頁738、740。

[56] 見《蘇軾文集》第2冊，卷23，〈湖州謝上表〉，頁654。

[57] 見《烏臺詩案》，頁22。（案：蘇軾原文出自《蘇軾文集》第2冊，卷21，〈王元之畫像贊・并敘〉，頁603。）

也，定不服母喪，子瞻以為不孝，惡之，定以為恨。」[58] 又載：「朱壽昌者，少不知母所在，棄官走天下求之，刺血書佛經，志甚苦。熙寧初，見于同州，迎以歸，朝士多以詩美之。蘇內翰子瞻詩云：『感君離合我酸辛，此事今無古或聞。』王荊公薦李定為臺官，定嘗不持母服，臺諫、給、舍俱論其不孝，不可用。內翰因壽昌作詩貶定，故曰：『此事今無古或聞』也。後定為御史中丞，言內翰多作詩訕上。內翰自知湖州赴詔獄，小人必欲殺之。」[59] 以上所述，大抵說明蘇軾得罪李定之緣由。基於懷恨挾怒，故蘇軾詩案成立之後，如《宋史・張璪傳》即載：「蘇軾下臺獄，璪與李定雜治，謀傳致軾於死。」[60] 這大概是他們陷蘇軾入獄，並期望置之死地的共同目標。

三　關於蘇軾方面

在新法推行的過程中，朝廷內部對外在的議論紛紛是極為忌諱的，在如此惡劣的言論環境中，蘇軾為何仍甘冒大不諱而直言諷諫？以下試論其原因。

（一）北宋議論風氣之影響

北宋自仁宗朝開始，士大夫意氣風發，以言相尚，「言政教之源流，議風俗之厚薄，陳聖賢之事業，論文武之得失」[61]，積極參與議政，多好議論，如史載：「（仲淹）每感激論天下事，奮不顧身，一

---

58 見宋・邵伯溫撰，王根林校點：《邵氏聞見錄》（上海：上海古籍出版社，2001年12月第1版，《宋元筆記小說大觀》第2冊），卷12，頁1775。

59 同前註，卷13，頁1788～1789。

60 見《宋史》第13冊，卷328，〈張璪傳〉，頁10570。

61 語見宋・范仲淹撰：《范仲淹全集》（南京：鳳凰出版社，2004年11月第1版），卷9，〈奏上時務書〉，頁177。

時士大夫矯厲尚風節，自仲淹倡之。」[62]范仲淹堪稱是提振北宋士大夫
風氣的代表人物，南宋‧朱熹亦贊稱：「祖宗以來，名相如李文靖、
王文正諸公，只恁地善，亦不得。至范文正時便大厲名節，振作士
氣，故振作士大夫之功為多。」[63]此後士大夫多以風節相尚，以天下為
己任，如石介，歐陽修誌其墓曰：「其遇事發憤，作為文章，極陳古
今治亂成敗，以指切當世。賢愚善惡，是是非非，無所諱忌，世俗頗
駭其言。」[64]如歐陽修，史載：「修論事切直，人視之如仇，帝獨獎其
敢言。」[65]如蔡襄，史載：「襄益任職論事，無所回撓。」[66]

　　在士大夫「開口攬時事，論議爭煌煌」[67]的時代背景下走入政治
舞臺的蘇軾，初入仕便抱有「大夫重出處，不退要當前」[68]的遠大志
向，「常欲挺身而許國」[69]，因此，身為朝廷之直臣，蘇軾上書向神宗
皇帝表白心跡說：「惟當披露腹心，捐棄肝腦，盡力所至，不知其
它。」[70]《曲洧舊聞》有一段記載，正可凸顯蘇軾的此種性情，其載：
「東坡性不忍事，嘗云：『如食中有蠅，吐之乃已。』晁美叔（名端
彥）每見以此為言。坡云：『某被昭陵（仁宗）擢在賢科，一時魁舊
往往為知己。上賜對便殿，有所開陳，悉蒙嘉納。已而章疏屢上，雖
甚剴切，亦終不怒。使某不言，誰當言者？某之所慮，不過恐朝廷殺

62　見《宋史》第13冊，卷314，〈范仲淹傳〉，頁10268。

63　見《朱子語類》第8冊，卷129，〈本朝三‧自國初至熙寧人物〉，頁3086。

64　見宋‧歐陽修撰，李逸安點校：《歐陽修全集》（北京：中華書局，2001年3月第1
　　版，2009年1月第2次印刷，第1冊），〈居士集〉，卷34，〈徂徠石先生墓誌銘〉，
　　頁506。

65　見《宋史》第13冊，卷319，〈歐陽修傳〉，頁10376。

66　見《宋史》第13冊，卷320，〈蔡襄傳〉，頁10398。

67　語見《歐陽修全集》第1冊，〈居士集〉，卷2，〈鎮陽讀書〉，頁35。

68　見《蘇軾詩集合注》第1冊，卷5，〈和子由苦寒見寄〉，頁206。

69　見《蘇軾文集》第4冊，卷46，〈謝制科啟二首之二〉，頁1325。

70　見《蘇軾文集》第2冊，卷25，〈上神宗皇帝書〉，頁729。

我耳。』美叔默然，坡浩嘆久之，曰：『朝廷若果見殺我，微命亦何足惜！只是有一事，殺了我後好了你。』遂相與大笑而起。」[71]直言敢諫、不計生死的性格，在此體現無遺。於是蘇軾議論，必有為而作，而對於他人有如此的文學風骨，他也甚為欣賞，正如他讚美顏太初的詩文所說：「先生之詩文，皆有為而作，精悍確苦，言必中當世之過，鑿鑿乎如五穀必可以療飢，斷斷乎如藥石必可以伐病。」[72]蘇軾個人的創作更是踐行了此種文學理念，使其文字發揮經世致用的社會功能。

（二）詩學傳統觀念之影響

自古以來，詩學傳統中就包含了「美頌」與「諷刺」兩大元素，其中的「諷刺」尤顯珍貴，因為它反應了人民的心聲，因此，〈詩序〉就明示著：「上以風化下，下以風刺上，主文而譎諫，言之者無罪，聞之者足以戒。」[73]這是自《詩經》以來，凸顯詩文社會功能的詩學傳統，歷來論詩者蓋無異義。蘇軾是個懷有淑世思想的文學家，因此，主張詩文當「有為而作」，甚且需「中當世之過」。神宗熙寧二年（1069），朝廷推行新法以後，弊端叢生，蘇軾尚在朝廷之時，即不斷上書指陳其弊，論其得失，如熙寧四年（1071）間陸續撰寫的〈議學校貢舉狀〉、〈諫買浙燈狀〉、〈上神宗皇帝書〉、〈再上皇帝書〉等，每一篇皆是冒著觸犯大臣本意及皇帝天威的危險上奏的。

其後，蘇軾自知不容於朝，終究自請外任，在任地方官職之時，

---

71 見宋‧朱弁撰，王根林校點：《曲洧舊聞》（上海：上海古籍出版社，2001年12月第1版，《宋元筆記小說大觀》第3冊），卷5，頁2993～2994。

72 見《蘇軾文集》第1冊，卷10，〈鳧繹先生詩集敘〉，頁313。

73 見漢‧毛亨傳、漢‧鄭玄箋、唐‧孔穎達等正義：《十三經注疏‧毛詩正義》（臺北：藝文印書館，1993年9月第12次印刷），卷1，〈周南‧關雎詁訓傳第一‧序〉，頁16。

更加觀察與體驗到新法之不便於民，蘇軾深知當時朝廷不容異論，因此，他不再繼續直接衝撞執政階層，而採取另一種委婉的表述方式，如其所云：「其後臣屢論事，未蒙施行，乃復作為詩文，寓物托諷，庶幾流傳上達，感悟聖意。」[74]蘇轍日後為兄所撰的墓誌銘也說到：「初公既補外，見事有不便於民者，不敢言，亦不敢默視也，緣詩人之義，託事以諷，庶幾有補於國。」[75]可見對蘇軾來說，這是他認為還可以反應民聲的方式。蘇軾利用這種文字表述方式托諷新法，一方面是秉持著對詩學傳統中所賦與的文字社會功能的信念；一方面冒死進諫，是基於對神宗皇帝的信任，蓋神宗曾經曲賜召對，言及：「方今政令得失安在，雖朕過失，指陳可也。」[76]或許在蘇軾的認知上，「作為詩文，寓物托諷」，應該是在朝廷容許範圍內的事，焉知日後蘇軾竟以所謂譏諷時政而致禍，所作文字皆成為罪證材料，這恐怕是蘇軾始料未及的。而蘇軾被逮捕下獄之後，不乏挺身相救者，其中張方平即曾上書說：

> 自夫子刪《詩》，取諸諷刺，以為言之者足以戒。故詩人之作，其甚者以至指斥當世之事，語涉謗黷不恭，亦未聞見收而下獄也。……今軾但以文辭為罪，非大過惡，臣恐付之狴牢，罪有不測。[77]

74　見《蘇軾文集》第 3 冊，卷 29，〈乞郡箚子〉，頁 827。

75　見宋・蘇轍撰，陳宏天、高秀芳點校：《蘇轍集・欒城後集》（北京：中華書局，1990 年 8 月第 1 版，2005 年 5 月第 3 次印刷），卷 22，〈亡兄子瞻端明墓誌銘〉，頁 1120。

76　見《蘇軾文集》第 2 冊，卷 25，〈上神宗皇帝書〉，頁 741。

77　見《續資治通鑑長編》第 12 冊，卷 301，元豐二年十二月庚申條，引張方平上書語，頁 7335。又見宋・張方平撰：《樂全集》（臺北：臺灣商務印書館，1983 年，影印文淵閣四庫全書第 1104 冊），卷 26，〈論蘇內翰〉，頁 272。

張方平以儒家文化中的詩學思想，肯定蘇軾「諷刺」時事之作，並作為營救蘇軾的依據，在儒學業已全面復興的當時，應該說是最具說服力、也最有效果的，然而，事實上並非如此，張方平的上書，結果是「不報」，亦即無法挽救蘇軾坐獄被貶的政治命運，從中可以看出儒家詩學傳統在政見之爭面前，顯得十分軟弱[78]，政治鬥爭的力量，實際遠大於世人對傳統詩學所認知的普遍價值。

（三）通脫之性格使然

蘇軾性格光明磊落、瀟灑通脫，善與人交，常無防人之心；加上本身議論風發，下筆成文，又喜與他人分享，這種個性，成就其人格魅力，但也往往招惹禍端。對於此種性格，蘇軾也曾深加反省，如所撰〈密州通判廳題名記〉中云：

> 余性不慎語言，與人無親疏，輒輸寫腑臟，有所不盡，如茹物不下，必吐出乃已。而人或記疏以為怨咎，以此尤不可與深中而多數者處。[79]

〈答劉沔都曹書〉中亦云：

> 軾平生以文字言語見知於世，亦以此取疾於人，得失相補，不如不作之安也。以此常欲焚棄筆硯，為瘖默人，而習氣宿業，未能盡去，亦謂隨手雲散鳥沒矣。[80]

對蘇軾來說，文學的稟賦是來自於與生俱來的天性，蘇轍即曾稱譽

---

[78] 以上論述，部分參考沈松勤撰：《北宋文人與黨爭》（北京：人民出版社，1998年12月第1版），頁132。

[79] 見《蘇軾文集》第2冊，卷11，〈密州通判廳題名記〉，頁376。

[80] 見《蘇軾文集》第4冊，卷49，〈答劉沔都曹書〉，頁1429。

說：「公之於文，得之於天也。」[81]蘇軾自評其文，也說：「吾文如萬斛泉源，不擇地皆可出，在平地滔滔汩汩，雖一日千里無難。」[82]又說：「某平生無快意事，惟作文章，意之所到，則筆力曲折，無不盡意。」[83]凡此，皆是說明蘇軾的文章出於自然，往往渾若天成，只要意之所到，不擇地皆可出。因此，朱熹曾讚譽說：「東坡文字明快。……儘有好處。」[84]但是「快」則易「肆」，因此相對的，朱熹也批評說：「大抵二蘇議論皆失之太快，無先儒惇實氣象，不奈咀嚼。所長固不可廢，然亦不可不知其失也。」[85]具體而言，朱熹說：

> 范淳夫文字純粹，下一箇字，便是合當下一箇字，東坡所以伏他。東坡輕文字，不將為事，若做文字時，只是胡亂寫去，如後面恰似少後添。[86]

蘇軾確實偶有輕發文字的習氣，不吐不快，這原本也是蘇軾自然為文的態度之一，但在朱熹看來，蘇軾的這種習性是個嚴重的弊病，朱熹在以上引文中，便指出蘇軾為文往往不加思索、不加經營便隨意書寫，至於是否真是「胡亂寫去」，恐怕是個人主觀的認知問題。但無可否認的，輕發文字的行為，則易落人口實，如蘇軾自己所說：「世之蓄軾詩文者多矣」[87]，倘若內容涉及議政者，則易使政敵執以為詞，

---

[81] 見《蘇轍集・欒城後集》，卷22，〈亡兄子瞻端明墓誌銘〉，頁1126。

[82] 見《蘇軾文集》第5冊，卷66，〈自評文〉，頁2069。

[83] 見宋・何薳撰，鍾振振校點：《春渚紀聞》（上海：上海古籍出版社，2001年12月第1版，《宋元筆記小說大觀》第3冊），卷6，〈東坡事實〉，頁84。

[84] 見《朱子語類》第8冊，卷139，〈論文上〉，頁3306。

[85] 見宋・朱熹撰，郭齊、尹波點校：《朱熹集》（成都：四川教育出版社，1996年10月第1版，1997年5月第2次印刷，第4冊），卷39，〈答范伯崇〉，頁1807。

[86] 見《朱子語類》第8冊，卷139，〈論文上〉，頁3313。

[87] 見《蘇軾文集》第4冊，卷49，〈答劉沔都曹書〉，頁1429。

構陷誣害。

「烏臺詩案」雖是於神宗元豐二年（1079）〈湖州謝上表〉一文所引發，但蘇軾因文字涉及譏訕被告上朝廷，卻不始於此，據王銍《元祐補錄》載：「（沈）括素與蘇軾同在館閣，軾論事與時異，補外。括察訪兩浙，陛辭。神宗語括曰：『蘇軾通判杭州，卿其善遇之。』括至杭，與蘇軾論舊，求手錄近詩一通，歸則籤貼以進云：『詞皆訕懟。』軾聞之，復寄詩劉恕戲曰：『不憂進了也。』其後李定、舒亶論軾詩置獄，實本於括云。元祐間，軾知杭州，括閒廢在潤，往來迎謁恭甚，軾益薄其為人。」[88]沈括彈奏蘇軾語涉譏謗，時在熙寧年間，當時神宗雖然未予深罪，卻埋下數年後「烏臺詩案」爆發的種子。

第二節 「烏臺詩案」的經過

一 詩禍導火線──〈湖州謝上表〉

蘇軾自熙寧四年（1071）乞外補開始，歷任數州之後，至元豐二年（1079）三月，「罷徐州，以祠部員外郎、直史館知湖州軍事。」[89]四月二十日，到湖州任，循例上謝表，內容云：

> 臣軾言。蒙恩就移前件差遣，已於今月二十日到任上訖者。風俗阜安，在東南號為無事；山水清遠，本朝廷所以優賢。顧惟何人，亦與茲選。臣軾中謝。伏念臣性資頑鄙，名迹壖微。

---

88 見《續資治通鑑長編》第12冊，卷301，元豐二年十二月庚申條所引，頁7336。
89 見孔凡禮撰：《蘇軾年譜》（北京：中華書局，1998年2月第1版），頁428。

議論闊疎，文學淺陋。凡人必有一得，而臣獨無寸長。荷先帝之誤恩，擢寘三館；蒙陛下之過聽，付以兩州。非不欲痛自激昂，少酬恩造。而才分所局，有過無功；法令具存，雖勤何補。罪固多矣，臣猶知之。夫何越次之名邦，更許借資而顯授。顧惟無狀，豈不知恩。此蓋伏遇皇帝陛下，天覆群生，海涵萬族。用人不求其備，嘉善而矜不能。知其愚不適時，難以追陪新進；察其老不生事，或能牧養小民。而臣頃在錢塘，樂其風土。魚鳥之性，既自得於江湖；吳越之人，亦安臣之教令。敢不奉法勤職，息訟平刑。上以廣朝廷之仁，下以慰父老之望。臣無任。[90]

從此封謝表的內容上來看，蘇軾首先是自我檢討，謙虛說自己毫無寸長；其次是感恩皇帝，對自己的罪責給予恰如其分的處置；最後表示自己必會克盡職責，上報君恩，下慰百姓。這本是一篇公式化的官樣文章，但李定等新黨臺諫官員卻從中尋章摘句，指出蘇軾的居心叵測，於是臺諫等人相繼上疏論奏，欲將蘇軾置於死地。

二　臺諫彈奏與神宗詔獄

蘇軾與新黨之怨仇其來有自，哲宗元祐年間，蘇軾在〈杭州召還乞郡狀〉中曾有簡要的追述，他說：「昔於治平中，……首被英宗皇帝知遇，欲驟用臣。」後「丁父憂去官，及服闋入覲，便蒙神宗皇帝召對，面賜獎激，許臣職外言事。……是時王安石新得政，變易法度，臣若少加附會，進用可必。……不忍欺天負心，欲具論安石所為不可施行狀，以裨萬一。……知先帝聖明，能受盡言，上疏六千

餘言，極論新法不便。……並言安石不知人，不可大用。先帝雖未聽從，然亦嘉臣愚直，初不譴問。而安石大怒，其黨無不切齒，爭欲傾臣。御史知雜謝景溫，首出死力，彈奏臣丁憂歸鄉日，舟中曾販私鹽。……但以實無其事，故鍛鍊不成而止。臣緣此懼禍乞出，連三任外補。而先帝眷臣不衰，時因賀謝表章，即對左右稱道。黨人疑臣復用，而李定、何正臣、舒亶三人，構造飛語，醞釀百端，必欲致臣於死。先帝初亦不聽，而此三人執奏不已，故臣得罪下獄。」[91]從蘇軾的追述之語，可知蘇軾是從非議新法，直指王安石，並得罪新黨人物起，變成新黨的眾矢之的，他們苦無機會對付蘇軾，乃至不惜捏造事實，以販私鹽事構陷蘇軾。蘇軾已懼禍乞求外任，焉知數年後的一封謝表，竟會醞成生死大禍。〈湖州謝上表〉是一根導火線，然而以此為端，其後燃燒的範圍逐步擴大，臺諫紛紛上奏，借題發揮，如太子中允權監察御史裏行何正臣，即針對蘇軾此篇謝表上疏說：

> 臣伏見祠部員外郎、直史館、知湖州蘇軾〈謝上表〉，其中有言：「愚不識時，難以追陪新進，老不生事，或能牧養小民。」愚弄朝廷，妄自尊大，宣傳中外，孰不驚嘆。夫小人為邪，治世所不能免，大明旁燭，則其類自消，固未有如軾為惡不悛，怙終自若，謗訕譏罵，無所不為，道路之人，則又以為一有水旱之災、盜賊之變，軾必倡言歸咎新法，喜動顏色，惟恐不甚。今更明上章疏，肆為詆誚，無所忌憚矣。夫出而事主，所懷如此，世之大惡，何以復加？昔成王戒康叔，以助王「宅天命，作新民」，「人有小罪非眚，乃惟終」，不可不殺，蓋習俱污陋，難以丕變，不如是，不足以作民而新之。況今法度未完，風俗未一，正宜大明誅賞，以示天下。如軾之惡，可以止

---

[91] 見《蘇軾文集》第3冊，卷32，〈杭州召還乞郡狀〉，頁912。

　　而勿治乎？軾所為譏諷文字，傳於人者甚眾，今猶取鏤板而鬻
　　於市者進呈。伏望陛下特賜留神。[92]

何正臣彈奏的重點，首先是指出蘇軾於謝表中表達出不與朝廷執政為
謀的傲慢姿態，只能屈居小郡，牧養小民。進而指出蘇軾的怙惡不
悛，謗訕譏罵，無所不為，遇有天災人禍，必歸咎於新法，其居心之
不良，乃世之罪大惡極者，故引《尚書》中對怙惡不悛者應處以極
刑為典範[93]，尤其在此法度未完善之時，更應殺一警百，使人知所戒
懼；而蘇軾之必罪，更是因為其詩文鏤版鬻市，廣傳於世，其蠱惑人
心之影響力不可計量，是故，乞對蘇軾明正典刑，以示天下。

　　其次，如舒亶，時任太子中允集賢殿校裡權監察御史裏行，則
以〈湖州謝上表〉為起點，進而牽延更廣，將蘇軾過去以來所有涉及
譏諷新政的相關文字蒐羅為罪證，目的即是希望以「罪證確鑿」的情
況，請求皇帝處以極刑，舒亶上疏彈奏說：

　　臣伏見知湖州蘇軾近〈謝上表〉有譏切時事之言，流俗翕然，
　　爭相傳誦。忠義之士，無不憤惋。且陛下自新美法度以來，異
　　論之人，故不為少，然其大，不過文亂事實，造作譏說，以為
　　搖動沮壞之計。其次，又不過腹非背毀，行察坐伺，以幸天下

---

[92] 見《烏臺詩案》，頁1～2。（案：據《烏臺詩案》所載，本篇箚子原是作於元豐二
年三月二十七日，垂拱殿進呈。奉聖旨，送中書。而後於元豐二年七月四日，准中
書批送御史臺根勘。然據孔凡禮《蘇軾年譜》所考，蘇軾〈湖州謝上表〉乃是元豐
二年四月二十日到任後所上，何正臣箚子卻始作於三月二十七日，時間上有所矛
盾，待考。）

[93] 原典見漢·孔安國傳、唐·孔穎達等正義：《十三經注疏·尚書正義》（臺北：藝
文印書館，1993年9月第12次印刷），卷14，〈康誥〉：「王曰：……汝惟小子，乃
服惟弘王，應保殷民；亦惟助王宅天命，作新民。」又，「王曰：『嗚呼！封，敬明
乃罰。人有小罪非眚，乃惟終，自作不典，式爾；有厥罪小，乃不可不殺。乃有大
罪非終，乃惟眚災，適爾；既道極厥辜，時乃不可殺。』」頁202。

之無成功而已。至於包藏禍心，怨望其上，訕讟慢罵，而無復
人臣之節者，未有如軾也。蓋陛下發錢以本業貧民，則曰：
「贏得兒童語音好，一年強半在城中。」陛下明法以課試郡
吏，則曰：「讀書萬卷不讀律，致君堯舜知無術。」陛下興水
利，則曰：「東海若知明主意，應教斥鹵變桑田。」陛下謹鹽
禁，則曰：「豈是聞韶解忘味，邇來三月食無鹽。」其他觸物
即事，應口所言，無一不以譏謗為主。小則鏤板，大則刻石，
傳播中外，自以為能。其尤甚者，至遠引襄漢梁、竇專朝之
士，雜取小說燕蝠爭晨昏之語，旁屬大臣，而緣以指斥乘輿，
蓋可謂大不恭矣。然臣切考歷古以來，書傳所載，其間擾攘之
世，上之人雖有失德之行，違道之政，而逆節不軌之臣，苟能
正其短以動搖人心，亦必回容顧避，自託於忠順之名而後敢出
此。恭惟陛下躬履道德，立政造士，以幸天下後世，可謂堯
舜之用心矣。軾在此時，以苟得之虛名，無用之曲學，官為省
郎，職在文館，典領寄任，又皆古所謂二千石，臣獨不知陛下
何負於天下與軾輩，而軾敢為悖慢，無所畏忌，以至如是。且
人道之所自立者以有義，而無逃於天地之間者，義莫如君臣。
軾之所為，忍出於此，其能知有君臣之義乎！夫為人臣者，苟
能充無義之心，往以為利，則其惡無所不至矣。然則陛下其能
保軾之不為此乎？昔者治古之隆，責思議之殊說，命之曰不收
之民，狃於姦宄，敗常亂俗，雖細不宥。按軾懷怨天之心，造
訕上之語，情理深害，事至暴白，雖萬死不足以謝聖時，豈特
在不收不宥而已。伏望陛下體先王之義，用治世之重典，付軾
有司，論如大不恭，以戒天下之為人臣子者。不勝忠憤懇切之

至。印行四冊，謹具進呈。[94]

舒亶此封箚子，乃是從〈湖州謝上表〉而發，首先，指出其內容有譏刺時政之言，造成天下議論紛紛。其次，指出天下異論新法者雖然不少，但未有甚於蘇軾者，因其「包藏禍心，怨望其上，訕讟慢罵，而無復人臣之節」。進一步，舒亶則明指出蘇軾過去所為詩文中語涉譏諷的文字，認為蘇軾「觸物即事，應口所言，無一不以譏謗為主」。再者，與何正臣一樣，舒亶也指出蘇軾詩文鏤版刻石，傳播於中外，此舉影響人心甚鉅。再者，又指出蘇軾於詩文中明說暗諷，「旁屬大臣，而緣以指斥乘輿」，想以此凸顯蘇軾冒犯君威之罪，是故，乞用治世之重典，對蘇軾論以「大不恭」之罪。舒亶此封箚子，對蘇軾的指控相當凶狠，首先，他指出蘇軾「包藏禍心」，根據《宋刑統・名例律》所列出的「十惡」之一，即是「謀反」，而針對「謀反」的釋義，朝廷的【疏議】說：「為子為臣，惟忠惟孝。乃敢包藏凶慝，將起逆心，規反天常，悖逆人理，故曰『謀反』。」[95]舒亶說蘇軾「包藏禍心」，等於是將其冠上「謀反」之罪；而對這一行為的處理，據《宋刑統・賊盜律》之「謀反逆叛」條規定：「諸謀反及大逆者，皆斬。」[96]其次，又指控蘇軾「指斥乘輿」，應論以「大不恭」之罪。根據《宋刑統・名例律》所列出的「十惡」之六，即是「大不恭」，【注】云：「指斥乘輿，情理切害。」【議】曰：「此謂情有觖望，發言謗毀，指斥乘輿，情理切害者。」[97]又根據《宋刑統・職制律》之規

---

[94] 見《烏臺詩案》，頁2～4。（案：據《烏臺詩案》所載，本篇箚子作於元豐二年七月二日，崇政殿進呈。奉聖旨，送中書。）

[95] 見宋・竇儀等撰，薛梅卿點校：《宋刑統》（北京：法律出版社，1999年9月第1版），卷1，〈名例律・十惡之一〉，頁8。

[96] 見《宋刑統》，卷17，〈賊盜律・謀反逆叛〉，頁304。

[97] 見《宋刑統》，卷1，〈名例律・十惡之六〉，頁7、11。

定，「諸指斥乘輿，情理切害者，斬。」【疏議】曰：「諸指斥乘輿，
情理切害者，斬。注云：『言議政事乖失而涉乘輿者，上請。』又
云：『非切害者，徒二年。』」[98]舒亶指出蘇軾「包藏禍心」與「指斥
乘輿」的「大不恭」之罪，若神宗採納，依宋代刑法，已足以將蘇軾
送上斷頭臺。

　　至於當時任右諫議大夫權御史中丞的李定，則不以謝上表為彈奏
材料，直接對蘇軾進行人身攻擊，並指出有可廢之罪四，其疏云：

　　臣切見知湖州蘇軾，初無學術，濫得時名。偶中異科，遂叨儒
　　館。及上聖興作，新進仕者，非蘇之所合，軾自度終不為朝廷
　　獎用，銜怨懷怒，恣行醜詆，見於文字，眾所共知。或有燕蝠
　　之譏，或有竇梁之比。其言雖屬所憾，其意不無所寓，訕上罵
　　下，法所不宥。臣切謂軾有可廢之罪四，臣請陳之。昔者堯不
　　誅四凶，而至舜則流放竄殛之，蓋其惡始見於天下。軾先騰沮
　　毀之論，陛下稍置之不問，容其改過，軾怙終不悔，其惡已
　　著，此一可廢也。古人教而不從，然後誅之，蓋吾之所以俟之
　　者盡，然後戮辱隨焉。陛下所以俟軾者可謂盡，而傲悖之語，
　　日聞中外，此二可廢也。軾所為文辭，雖不中理，亦足以鼓動
　　流俗，所謂言偽而辨。當官侮慢，不循陛下之法，操心頑愎，
　　不服陛下之化，所謂行偽而堅。言偽而辨，行偽而堅，先王之
　　法當誅，此三可廢也。《書》：「刑故無小。」知而為與夫不知
　　而為者異也。軾讀史傳，豈不知事君有禮，訕上者誅？肆其憤
　　心，公為詆訾，而又應制舉對策，即已有厭獎更法之意。陛下
　　修明政事，怨不用己，遂一切毀之，以為非是，此四可廢也。
　　而尚容於職位，傷教亂俗，莫甚於此。臣伏惟陛下，動靜語

---

[98] 見《宋刑統》，卷10，〈職制律・指斥乘輿〉，頁186。

默，惟道之從，興除制作，肇新百度，謂宜可以於變天，而至今未至純著，殆以軾輩虛名浮論，足以惑動眾人故也。臣叨遇執法，職在糾姦，罪有不容，其敢苟止！伏望陛下斷自天衷，特行典憲，非特沮乖慝之氣，抑亦奮忠良之心，好惡既明，風俗自革，有補於世，豈細也哉！取進止。[99]

李定首先攻擊蘇軾不學無術，只是僥倖考試得中；入仕後，見朝廷擢用新進，懷怨不為所用，於是便恣意以文字醜詆新政，訕上罵下。李定進而指出蘇軾有可廢之罪四條，其一，是蘇軾屬無能僥進之輩，卻動輒非議新政，皇帝寬宥，蘇軾卻怙惡不悛，此一可廢。其二，蘇軾不僅不知悔改，還日發傲悖之語，此二可廢。其三，蘇軾「言偽而辨，行偽而堅」，既蠱惑人心，又不循法度，此三可廢。其四，蘇軾既讀史傳，當知「事君有禮，訕上者誅」，卻怨不用己而非毀朝政，此四可廢也。除了何正臣、舒亶、李定上疏彈奏之外，另有國子博士李宜之加入彈劾，他上疏說：

> 昨任提舉淮東常平，過宿州靈壁鎮，有本鎮居止張碩秀才，稱蘇軾與本家撰〈靈壁張氏園亭記〉。內有一節，稱：「古之君子，不必仕，不必不仕。必仕則忘其身，必不仕則忘其君。譬之飲食，適於飢飽而已。然士罕能蹈其義，赴其節。處者安於故而難出，出者狃於利而忘返。于是有違親絕俗之譏，懷祿苟安之弊。」宜之看詳上件文字，義理不順，言「不必仕」，是教天下之人必無進之心，以亂取士之法。又軾言：「必不仕則忘其君」，是教天下之人無尊君之義，虧大忠之節。又軾稱：

99　見《烏臺詩案》，頁5～6。（案：據《烏臺詩案》所載，本篇箚子作於元豐二年七月二日崇政殿進呈。奉聖旨後批：四狀并冊子，七月三日進呈。奉聖旨送御史臺根勘聞奏。）

「譬之飲食，適於饑飽而已。然士罕能蹈其義，赴其節。」宜
之詳此，即知天下之人仕與不仕不敢忘其君，而獨軾有「不必
仕則忘其君」之意，是廢為臣之道。又軾稱「處者安於故而難
出，出者狃於利而忘返」，於是有違親絕俗之譏，懷祿苟安之
弊，頗涉譏諷，乞賜根勘。[100]

從奏文看來，國子博士李宜之主要是針對〈靈壁張氏園亭記〉一文彈
劾，對蘇軾扣上了擾亂取士之法、教天下人無尊君之義、虧大忠之
節、廢為臣之道的罪名。總之，李定等人借題發揮，將新政推行不順
的罪過都歸之於蘇軾，認為他譏諷朝政、侮辱君王、謗訕大臣、煽惑
人心、心懷不軌，實罪無可赦，企圖以此激烈的文字挑起神宗的憤
怒，將蘇軾賜死。

　　神宗在批閱李定等人接二連三的奏章之後，反應是什麼呢？蘇軾
自認為：「先帝初亦不聽，而此三人執奏不已，故臣得罪下獄。」[101]蘇
轍亦說：「上初薄其過，而浸潤不止，至是不得已從其請。」[102]神宗之
所以會有前後不同的態度，蘇軾兄弟認為皆是李定等人糾纏不已、挑
撥離間使然；但不可忽視的是神宗個人的心態，如前文所述，雖然神
宗本人對蘇軾的才華極為欣賞，但蘇軾對新法的反對與譏諷，無疑是
違逆了神宗欲行新法的軸心思想，因此，神宗對蘇軾應有不滿之心，
藉此機會，便順勢以「特欲申言者路」的立場，「詔知諫院張璪、御
史中丞李定推治以聞。」又「時定乞選官參治，及罷湖州，差職員追
攝。既而上批，令御史臺選牒朝臣一員乘驛追攝。」[103]據《烏臺詩案》

---

[100] 見《烏臺詩案》，頁4～5。

[101] 見《蘇軾文集》第3冊，卷32，〈杭州召還乞郡狀〉，頁912。

[102] 見《蘇轍集·欒城後集》，卷22，〈亡兄子瞻端明墓誌銘〉，頁1120。

[103] 以上二則引文見《續資治通鑑長編》第12冊，卷299，元豐二年七月己巳條，頁
7266。

所載：「今年（元豐二年）七月二十八日，中使皇甫遵到湖州勾攝軾前來，至六（疑為八之誤）月十八日赴御史臺出頭。當日准問目，方知奉　聖旨根勘。」[104]可知蘇軾之下御史臺獄，乃神宗親自下詔所致，而根據《宋史‧刑法志》所載：「詔獄，本以糾大姦慝，故其事不常見。初，群臣犯法，體大者多下御史臺獄，小者開封府、大理寺鞫治焉。神宗以來，凡一時承詔置推者，謂之『制勘院』，事出中書，則曰『推勘院』，獄已洒罷。」[105]蘇軾之「烏臺詩案」，在臺諫官員刻意的蘊釀下，竟成了「體大」之案，故詔下御史臺獄。

三　御史臺之根勘

蘇軾於元豐二年（1079）八月十八日赴御史臺獄，隔兩天便開始問案，據《烏臺詩案》所載，蘇軾在其間不斷更改供詞，以下簡錄其經過：

> ◎八月二十日，軾供狀時，除〈山村〉詩外，其餘文字，並無干涉時事。
> ◎二十二日，又虛稱更無往復詩等文字。
> ◎二十四日，又虛稱別無譏諷嘲詠詩賦等應係干涉文字。
> ◎二十四（疑為七之誤）日，又虛稱即別不曾與文字往還。
> ◎三十日，卻供通自來與人有詩賦往還人數姓名，又不說曾有黃庭堅譏諷文字等因依。再勘方招外，其餘前後供析語言因依等不同去處，委是忘記，誤有供通，即非諱避，軾有此罪怨，甘伏　朝典。

---

[104] 見《烏臺詩案》，「中使皇甫遵到湖州勾至御史臺」，頁43。
[105] 見《宋史》第6冊，卷200，〈刑法志二〉，頁4997。

◎十月十五日，奉 御寶批見勘治蘇軾公事，應內外文武官，
　曾與蘇軾交往，以文字譏諷政事，該取會驗問看若干人聞
　奏。

◎十一月二十一日，准中書批送下本所，伏乞勘會蘇軾舉主。
　奉 聖旨，李清臣按後聲說，張方平等並收坐。奉 聖旨，王
　鞏說執政商量等言，特與免根治外，其餘依次結按聞奏。

◎「又中書省劄子，權御史中丞李定等，准元豐二年十一月
　二十八日劄子，蘇軾公事，見結按次，其蘇軾欲乞在臺收
　禁，聽候敕命斷遣。奉 聖旨依奏。」[106]

根據以上所載，可看出蘇軾一開始只承認〈山村〉詩的部分內容語涉
朝政。其次，為了怕連累親朋好友，蘇軾堅稱並沒有與他人往還的文
字，更沒有其他語涉譏諷的文字。然而，在臺諫威逼之下，蘇軾終於
供出與他詩文往還者的姓名，於是臺諫依蘇軾的供詞，一一找出相關
的人士，企圖將反對新法者一網打盡。

四　蘇軾之供詞及其思想分析

　蘇軾既以詩文招禍，那麼蘇軾到底與何人有往復的文字？其中又
是哪些篇章中的哪些文字語涉譏諷？而蘇軾在這些文字中，又是譏諷
些什麼內容？以下以宋·朋久萬之《烏臺詩案》所載為基礎，再根據
蘇軾的供詞，並對照蘇軾之原詩文，註明其出處，作一簡表分析，以
期對烏臺詩禍之內容有更簡明扼要的掌握。

---

[106] 以上引述見《烏臺詩案》，「中使皇甫遵到湖州勾至御史臺」，頁43～44。

篇名／出處	往還對象	詩文內容	本意／典故	詩文諷意	譏諷性質
1、〈李杞寺丞見和前篇復用元韻答之〉／《蘇軾詩集合注》卷7，頁290～291。	王詵、李杞	「誤隨弓旌落塵土，坐使鞭箠環呻呼。」		以譏諷朝廷，新法行後，公事鞭箠之多也。	諷新法
		「追胥保伍罪及孥，百日愁嘆一日娛。」		以譏諷朝廷，鹽法收坐同保，妻子移鄉，法太急也。	諷新法／鹽法
		「歲荒無術歸亡逋，鵠則易畫虎難摹。」	意取馬援言：「畫鵠不成猶類鶩，畫虎不成反類狗。」	言歲既饑荒，我欲出奇畫賑濟，又恐朝廷不從，乃似畫虎不成反類狗也。	諷新法
2、〈戲子由〉／《蘇軾詩集合注》卷7，頁296～298。	王詵	「任從飽死笑方朔，肯為雨立求秦優？」	意取〈東方朔傳〉「侏儒飽欲死」，及〈滑稽傳〉優旃謂陛楯郎：「汝雖長，何益？乃雨立。我雖短，幸休居。」	言弟轍家貧官卑，而身材長大，所以比東方朔、陛楯郎；而以當今進用之人，比侏儒、優旃也。	諷朝臣
		「讀書萬卷不讀律，致君堯舜知無術。」		是時朝廷新興律學，軾意非之。以謂法律不足以致君於堯舜，今時又專用法律而忘詩書，故言我讀萬卷書，不讀法律，蓋聞法律之中無致君堯舜之事。	諷新法
		「勸農冠蓋鬧如雲，送老虀鹽甘似蜜。」		以譏諷朝廷，新開提舉官，所至苛細生事，發謫官吏，惟學官無吏責也。	諷官員

（續）

篇名／出處	往還對象	詩文內容	本意／典故	詩文諷意	譏諷性質
		「平生所慚今不恥，坐對疲泯更鞭箠。」	是時多徒配犯鹽之人，例皆饑貧。言鞭箠此等貧民，軾平生所慚，今不恥矣。	以譏諷朝廷，鹽法太急也。	諷新法／鹽法
		「道逢陽虎呼與言，心知其非口諾唯。」		是時張靚、俞希旦作監司，意不喜其人，然不敢與之爭議，故毀詆之為陽虎也。	諷朝臣
3、〈山邨五絕〉／《蘇軾詩集合注》卷9，頁412～413。	王詵、周邠	「煙雨濛濛雞犬聲，有生何處不安身！但令黃犢無人佩，布穀何勞也勸耕？」	軾意是時販私鹽者，多帶刀杖，故取前漢龔遂，令人賣劍買牛，賣刀買犢曰：「何為代牛佩犢！」意言但將鹽法寬平，令人不帶刀劍而買牛犢，則自力耕，不勞勸督也。	以譏諷朝廷，鹽法太峻不便也。	諷新法／鹽法
		「老翁七十自腰鐮，慚愧春山筍蕨甜。豈是聞韶解忘味？邇來三月食無鹽。」	意山中之人，饑貧無食，雖老亦自採筍蕨充饑；時鹽法峻急，僻遠之人無鹽食，動經數月。若古之聖人，則能聞韶忘味。山中小民，豈能食淡而樂乎！	以譏諷鹽法太急也。	諷新法／鹽法
		「杖藜裹飯去息息，過眼青錢轉手空。贏得兒童語音好，一年強半在城中。」	意言百姓雖得青苗錢，立便於城中浮費使卻；又言鄉村之人，一度兩度夏秋稅，又數度請納和預買錢，今此更添青苗助役錢，因此莊家子弟多在城中，不著次第，但學得城中語音而已。	以譏諷朝廷新法，青苗、助役不便也。	諷新法／青苗、助役

（續）

篇名／出處	往還對象	詩文內容	本意／典故	詩文諷意	譏諷性質
4、〈湯村開運鹽河雨中督役〉／《蘇軾詩集合注》卷8，頁363～366。	王詵	「居官不任事，蕭散羨長卿。胡不歸去來？滯留愧淵明。鹽事星火急，誰能卹農耕？薿薿曉鼓動，萬指羅溝坑。天雨助官政，泫然淋衣纓。人如鴨與豬，投泥相濺驚。下馬荒堤上，四顧但湖泓。線路不容足，又與牛羊爭。歸田雖賤辱，豈識泥中行？寄語故山友，慎勿厭藜羹。」	軾為是時盧秉提舉鹽事，擘畫開運鹽河，差夫千餘人。軾於大雨中部役，其河只為般鹽，既非農事，而役農民，秋田未了，有妨農事。又其河中間，有湧沙數里，軾宣言開得不便。軾自嗟泥雨勞苦，羨司馬長卿，居官而不任事；又愧陶淵明，不早棄官歸去也。農事未休，而役夫千餘人，故云：「鹽事星火急，誰能卹農耕？」又言百姓已勞苦不易，天雨又助官政勞民，轉致百姓疲役，人在泥水中，辛苦無異鴨與豬；又言軾亦在泥中，與牛羊爭路而行，若歸田，豈識於此哉！故云：「寄語故山友，慎勿厭藜羹」而思仕宦。	以譏諷朝廷，開運鹽河，不當以妨農事也。	諷新法／鹽法
5、〈後杞菊賦并敍〉／《蘇軾文集》卷1，頁4。	王詵	「及移守膠西，意其一飽，而齋廚索然，不堪其憂。」		以非諷朝廷，新法減削公使錢太甚，齋醞廚薄，事皆索然無備也。	諷新法

（續）

篇名／出處	往還對象	詩文內容	本意／典故	詩文諷意	譏諷性質
6、〈超然臺記〉／《蘇軾文集》卷11，頁351～352。	王詵、李清臣	「始至之日，歲比不登，盜賊滿野，獄訟充斥。」	意言連年蝗蟲盜賊獄訟之多。	以非諷朝廷政事闕失，並新法不便所致。及云：「齋厨索然，日食杞菊。」以非諷朝廷新法減削公使錢太甚。	諷新法
7、〈書韓幹牧馬圖〉／《蘇軾詩集合注》卷15，頁692～694。	王詵	「王良挾策飛上天，何必俛首服短轅。」	意以麒麟自比。	譏諷執政大臣無能盡我之才，如王良之能馭者，何必折節求進用也。	諷朝臣
8、〈和李邦直沂山祈雨有應〉／《蘇軾詩集合注》卷15，頁699～700。	李清臣	「半年不雨坐龍慵，但怨天公不怨龍。」	本因龍神慵懶不行雨，卻使人因怨天公。	以譏諷大臣不任職，不能變理陰陽，卻使人怨天子。	諷朝臣
9、〈次韻答章傳道見贈〉／《蘇軾詩集合注》卷9，頁397～399。	章傳	「馬融既依梁，班固亦事竇。效顰豈不欲，頑質謝鐫鏤。」	所引梁冀、竇憲，並是後漢時人。因時君不明，遂躋顯位，驕暴竊威福用事，而馬融、班固二人皆儒者，並依託之。	軾詆毀當時執政大臣，我不能效班固、馬融，苟容依附也。	諷朝臣
10、〈寄劉孝叔〉／《蘇軾詩集合注》卷13，頁606～610。	劉述	「君王有意誅驕虜，椎破銅山鑄銅虎。聯翩三十七將軍，走馬西來各開府。」	是時朝廷遣使諸路點檢軍器，及置三十七將官，軾將謂今上有意征討胡虜。	以譏諷朝廷，諸路遣使及置將官，張皇不便。	諷軍事

（續）

篇名／出處	往還對象	詩文內容	本意／典故	詩文諷意	譏諷性質
		「南山伐木作車軸，東海取鼉漫戰鼓。汗流奔走誰敢後？恐乏軍興汙質斧。保甲連村團未編，方田訟牒紛如雨。邇來手實降新書，抉別根株窮脈縷。詔書惻怛信深厚，吏能淺薄空勞苦。」		以譏諷朝廷法度屢更，事目煩多，吏不能曉。	諷新法
		「況復連年苦饑饉，剝囓草木啖泥土。今年雨雪頗應時，又報蝗蟲生翅股。憂來洗盞欲強醉，寂寞空齋臥空甑。公廚十日不生煙，更望紅裙踏筵舞。」「故人屢寄山中信，只有當歸別無語。猶將雀鼠偷太倉，未肯衣冠挂神武。」	意謂邇來饑饉，飛蝗蔽天之甚。公事既多，旱蟲又甚，二政巨蕃，尚如此窘迫，所以言山中故人寄信令歸，但軾貪祿，未能便挂衣冠而去也。	以譏諷朝廷，政策闕失，新法不便所致也。又云：「酒食無備，齋廚索然。」以譏諷朝廷，行法減削公使錢太甚。	諷新法
		「四方冠蓋鬧如雲，歸作二浙湖山主。」	故劉述乞宮觀歸湖山也。	以譏諷朝廷近日提舉官所至生事苛碎。	諷官員

（續）

篇名／出處	往還對象	詩文內容	本意／典故	詩文諷意	譏諷性質
11、〈徑山道中次韻答周長官兼贈蘇寺丞〉／《蘇軾詩集合注》卷10，頁471～473。	周邠、蘇舜舉	「餔糟醉方熟，瀝面呼不醒。奈何效燕蝠，屢欲爭晨暝。」		其意以譏諷王庭老等，如訓狐不分別是非也。	諷官員
12、〈次韻周開祖長官見寄〉／《蘇軾詩集合注》卷19，頁949～951。	周邠	「政拙年年祈水旱，民勞處處避嘲謳。河吞巨野那容塞，盜入蒙山不易搜。」	此詩自言遷徙數州，未蒙朝廷擢用，老於道路，并所至遇水旱盜賊，夫役數起，民蒙其害。	以譏諷朝廷，政事闕失，并新法不便之所致也。	諷新政、新法
		「仕道固應慚孔孟，扶顛未可責由求。」	以言已仕而道不行，則非事道也，故有慚於孔孟。孔子責由求云：「危而不持，顛而不扶，則將焉用彼相矣！」	意以譏諷朝廷大臣，不能扶正其顛仆。	諷朝臣
13、〈潁州初別子由〉／《蘇軾詩集合注》卷6，頁249～252。	蘇轍	「至今天下士，去莫如子猛。」	弟轍曾在制置條例充檢詳文字，爭議新法，不合，乞罷。說弟轍去之果決。	意亦譏諷朝廷，新法不便也。	諷新法
14、〈捕蝗至浮雲嶺山行疲苦有懷子由弟〉／《蘇軾詩集合注》卷12，頁553～554。	蘇轍	「獨眠林下夢魂好，回首人間憂患長。殺馬毀車從此逝，子來何處問行藏？」		意謂新法青苗、助役等事，煩雜不可辦，亦言己才力不能勝任也。	諷新法／青苗、助役
15、〈初到杭州寄子由〉／《蘇軾詩集合注》卷7，頁285～286。	蘇轍	「眼看時事力難勝，貪戀君恩退未能。」		（同上）	（同上）

（續）

篇名／出處	往還對象	詩文內容	本意／典故	詩文諷意	譏諷性質
16、〈遊徑山〉／《蘇軾詩集合注》卷7，頁327～330。	蘇轍、周邠	「近來愈覺世議隘，每到寬處差安便。」		以譏諷朝廷用人，多是刻薄褊隘之人，不少容人過失，見山中寬閑之處為樂也。	諷朝臣
17、〈八月十五日觀潮五絕〉之四／《蘇軾詩集合注》卷10，頁455～457。	蘇轍	「吳兒生長狎濤淵，冒利忘生不自憐。東海若知明主意，應教斥鹵變桑田。」	蓋言弄潮之人，貪官中利物，致其間有溺而死者，故朝旨禁斷。軾謂主上好興水利，不知利少而害多，言「東海若知明主意，應教斥鹵變桑田。」言此事之必不可成。	譏諷朝廷水利之難成也。	諷新法
18、〈答黃魯直五首〉之一／《蘇軾文集》卷52，頁1531～1532。	黃庭堅	「觀其文以求其人，必輕外物而自重者，今之君子，莫能用也。」		謂近日朝廷進用之人，不能援進庭堅而用之也。	諷朝臣
19、〈次韻黃魯直見贈古風二首〉之一／《蘇軾詩集合注》卷16，頁813～815。	黃庭堅、王鞏	「嘉穀臥風雨，莨莠登我場。陳前漫方丈，玉食慘無光。」		以譏今之小人勝君子，如莨莠之奪嘉穀也。	諷朝臣
		「大哉天宇間，美惡更臭香。君看五六月，非蚊蚋回廊。茲時不少假，俯仰霜葉黃。期君看蟠桃，千歲終一嘗。顧我如苦李，全生依路旁。紛紛不足惜，悄悄徒自傷。」	意言君子小人，進退有時，如夏月蚊蚋縱橫，至秋月息。比庭堅於蟠桃，進必遲；自比苦李，以無用全生。	《詩》云：「憂心悄悄，慍於群小。」以譏諷當今進用之人，皆小人也。	諷朝臣

（續）

篇名／出處	往還對象	詩文內容	本意／典故	詩文諷意	譏諷性質
20、〈祭文與可文〉／《蘇軾文集》卷63，頁1941～1942。	黃庭堅	「道之不行，哀我無徒。豈無友朋，逝莫告余。」	意言軾屬曾言新法不便，不蒙朝廷施行，軾孤立無徒，故人皆舍之而去，無有相告語者。	以譏諷當今進用之人，與軾故舊者，皆以進退得喪易其心，不存故舊之義。	諷朝臣
21、〈王元之畫像贊并敘〉／《蘇軾文集》卷21，頁603。	王紛	「使其不幸而立於眾邪之間，安危之際，則公之所為，必將驚世絕俗，使斗筲穿窬之流，心破膽裂。」	意謂近日進用之人為「眾邪」，又言今時所行新法，係天下安危。故言：「眾邪之間，安危之際。」又謂天子今時進用之人，皆「斗筲穿窬之流」。	皆以譏諷朝廷進用之人，并新法不便也。又云：「紛紛鄙夫，亦拜公像。何以占之，有泚其顙。」亦以譏諷今時進用之人，謂之「鄙夫」，言拜公之像，心愧而汗顙也。	諷新法、朝臣
22、〈送劉攽倅海陵〉／《蘇軾詩集合注》卷6，頁225～227。	劉攽	「君不見阮嗣宗，臧否不掛口。莫誇舌在齒牙牢，是中惟可飲醇酒。」	言當學阮籍口不臧否人物，惟可飲酒，勿談時事。	意以譏諷朝廷，新法不便，不容人直言，不若耳不聞而口不問也。	諷新法

（續）

篇名／出處	往還對象	詩文內容	本意／典故	詩文諷意	譏諷性質
23、〈廣陵會三同舍各以其字為韻仍邀同賦〉／《蘇軾詩集合注》卷6，頁267～269。	劉攽	「去年送劉郎，醉語已驚眾。如今各漂泊，筆硯誰能弄。我命不在天，羿彀未必中。作詩聊遣意，老大慚譏諷。夫子少年時，雄辯輕子貢。爾來再傷弓，戢翼念前痛。廣陵三日飲，相對恍如夢。況逢賢主人，白酒潑春甕。竹西已揮手，灣口猶屢送。羨子去安閑，吾邦正喧鬨。」		言杭州監所聚，是時初行新法，事多不便也。	諷新法
24、〈次韻劉貢父李公擇見寄二首〉／《蘇軾詩集合注》卷13，頁623～625。	劉攽	「白髮相望兩故人，眼看時事幾番新。」		以譏諷朝廷，近日更立新法，事尤多也。	諷新法
25、〈劉貢父見余歌詞數首以詩見戲聊次其韻〉／《蘇軾詩集合注》卷11，頁500～501。	劉攽	「十載漂然未可期，那堪重作看花詩。門前惡語誰傳去，醉後狂歌自不知。刺舌君今猶未戒，炙眉我亦更何辭。相　痛飲無餘事，正是春容最好時。」	引賀拔基以錐刺其子舌，以戒言語事戲劉攽。又引郭舒狂言，為王敦炙其眉以自比。	皆譏諷時人不容狂直之言也。	諷新政

（續）

篇名／出處	往還對象	詩文內容	本意／典故	詩文諷意	譏諷性質
26、〈贈孫莘老七絕〉／《蘇軾詩集合注》卷8，頁384～387。	孫覺	「若對青山談世事，當須舉白便浮君。」	軾是時約孫覺并坐客，如有言及時事者，罰一大盞。	雖不指時事，是亦軾意言時事多不便，更不可說，說亦不盡。	諷新法
		「作堤捍水非吾事，閒送苕溪入太湖。」	軾為先曾言水利不便，卻被轉運司差相度堤堰，軾本非興水利之人。	以譏諷時世與昔不同，而水利不便而然也。	諷新法
27、〈送錢藻出守婺州得英字〉／《蘇軾詩集合注》卷6，頁227～229。	錢藻	「老手便劇郡，高懷厭承明。聯紆東陽綬，一濯滄浪纓。東陽佳山水，未到意已清。過家父老喜，出郭壺漿迎。子行得所願，愴恨居者情。吾君方急賢，日旰坐遍英。黃金招樂毅，白璧賜虞卿。子不少自貶，陳義空崢嶸。古稱為郡樂，漸恐煩敲搒。臨分敢不盡，醉語醒還驚。」	言朝廷方急賢才，多士並進，子獨遠出為郡，不少自強勉求進，但守道義。	意譏當時之人急進也。又言青苗、助役既行，百姓輸納不前，為郡者不免用鞭箠催督，醉中道此語，醒後還驚，恐得罪朝廷，以譏諷不便之故也。	諷朝臣、新法
28、〈張安道見示近詩〉／《蘇軾詩集合注》卷17，頁846～847。	張方平	「人物一衰謝，微言難重尋。殷勤永嘉末，復聞正始音。清談未足多，感時意殊深。」	軾言晉元帝時，衛玠初過江左，不意永嘉之末，復聞正始之音。	軾意言晉元帝時人物衰謝，不意復見張方平之文章才氣，以譏諷今時風俗衰薄也。	諷新政

（續）

篇名／出處	往還對象	詩文內容	本意／典故	詩文諷意	譏諷性質
		「少年有奇志，欲和南風琴。荒林蜩蚻亂，廢沼蛙蟈淫。遂欲掩兩耳，臨文但噫喑。」	意言軾少年，本有志欲和天子薰風之詩，因見學者皆空言無實，雜引佛老異端之書，文字雜亂。	故以「荒林廢沼」比朝廷新法，屢有變改，事多荒廢，致風俗虛浮，學者誕妄，如蜩蚻之紛亂，故遂掩耳不欲論文也。	諷新法
		「蕭然王郎子，來自縵山陰。雲見浮丘伯，吹簫明月岑。遺聲落淮泗，蛟鼉為悲吟。願公正王度，祈招繼愔愔。」	軾欲張方平勿為虛言之詩。	當作譏諷朝廷政事闕失，如祭父作祈招之詩也。	諷新政
29、〈次韻劉貢父李公擇見寄二首〉／《蘇軾詩集合注》卷13，頁624～625。	李常	「何人勸我此間來？絃管生衣甑有埃。蟻沾唇無百斛，螳蟲撲面已三回。磨刀入谷追窮寇，灑涕循城拾棄孩。郡鮮歡君莫歎，猶勝塵土走章臺。」	此詩譏諷朝廷，新法減削公使錢太甚，及造酒不得過百石，致管絃生衣甑有塵，及言螳蟲盜賊災傷饑饉之甚。	以譏諷朝廷政事闕失，及新法不便之所致也。	諷新政、新法
30、〈滕縣公堂記〉／《蘇軾文集》卷11，頁377。	王安上	（案：〈記〉文長，不具載。）	軾作〈滕縣公堂記〉一首與范純粹。交代知縣王安上寺丞，立石在本縣，即不曾寄范純粹。	此〈記〉大率譏諷朝廷新法以來，減削公使錢，裁損當直公人，不許修造房宇，故所在官舍，例皆壞陋也。	諷新法

（續）

篇名／出處	往還對象	詩文內容	本意／典故	詩文諷意	譏諷性質
31、〈劉莘老〉／《蘇軾詩集合注》卷6，頁271～273。	劉摯	「暮落江湖上，遂與屈子鄰。」	意謂屈原放逐潭湘之間，而非其罪；今劉摯亦謫官湖南，故言與屈子相鄰近也。緣是時聞說劉摯為言新法不便責降，既以屈原非罪比摯，即是謂摯所言為當。	以譏諷朝廷新法不便也。	諷新法
		「士方在田里，自比渭與莘。出試乃大謬，芻狗難重陳。」	莊子詆毀孔子，言孔子所言皆先王之陳迹也，譬如已陳之芻狗，難再陳也。	軾意以譏諷當時執政大臣，在田里之時，自比太公、伊尹，及出而試用，大謬戾，當便罷退，不可再施用也。	諷朝臣
32、〈次韻潛師放魚〉／《蘇軾詩集合注》卷16，頁799～800。	釋道潛	「疲民尚作魚尾赤，數罟未除吾類沘。」	是時徐州大水之後，役夫數起，軾言民之疲病如魚勞而尾赤也。「數罟」謂魚網之細密者。又言民既疲病，朝廷又行青苗、助役，不為除放，如密網之取魚也。	皆以譏諷朝廷，新法不便，所以致大水之災。	諷新法／青苗、助役
33、〈日喻〉／《蘇軾文集》卷64，頁1980～1981。	道潛	（案：文長不具載。）		以譏諷近日科場之士，但務求進，不務積學，皆空言而無所得。以譏諷朝廷更改科場新法不便也。	諷新法

（續）

篇名／出處	往還對象	詩文內容	本意／典故	詩文諷意	譏諷性質
34、〈錢君倚哀詞〉／《蘇軾文集》卷63，頁1964。	錢世雄	「載而之世之人兮，世捍堅而不答。」	此言錢公輔為人方正，世人不能容。為公輔曾繳王疇樞密詞頭，因此謫官，後來朝廷亦不甚進用。	意以譏諷責降公輔非罪，及朝廷不能進用公輔也。	諷新政
		「子奄忽而不返兮，世混混吾焉則。」		意以譏諷今時之人，正邪混殽，不分曲直，吾無所取則也。	諷新政
35、〈鹽官大悲閣記〉／《蘇軾文集》卷12，頁386～388。	僧居則	（案：文長不具載。）	意謂舊日科場，以賦取人，賦題所出，多關涉天文、地理、禮樂、律歷，故學者不敢不留意於此等事；今來科場，以大意取人，故學者只務空言高論，而無實學。	以譏諷朝廷更改科場法度不便也。	諷新法
36、〈鼂繹先生詩集敘〉／《蘇軾文集》卷10，頁313。	顏復	（案：文長不具載。）		軾遂譏諷朝廷更改法度，使學者皆空言不便也。	諷新法

（續）

篇名／出處	往還對象	詩文內容	本意／典故	詩文諷意	譏諷性質
37、〈和述古冬日牡丹四首〉／《蘇軾詩集合注》卷11，頁498～499。	陳襄、周邠	「一朵妖紅翠欲流，春光回照雪霜羞。化工只欲呈新巧，不放閒花得少休。」「花開時節雨連風，卻向霜餘染爛紅。漏泄春光私一物，此心未信出天工。」「當時只道鶴林仙，解遣秋花發杜鵑。誰信詩能回造化，直教霜卉放春妍。」「不分清霜入小園，故將詩律變寒暄。使君欲見藍關詠，更倩韓郎為染根。」		此詩皆譏諷當時執政大臣，以比化工，但欲出新意擘畫，令小民不得暫閑也。	諷新法
38、〈司馬君實獨樂園〉／《蘇軾詩集合注》卷15，頁714～715。	司馬光	「先生獨何事，四海望陶冶。兒童誦君實，走卒知司馬。」「撫掌笑先生，年來效喑啞。」	四海蒼生，望司馬執政，陶冶天下。	以譏諷現在執政，不得其人。又言兒童走卒，皆知姓字，終當進用。司馬光字君實，曾言新法不便，與軾意合。既言終當進用，亦是譏諷朝廷，新法不便，終當用司馬光；光卻喑啞不言，意望依前攻擊。	諷朝臣、新法

（續）

篇名／出處	往還對象	詩文內容	本意／典故	詩文諷意	譏諷性質
39、〈送曾子固倅越得燕字〉／《蘇軾詩集合注》卷6，頁215～216。	曾鞏	「醉翁門下土，雜遝難為賢。曾子獨超軼，孤芳陋群妍。昔從南方来，與翁兩聯翩。翁今自憔悴，子去亦宜然。賈誼窮適楚，樂生老思燕。那因江鱠美，遽厭天庖羶。但苦世論隘，聒耳如蜩蟬。安得萬頃池，養此橫海鱣。」		譏諷朝廷進用多刻薄之人，議論褊隘，聒喧如蜩蟬之鳴，不足聽也。又云「安得萬頃池，養此橫海鱣。」以此比曾鞏橫才也。	諷朝臣
40、〈答曾鞏書〉（按：此篇未收入文集，據《烏臺詩案》所載。）	曾鞏	「賦役毛起，鹽事峻急，民不聊生。」		意言新法不便，煩碎如毛之穴；又加鹽事太急，處刑罰，民不堪命。	諷新法／鹽法
41、〈湖州謝上表〉／《蘇軾文集》卷23，頁653～654。		（案：文長不具載。）	軾館職多年，未蒙不次進用，故言：「荷先帝之誤恩，擢寘三館；蒙陛下之過聽，付以兩州。」	又見朝廷近日進用之人，多是少年，及與軾議論不合，故言：「愚不適時，難以追陪新進。」以譏諷朝廷進用之人，多是循時迎合。又云：「察其老不生事，或能牧養小民。」以譏諷朝廷，多是生事搔擾以奪農時。	諷新黨、新法
42、〈往富陽新城李節推先行三日留風水洞見待〉／《蘇軾詩集合注》卷9，頁404～406。	（其詩即不曾寫與李佖。）	「世上小兒誇疾走，如君相待今安有。」		以譏世之小人，多務急進也。	諷朝臣

（續）

篇名／出處	往還對象	詩文內容	本意／典故	詩文諷意	譏諷性質
43、〈風水洞二首和李節推〉／《蘇軾詩集合注》卷9，頁406～407。	李佖	「世事漸艱吾欲去，永隨二子脫譏讒。」	軾度斯時之不可與合，又不可與容，故欲棄官隱居也。	意謂朝廷行新法，後來世事日益艱難，小人多務譏謗。	諷新法、朝臣
44、〈和劉道原寄張師民〉／《蘇軾詩集合注》卷7，頁309。	劉恕	「仁義大捷徑，詩書一旅亭。相誇綬若若，猶誦麥青青。腐鼠何勞嚇，高鴻本自冥。顛狂不用喚，酒盡漸須醒。」		此詩譏諷朝廷近日進用之人，以仁義為捷徑，以詩書為逆旅，俱為印綬爵祿所誘，則假六經以進。	諷朝臣
45、〈和劉道原見寄〉／《蘇軾詩集合注》卷7，頁307。	劉恕	「敢向清時怨不容，直嗟吾道與君東。坐談足使淮南懼，歸去方知冀北空。獨鶴不須驚夜旦，群烏未可辨雌雄。廬山自古不到處，得與幽人子細窮。」	軾為劉恕有學問，性正直，故作此詩美之。	因以譏諷當今進用之人。意言今日進用之人，君子小人雜處，如烏不可辨雌雄。	諷朝臣
46、〈送蔡冠卿知饒州〉／《蘇軾詩集合注》卷7，頁298～300。	蔡冠卿	「橫前坑穽眾所畏」		以譏當時朝廷用事之人，有逆其意者，則設坑穽以陷之也。	諷朝臣
		「布路金珠誰不裹」		以譏諷朝廷用事之人，有順其意者，則以利誘之，如以金珠布路也。	諷朝臣
		「爾來變化驚何速，昔號剛強今亦頗。」		以譏士大夫為利所誘脅，變化以從之，雖舊號剛強，今亦然也。	諷士風

（續）

篇名／出處	往還對象	詩文內容	本意／典故	詩文諷意	譏諷性質
		「鄰君獨守廷尉法」	言冠卿屢與朝廷爭議刑法，以致不進用，卻出守小郡也。		諷新政
		「莫嗟天驥逐羸牛」	軾以冠卿比天驥，以進用不才比羸牛。	軾意以譏諷朝廷進用之人不當也。	諷朝臣
		「世事徐觀真夢寐，人生不信長轗軻。」	為冠卿屢與朝廷爭議刑法，致不進用，言人事得喪，古來譬如夢幻，當時執政必不常進，冠卿亦不常退。		諷朝臣
47、〈墨寶堂記〉／《蘇軾文集》卷11，頁357～358。	張次山	「蜀之諺曰：『學書者紙費，學醫者人費。』此言雖小，可以喻大。世有好功名者，以其未試之學，而驟出之於政，其費人豈特醫者之比乎？」	軾以謂學醫者當知醫書，以窮疾之本原，若今庸醫瞽伎，投藥石以害人性命。	意以譏諷朝廷進用之人多不練事，驟施民政，喜怒不常，其害人甚於庸醫之未習。	諷朝臣
48、〈送杭州杜戚陳三掾罷官歸鄉〉／《蘇軾詩集合注》卷10，頁485～486。	杜子方、戚秉道、陳珪	「君言失意能幾時，月噉蝦蟆行複皎。」	意取盧仝〈月蝕〉詩云：「傳聞古來說，月蝕蝦蟆精。」盧仝意比朝廷為小人蒙蔽也。軾亦言杜子方等本無罪，為陳睦、張若濟蒙蔽朝廷，以致衝替逐人，後當感悟牽復。		諷朝臣
		「徇時所得無幾何，隨手已遭憂患繞。」	意謂張若濟不久自為工事也。		諷朝臣

（續）

篇名／出處	往還對象	詩文內容	本意／典故	詩文諷意	譏諷性質
49、〈三槐堂銘并敘〉／《蘇軾文集》卷19，頁570～571。	王鞏	「吾儕小人，朝不及夕。相時射利，皇卹厥德。庶幾僥倖，不種而穫。不有君子，其何能國。」	言祖宗朝若無此有德君子，安能建國乎？以言王旦父子也。		諷朝臣
50、〈王仲儀真贊并敘〉／《蘇軾文集》卷21，頁604。	王鞏	「平居無事，商功利，課殿最，誠不如新進之士。至於緩急之際，決大策，安大眾，呼之則來，揮之則散者，惟世臣、巨室為能。」		意以譏諷當今進用之人，止可商功利，課殿最而已。若緩急，安眾決策，須舊臣有德之人，素所謂服者。	諷朝臣
		「使新進之士當之，雖有韓、白之勇，良、平之奇，豈能坐勝？」	有才而德望未隆者，縱有韓信、白起之勇，張良、陳平之智，亦不如世臣宿將，人素畏服，成功速也。		諷朝臣
		「彼竄人子，既陋且寒。終勞永憂，莫知其賢。」		意以譏諷當今進用之人，出於貧賤，意見陋檢，空多勞憂，不足為利也。	諷朝臣
51、〈和錢安道寄惠建茶〉／《蘇軾詩集合注》卷11，頁506～507。	錢顗	「草茶無賴空有名，高者妖邪次頑懭。」		以譏世之小人，乍得權用，不知上下之分，若不詔媚妖邪，即須頑懭狠劣。	諷朝臣
		「體輕雖複強浮沉，性滯偏工嘔酸冷。」		亦以譏世之小人，體輕浮而性滯泥也。	諷朝臣

（續）

篇名／出處	往還對象	詩文內容	本意／典故	詩文諷意	譏諷性質
		「其間絕品豈不佳，張禹縱賢非骨鯁。」		亦以譏世之小人如張禹，雖有學問，細行謹飭，終非骨鯁之人。	諷朝臣
		「收藏愛惜待佳客，不敢包裹鑽權倖。此詩有味君勿傳，空使時人怒生瘦。」		以譏世之小人，有以好茶鑽要貴者，聞此詩將大怒也。	諷朝臣
52、〈送范景仁遊洛中〉／《蘇軾詩集合注》卷15，頁686～688。	范鎮	「小人真闇事，閒退豈公難。」		意以諷今時小人，以小才而享大位，闇於事理，以進為榮，以退為辱；范鎮前為侍郎，難進易退，小人不知也。	諷朝臣
		「言深聽者寒」	軾謂鎮舊日多論時事，其言深切，聽者為恐。	意言鎮當時所言，皆不便事也。	諷新法
53、〈雩泉記〉／《蘇軾文集》卷11，頁378。		「堂堂在位，有號不聞。」		以譏諷是時京東連年蝗旱訴聞，鄰郡百姓訴旱，官吏多不接狀依法檢收災傷，致令怨歎之聲，盈於上下。當時之人，耳如不聽，故記有嗟呼之詩也。	諷官員
54、〈祭常山回小獵〉／《蘇軾詩集合注》卷13，頁620～621。		「聖朝若用西涼簿，白羽猶能效一揮。」	意取西涼主簿謝艾事，艾本書生也，善能用兵，故以此自比，若用軾為將，亦不減謝艾也。		諷軍事

從以上簡表內容上的梳理，可知蘇軾供出語涉譏諷的詩文共有五十餘篇，所贈對象，牽連亦廣，至於詩文中寓含對新政的不滿，主要表現在兩大方面——即朝廷用人不當，與新法不便於民。從朝廷用人不當方面來說，蘇軾認為朝廷為推行新政，議論不合者皆遭罷黜，於是朝廷只能任用一些擁護新法的新進官員，然而這些新進之士卻呈現出種種弊端，以下試述之：

1　人品方面

蘇軾認為，由於對新法的認知有所差異，於是朝廷用人，產生了新舊交替的現象，一些新黨官員或科場之士，為求飛黃騰達，「多務求進，不務積學」，因此，蘇軾譏諷當時之人「多務急進也」。（如表格33、〈日喻〉；27、〈送錢藻出守婺州得英字〉；42、〈往富陽新城李節推先行三日留風水洞見待〉所說。）而這些激進之輩，之所以能驟升高位，其性格必有異於常人者，蘇軾以為：「若不諂媚妖邪，即須頑憚狠劣。」（如表格51、〈和錢安道寄惠建茶〉所說。）這些人在位之後，即凸顯出「刻薄」的性格，「不少容人過失」；議論又屬「褊隘」，故蘇軾譏諷他們「聒喧如蜩蟬之鳴」，簡直不足以聽。（如表格16、〈遊徑山〉；39、〈送曾子固倅越得燕字〉所說。）

2　才能方面

蘇軾認為那些激進之輩，「出於貧賤，意見陋檢」，實皆「鄙夫」、「斗筲穿窬之流」，（如表格50、〈王仲義真贊并敘〉；21、〈王元之畫像真贊并敘〉所說。）人品卑劣，可謂是「以小才而享大位」，試之於事，必「闇於事理」（如表格52、〈送范景仁遊洛中〉所說。）蘇軾譏諷他們「在田里之時，自比太公、伊尹，及出而試用，大謬戾。」（如表格31、〈劉莘老〉所說。）對於朝廷，蘇軾認為他們

「無能盡我之才」、「不任職，不能爕理陰陽」、「不能扶正其顛仆」；（如表格7、〈書韓幹牧馬圖〉；8、〈和李邦直沂山祈雨有應〉；12、〈次韻周開祖長官見寄〉所說。）對於百姓，則是「所至苛細生事」，（如表格2、〈戲子由〉；10、〈寄劉孝叔〉所說。41、〈湖州謝上表〉則言自己「老不生事」，以反諷新進之「生事」擾民。）蘇軾譏刺他們猶如「化工」，「但欲出新意擘畫，令小民不得暫閑也。」（如表格37、〈和述古冬日牡丹四首〉所說。）而這些官員「多不練事，驟施民政，喜怒不常，其害人甚於庸醫之末習。」（如表格47、〈墨寶堂記〉所說。）總之，蘇軾認為這些新進官員，福國利民既無之，禍國殃民則有之，實「當便罷退，不可再施用也。」（如表格31、〈劉莘老〉所說。）

3　朋黨營私

蘇軾感慨小人當道，「正邪混殽，不分曲直」（如表格34、〈錢君倚哀詞〉所說。）致使賢人或見黜、或致仕，因此，蘇軾為錢公輔、黃庭堅等人抱屈，諷朝廷不能進用此等君子，（如表格34、〈錢君倚哀詞〉；18、〈答黃魯直五首〉所說。）而這些小人只是黨附權貴，故蘇軾譏諷他們「多是循時迎合」，（如表格41、〈湖州謝上表〉所說。）更比喻他們如漢之馬融依梁冀、班固附竇憲，皆無風骨可言，蘇軾自是不屑效顰的。（如表格9、〈次韻答章傳道見贈〉所說。）至於這些用事之人，竊居要津之後，即朋黨營私，黨同伐異，故蘇軾譏刺他們，「有順其意者，則以利誘之，如以金珠布路也。」反之，「有逆其意者，則設坑穽以陷之也。」（如表格46、〈送蔡冠卿知饒州〉所說。）總之，朝廷的用人，已明顯呈現出「小人勝君子」的局勢，蘇軾不禁刺之為：「如莨莠之奪嘉穀也。」（如表格19、〈次韻黃魯直見贈古風二首〉所說。）

至於譏議新法方面，蘇軾在許多詩文中，只是概稱：「非諷朝廷政事闕失，並新法不便所致。」新法何以不便？箇中原因，往往是來自於「朝廷法度屢更，事目煩多，吏不能曉」，（如表格10、〈寄劉孝叔〉；24、〈次韻劉貢父李公擇見寄二首〉；28、〈張安道見示近詩〉所說。）如此朝令夕改，遂導致上下紛亂，事多荒廢，而民亦不知所從矣。而除了概論之外，其中也有不少是針對某些特定對象而言的，以下試論之：

1　青苗、助役方面

蘇軾認為青苗法之行，百姓雖得青苗錢，立便於城中浮費使卻；而鄉村之人，一度兩度夏秋稅，又數度請納和預買錢，今此更添青苗助役錢，因此莊家子弟多在城中，不著次第，但學得城中語音而已。在蘇軾看來，青苗、助役法行，既荒廢農事，更影響民生，其中瑣碎，更是「煩雜不可辨」，他也自認「己才力不能勝任也。」尤其朝廷執意推行新法，而百姓輸納不前，難以配合者，則不免鞭箠加身，此蘇軾所親見，更使他悲憤難耐，因此，蘇軾屢言：「朝廷新法，青苗、助役不便也。」（如表格3、〈山邨五絕〉；14、〈捕蝗至浮雲嶺山行疲苦有懷子由弟〉；27、〈送錢藻出守婺州得英字〉所說。）

2　鹽法方面

關於新政的鹽法方面，蘇軾也認為弊端甚多，首先，「鹽法收坐同保」，致使「妻子移鄉」，實在是法太急也。（如表格1、〈李杞寺丞見和前篇復用元韻答之〉所說。）其次，由於鹽法峻急，致使「僻遠之人無鹽食，動經數月」，老翁也只能「自採筍蕨充饑」；而在此嚴峻的情況下，許多人鋌而走險，「販私鹽者，多帶刀杖」，百姓人人自危，（以上如表格3、〈山邨五絕〉所說。）反應出來的民生問題

實為嚴重。再者，由於鹽事太急，多有犯禁者，於是官府「多徒配犯鹽之人」，「處刑罰，民不堪命」，蘇軾任地方官，本需執行新法，施以鞭箠之刑，但蘇軾極為同情他們，因為犯者「例皆饑貧」，蘇軾實不恥如此虐民。（如表格2、〈戲子由〉；40、〈答曾鞏書〉所說。）此外，當時提舉官為鹽事，「擘畫開運鹽河，差夫千餘人」，時正逢天雨，蘇軾也在雨中督役，看到百姓「人在泥水中，辛苦無異鴨與豬」，蘇軾親歷其境，「亦在泥中，與牛羊爭路」，其狼狽之狀，不言可喻；蘇軾悲歎：「其河只為般鹽，既非農事，而役農民，秋田未了，有妨農事。」（如表格4、〈湯村開運鹽河雨中督役〉所說。）因此，在蘇軾看來，新政鹽法實為殃民政策，故不諱言屢予譏諷。

3　減削公使錢

　　蘇軾自熙寧四年（1071）起即外任地方官，但由於新法減削公使錢太甚，因此，所到任之居處，竟皆「酒食無備」，蓋朝廷規定「造酒不得過百石」，蘇軾感歎：「致管絃生衣甑有塵」！甚者，「齋廚索然」，只能「日食杞菊」以度日；新法又「裁損當直公人，不許修造房宇，故所在官舍，例皆壞陋也。」（如表格29、〈次韻劉貢父李公擇見寄二首〉；5、〈後杞菊賦并敘〉；6、〈超然臺記〉；30、〈滕縣公堂記〉所說。）如此貧瘠窘迫之官家生活，在收到「山中故人寄信令歸」時，蘇軾不禁興起歸去來兮之心情。（如表格10、〈寄劉孝叔〉所說。）

4　科舉易制

　　蘇軾認為「舊日科場，以賦取人，賦題所出，多關涉天文、地理、禮樂、律歷，故學者不敢不留意於此等事；今來科場，以大意取人，故學者只務空言高論，而無實學。」於是科場之士，「但務求

進，不務積學，皆空言而無所得」，蘇軾不禁譏諷「朝廷近日進用之人，以仁義為捷徑，以詩書為逆旅，俱為印綬爵祿所誘，則假六經以進。」朝廷取士無所檢擇，士風即日益澆薄，所取之士既空無實學，因此，蘇軾譏刺「當今進用之人，止可商功利，課殿最而已。」（如表格35、〈鹽官大悲閣記〉；33、〈日喻〉；44、〈和劉道原寄張師民〉；50、〈王仲義真贊并敘〉所說。）實難以冀望其大有為。

以上所述，即為蘇軾在供詞中所反應的思想概況，呈現出對朝廷人材不濟，以及新法流弊叢生的慨嘆！

五　獄外之相關營救

蘇軾下獄後，獄外之親友紛紛設法進行營救，取其著者觀之，如弟蘇轍即上書神宗：

> 乞納在身官，以贖兄軾，非敢望末減其罪，但得免下獄死為幸。[107]

張方平亦上書云：

> 今日傳聞有使者追蘇軾過南京，當屬吏。臣不詳知軾之所坐，而早嘗識其為人。起遠方孤生，遭遇聖明之世，然其文學實天下之奇才，向舉制策高等，而猶碌碌無以異於流輩；陛下振拔，特加眷獎，由是材譽益著。軾自謂見知明主，亦慨然有報上之心。但其性質疎率，闕於審重，出位多言，以速尤悔。頃年以來，聞軾屢有封章，特為陛下優容。四方聞之，莫不感嘆聖明寬大之德，而尤軾狂易輕發之性。今其得罪，必緣故態。

---

[107] 見《蘇轍集‧欒城集》，卷35，〈為兄軾下獄書〉，頁622。

但陛下於四海生靈，如天之無不覆冒，如地之無不持載，如四
時之無不化育，於一蘇軾豈所好惡。伏惟英聖之主，方立非常
之功，固在廣收材能，使之以器，若不棄瑕含垢，則人才有可
惜者。……自夫子刪《詩》，取諸諷刺，以為言之者足以戒。
故詩人之作，其甚者以至指斥當世之事，語涉謗黷不恭，亦未
聞見收而下獄也。……今軾但以文辭為罪，非大過惡，臣恐付
之狴牢，罪有不測。惟陛下聖度，免其禁繫，以全始終之賜，
雖重加譴謫，敢不甘心。[108]

張方平指出蘇軾乃文學奇材，但有狂易輕發之性，望神宗優容，不以
文字罪人。此外，史載「軾既下獄，眾危之，莫敢正言者。」而直舍
人院王安禮則乘間進曰：

自古大度之君，不以語言謫人。按軾文士，本以才自奮，謂爵
位可立取，顧碌碌如此，其中不能無觖望，今一旦致於法，恐
後世謂不能容才，願陛下無庸竟其獄。[109]

還有，當時宰相吳充亦出面救之，據呂本中《雜說》云：

元豐中，蘇子瞻自湖州以言語刺譏，下御史獄，吳充方為相，
一日問上：「魏武帝何如人？」上曰：「何足道！」充曰：「陛
下動以堯舜為法，薄魏武固宜。然魏武猜忌如此，猶能容禰
衡。陛下以堯舜為法，而不能容一蘇軾，何也？」上驚曰：

---

108 見《續資治通鑑長編》第12冊，卷301，元豐二年十二月己未條，頁7335。又見
　　《樂全集》，卷26，〈論蘇內翰〉，頁272。
109 見《續資治通鑑長編》第12冊，卷301，元豐二年十二月己未條，所引田畫〈王安
　　禮行狀〉，頁7337。

「朕無他意，止欲召他對獄，考核是非爾，行將放出也。」[110]

王安禮與吳充，皆是期許神宗能展現寬懷大度，容一才士之狂言；尤其吳充以曹操之否德，尚能容禰衡為例，更激發了神宗寬恕之心，只說要召蘇軾對獄、考核是非而已，非有深罪之意。另外，其中起著關鍵作用的救護者，則是太皇太后曹氏，史載：

> 蘇軾以詩得罪，下御史獄，人以為必死。后違豫中聞之，謂帝曰：「嘗憶仁宗以制科得軾兄弟，喜曰：『吾為子孫得兩宰相。』今聞軾以作詩繫獄，得非仇人中傷之乎？捃至於詩，其過微矣。吾疾勢已篤，不可以冤濫致傷中和，宜熟察之。」帝涕泣，軾由此得免。[111]

太皇太后曹氏以仁宗初得蘇軾兄弟時，發喜獲人才之語，藉以告知神宗；並以病體為蘇軾求情，認為以詩罪人，其過微矣。神宗感悟，蘇軾由此免於死罪。

第三節 「烏臺詩案」的結案與牽延之禍

一 御史臺根勘結案狀

歷經一百多天的根勘，終於作出勘治結果，據宋‧朋久萬《烏臺詩案》所載，結案狀共有數條，茲錄如下：

---

[110] 見《續資治通鑑長編》第12冊，卷301，元豐二年十二月己未條，所引呂本中《雜說》，頁7337。

[111] 見《宋史》第11冊，卷242，〈后妃上‧慈聖光憲曹皇后傳〉，頁8622。

1、「御史臺根勘所，今根勘蘇軾、王詵情罪，於十一月三十日，結按具狀申奏，差權發運三司度支副使陳睦錄問，別無翻異。續據御史臺根勘所狀稱，蘇軾說與王詵道，你將取佛入涅槃及桃花、雀、竹等，我待要朱繇、武宗元畫鬼神。王詵允肯言得。」

2、「熙寧三年已後至元豐三（疑為二之誤）年十一月十五日德音。前令王詵送錢與柳校（秘）丞，後留僧思大師畫數軸，并就王詵借錢一百貫，并為婢出家及相識僧，與王詵處許將祠部來取，并曾將畫與王詵裝褙。并送李清臣詩，欲於國史中載所論。并〈湖州謝上表〉，譏用人生事擾民。准敕，臣僚不得因上表稱謝，妄有詆毀，仰御史臺彈奏。又，條海行條貫，不指定刑名，從不應為輕重，准律，不應為事理，重者杖八十斷，合杖八十私罪。又到臺累次虛妄不實供通，准律，別制下問按推，報上不以實，徒一年，未奏減一等，合杖一百，私罪。」

3、「作詩賦等文字譏諷朝政闕失等事，到臺被問，便具因依招通。准律，作匿名文字，謗訕朝政及中外臣僚，徒二年，准敕，罪人因疑被執，贓狀未明，因官監問自首，依按問，欲舉自首。又准刑統，犯罪按問，欲舉而自首，減二等，合比附，徒一年，私罪，係輕，更不取旨。」

4、「作詩賦及諸般文字寄送王詵等，致有鏤板印行，各係譏諷朝廷及謗訕中外臣僚。准敕，作匿名文字，嘲訕朝政及中外臣僚，徒二年，情重者奏裁。准律，犯私罪，以官當徒者，九品以上，一官當徒一年。准敕，館閣貼職，許為一官，或以官，或以職，臨時取旨。據按蘇軾見任祠部員外郎直史館，并歷太常博士。其蘇軾合追（兩）官，勒停

放。准敕，比附定刑，慮恐不中者奏裁。其蘇軾係情重，及比附並或以官或以職。奉聖旨，蘇軾可責授檢校水部員外郎、充黃州團練（副）使，本州安置，不得簽書公事。」[112]

從以上之結案狀，可看出御史臺指出蘇軾的主要數條罪狀，茲述如下：

（1）與駙馬都尉王詵往來頻繁，王詵又遺軾錢物。

（2）蘇軾多次索取祠部度牒。

（3）送李清臣詩，欲於國史中載所論。

（4）於〈湖州謝上表〉，譏用人生事擾民，藉上表稱謝，妄有詆毀。

（5）到御史臺勘問，累次虛妄不實供通，或報上不以實。

（6）作匿名文字，謗訕朝政及中外臣僚，應徒二年。

（7）作詩賦及諸般文字寄送王詵等，致有鏤板印行，各係譏諷朝廷及謗訕中外臣僚。

　　前文曾述舒亶於元豐二年（1079）七月上疏彈奏，企圖指控蘇軾犯了「包藏禍心」與「指斥乘輿」的「大不恭」之死罪；除此之外，在以上結案狀中，御史臺又指出蘇軾多次為僧人求得「祠部度牒」等物，而據《宋刑統‧職制律》之「請求公事」條規定：「諸有所請求者，笞五十。」【注】云：「謂從主司求曲法之事。即為人請者，與自請同。」又【疏議】曰：「凡是公事各依正理。輒有請求，規為曲法者，笞五十。即為人請求，雖非己事，與自請同，亦笞五十。」[113]另外，蘇軾這次招禍，主要罪過即是結案狀中所稱的：撰作詩文「謗訕朝政及中外臣僚」，按律應「徒二年」，據《宋刑統‧名例律‧五

---

[112] 以上文字見《烏臺詩案》，頁44～46。

[113] 見《宋刑統》，卷11，〈職制律‧請求公事〉，頁196～197。

刑・徒刑》云：「（徒刑）二年 贖銅四十斤。」【疏議】曰：「徒者，奴也，蓋奴辱之。」又載〔徒刑〕：「徒二年，決脊杖十七，放。」[114]以上述標準論之，蘇軾可謂身兼多條罪過。然，狀呈皇帝後，諸罪相勘，蘇軾最終竟免除了死罪，也免除了徒、杖、笞等刑辱，而以「責授檢校水部員外郎、充黃州團練（副）使，本州安置，不得簽書公事」作結。對蘇軾來說，這確實是一場死裏逃生的驚魂記，幸虧多方的相救，當然，最後是仰賴神宗之憐憫，才能逃過一劫[115]。

二　以詩案爲名的朋黨之禍

在「烏臺詩案」勘治的過程中，蘇軾曾刻意隱瞞與其詩文往復的親友姓名，但禁不住御史臺的再三逼問，終於供出相關人士，而據《烏臺詩案》所載：「十月十五日，奉　御寶批見勘治蘇軾公事，應內外文武官，曾與蘇軾交往，以文字譏諷政事，該取會驗問看若干人聞奏。」[116]於是，經勘治後，臚列出以下相關人士姓名：

其一，係收蘇軾有譏諷文字不申繳入司者，如下：

> 「王鞏、王詵、蘇轍、李清臣、高立、僧居則、僧道潛、張方
> 平、田濟、黃庭堅、范鎮、司馬光、孫覺、李常、曾鞏、周
> 邠、劉摯、吳琯、劉攽、陳襄、顏復、錢藻、盛僑、王紛、戚
> 秉道、錢世雄、王安上、杜子方、陳珪」

---

[114] 見《宋刑統》，卷1，〈名例律・五刑・徒刑〉，頁3、4。

[115]《宋史》第13冊，卷338，〈蘇軾傳〉云：「（軾）徙知湖州，上表以謝。又以事不便民者不敢言，以詩託諷，庶有補於國。御史李定、舒亶、何正臣摭其表語，並媒孽所為詩以為訕謗，逮赴臺獄，欲置之死，鍛鍊久之不決。神宗獨憐之，以黃州團練副使安置。」頁10809。

[116] 見《烏臺詩案》，頁43。

其二，係承受無譏諷文字者，如下：

> 「章傳、蘇舜舉、錢顗、蔡冠卿、呂仲甫、劉述、劉恕、李
> 杞、李有間（閒）、趙昶、李孝孫、申伯達（仲伯達）、晁端
> 彥、沈立、文同、梁交、關景仁、張次山、徐汝爽、吳天常、
> 劉瑾、李佖、晁端成、邵迎、陳章、楊介、刁約、姜承顏、張
> 援、李定、毛國華、劉勛、沈迴、許醇、黃顏、單錫、孔舜
> 亮、歐陽修、焦千之、孫洙、岑象之、張先、陳烈、張吉甫、
> 張景之、李庠、孫升」

據《續資治通鑑長編》所載：「初，御史臺既以軾具獄上法寺，當徒
二年，會赦當原。」而御史中丞李定卻認為刑責太輕，又上疏皇帝，
云：

> 軾起於草野垢賤之餘，朝廷待以郎官館職，不為不厚，所宜忠
> 信正直，思所以報上之施，而乃怨未顯用，肆意縱言，譏諷時
> 政。自熙寧以來，陛下所造法度，悉以為非。古之議令者，猶
> 有死而無赦，況軾所著文字，訕上惑眾，豈徒議令之比？軾之
> 姦慝，今已具服。不屏之遠方則亂俗，再使之從政則壞法。伏
> 乞特行廢絕，以釋天下之惑。[117]

李定之言，無非是再次凸顯蘇軾譏諷時政與訕上惑眾之罪，為了怕蘇
軾重新回歸朝廷，他企圖說服神宗對蘇軾特行廢絕，永絕後患。此
外，御史舒亶也上疏言：

> 駙馬都尉王詵，收受軾譏諷朝政文字及遺軾錢物，并與王鞏往
> 還，漏洩禁中語。竊以軾之怨望、詆訕君父，蓋雖行路猶所譁

---

[117] 見《續資治通鑑長編》第12冊，卷301，元豐二年十二月己未條，頁7333～7334。

聞，而詵恬有軾言，不以上報，既乃陰通貨賂，密與燕游。至若鞏者，嚮連逆黨，已坐廢停。詵於此時同罣論議，而不自省懼，尚相關通。案詵受國厚恩，列在近戚，而朋比匪人，志趣如此，原情議罪，實不容誅，乞不以赦論。

舒亶此疏，主要是將王詵與王鞏牽扯入案，以與蘇軾朋比為奸之由，乞以不赦。此疏之外，舒亶又上奏言：

收受軾譏諷朝政文字人，除王詵、王鞏、李清臣外，張方平而下凡二十二人，如盛僑、周邠輩固無足論，乃若方平與司馬光、范鎮、錢藻、陳襄、曾鞏、孫覺、李常、劉攽、劉摯等，蓋皆略能誦說先王之言，辱在公卿士大夫之列，而陛下所嘗以君臣之義望之者，所懷如此，顧可置而不誅乎？[118]

在這封奏章中，舒亶更企圖將與蘇軾交通而反對新法者一網打盡，先臚列眾人姓名，進而指控他們辜負君恩，辱沒公卿大夫之名，實罪在不赦。疏奏後，果然「軾等皆特責」；而獄事初起，「詵嘗屬轍密報軾，而轍不以告官，亦降黜焉。」[119]最後，蘇軾以及牽連罹禍者的最終判決是：

祠部員外郎、直史館蘇軾責授檢校水部員外郎、黃州團練副使，本州安置，不得簽書公事，令御史臺差人轉押前去。絳州團練使駙馬都尉王詵追兩官勒停。著作佐郎、簽書應天府判官蘇轍監筠州鹽酒稅務。正字王鞏監賓州鹽酒務，令開封府差人

---

[118] 以上二則引文俱見《續資治通鑑長編》第12冊，卷301，元豐二年十二月己未條，頁7334。

[119] 以上引述見《續資治通鑑長編》第12冊，卷301，元豐二年十二月己未條，頁7334。

押出門，趣赴任。太子少師致仕張方平、知制誥李清臣罰銅
三十斤。端明殿學士司馬光、戶部侍郎致仕范鎮、知開封府錢
藻、知審官東院陳襄、京東轉運使劉攽、淮南西路提點刑獄李
常、知福州孫覺、知亳州曾鞏、知河中府王汾、知宗正丞劉
摯、著作佐郎黃庭堅、衛尉寺丞戚秉道、正字吳琯、知考城縣
盛僑、知滕縣王安上、樂清縣令周邠、監仁和縣鹽稅杜子方、
監澶州酒稅顏復、選人陳珪、錢世雄，各罰銅二十斤。[120]

從史料所載，可看出因「烏臺詩案」，包括蘇軾以及被牽連罹禍者共
二十餘人，主要是與蘇軾有詩文往還的對象，各依情節輕重，責以不
同的罪罰，或貶竄、或罰銅，使其人各當其罪。

三 「烏臺詩案」在北宋文禍中所標示的意義

細勘此案，詩禍產生的原因是多層面的，但無疑的，蘇軾的一些
詩作中，確實非議了新政、新法，也批評、譏諷了新黨大臣，所以神
宗不悅、新黨憤恨，實其來有自也。蘇培安所撰〈北宋「烏臺詩案」
起因管見〉一文即曾指出：「於是，抓住一人的『莫須有』的『罪
行』，作為突破口，牽連多人，敲山震虎，殺一儆百，先示之以威，
後賜之以恩，使人人凜於法而噤口，感於恩而歸心。其實，蘇軾當時
即已看出神宗這一意圖。他在結案當天所作的〈蒙恩責授檢校水部員
外郎黃州團練副使復用前韻〉詩中即說：『此災何必深追咎』；在安
置黃州後寫的〈到黃州謝表〉更明白道出：『此蓋伏遇皇帝陛下，德
刑並用，善惡兼容。欲使法行而知恩，是用小懲而大誡。……惟當疏
食沒齒，杜門思愆，深悟積年之非，永為多士之戒。』這就是神宗導

---

[120] 見《續資治通鑑長編》第12冊，卷301，元豐二年十二月己未條，頁7333。

演『烏臺詩案』的真正意圖，是為『烏臺詩案』的真正起因。」[121]蘇培安此文將「烏臺詩案」的起因直接歸於神宗主導，或許欠缺直接論據，但神宗對蘇軾等舊黨人士非議新法而有所不滿，當屬事實，因此，所謂「殺一儆百」、「德刑並用」、「小懲而大誡」，也許正是神宗某種心態的真實反映。

　　至於新黨臺諫鍛鍊此案，甚至欲置蘇軾於死地，問案過程是極為主觀而凶暴的，蘇軾詩文之部分內容，確有譏刺新法之實證；然而部分則屬曲解附會，必欲將蘇軾羅織入罪者，周克勤《烏臺詩案研究》即指出：「遍觀《烏臺詩案》，尋章摘句、斷章取義是其最普遍的方法。臺諫進行審問時，絕大部分的詩文都是從中摘取他們認為存在問題的部分，脫離整篇作品去理解，去逼供蘇軾。」[122]這種情況確實存在；此外，甚至有穿鑿附會而欲指以為罪者，如《石林詩話》載：「元豐間，蘇子瞻繫大理獄，神宗本無意深罪子瞻，時相進呈，忽言：『蘇軾於陛下有不臣意。』神宗改容曰：『軾固有罪，然於朕不應至是，卿何以知之？』時相因舉軾〈檜〉詩：『根到九泉無曲處，世間惟有蟄龍知』之句對曰：『陛下飛龍在天，軾以為不知己，而求之地下之蟄龍，非不臣而何？』神宗曰：『詩人之詞安可如此論？彼自詠檜，何預朕事！』時相語塞。章子厚亦從旁解之，遂薄其罪。子厚嘗以語余，且以危言詆時相曰：『人之害物，無所忌憚有如是也。』」[123]如此牽強附會、曲解詩意以入人於罪的方式，就連神宗也無

---

[121] 見蘇培安撰：〈北宋「烏臺詩案」起因管見〉，(《貴州文史叢刊》，出版年月不詳。)，頁60。(案：蘇軾〈蒙恩責授檢校水部員外郎黃州團練副使復用前韻〉一詩，作於十二月二十八日，原詩見於《蘇軾詩集合注》第3冊，卷19，頁977～978。而〈到黃州謝表〉一文則見於《蘇軾文集》第2冊，卷23，頁654～655。)

[122] 見周克勤撰：《烏臺詩案研究》(西南師範大學漢語言文學系碩士論文，2002年4月)，頁10。

[123] 見宋・葉少蘊撰、清・何文煥編訂：《石林詩話》(臺北：藝文印書館，1991年9

法苟同。

　　而新黨臺諫之所以無所不用其極，必欲置蘇軾於死罪，追溯其原因，乃是來自於神宗熙寧年間王安石推行新法以來，蘇軾與王安石議論不合所致[124]，由於政見上的歧異與政治立場的對立，新黨成員針對蘇軾詩文中對新法所發之異議，自然是群起而攻之，於是，「烏臺詩案」使蘇軾遭罹文字之禍，受到貶黜之責。而值得注意的是，許多曾經與蘇軾詩文往還之相關人士，亦因收受蘇軾譏諷朝政文字，或本身亦嘗議及新法，也紛紛被冠以朋黨之名，牽連罹禍。雖然朝廷對蘇軾以及牽連入禍者最後並沒有施以重懲，未能符合新黨人士期待的結果，但朋黨之爭的痕跡，也是顯而易見的，這是新、舊黨爭中，以「文字」迫害政敵之重要指標首例。

　　至於對蘇軾本人而言，除了遭受貶黜的政治禍患之外，據其日後所撰〈黃州上文潞公書〉所云：「軾始就逮赴獄，有一子稍長，徒步相隨。其餘守舍，皆婦女幼稚。至宿州，御史符下，就家取文書。州郡望風，遣吏發卒，圍船搜取，老幼幾怖死。既去，婦女悉罵曰：『是好著書，書成何所得，而怖我如此！』悉取燒之。比事定，重復尋理，十亡其七八矣。」[125]此語出自蘇軾本身，應為可信，可知蘇軾的許多創作，因這起詩禍而間接受到焚毀；而蘇軾責降黃州之後，一時間，也因剛經歷過一場文字之禍，深悟到「平生文字為吾累，此去聲名不厭低」[126]的道理，一方面暫時減少了文學創作，一方面則轉

月第5版，《歷代詩話》第8冊），卷上，頁243。

[124] 如《續資治通鑑長編》所載：「軾既下獄，眾危之，莫敢正言者。……始（王）安禮在殿廬，見御史中丞李定，問軾安否狀，定曰：『軾與金陵丞相論事不合，公幸毋營解，人將以為黨。』」見卷301，元豐二年十二月庚申條，頁7336。

[125] 見《蘇軾文集》第4冊，卷48，〈黃州上文潞公書〉，頁1380。

[126] 見《蘇軾詩集合注》第3冊，卷19，〈十二月二十八日蒙恩責授檢校水部員外郎黃州團練副使復用前韻二首〉，頁978。

作佛家文字，例如在〈與程彝仲〉的書信中，曾說：「多難畏人，不復作文字，惟時作僧佛語耳。」[127]〈與滕達道〉的書信中，也說：「得罪以來，未嘗敢作文字，《經藏記》皆迦語，想醞釀無由，故敢出之。」[128]〈與王佐才〉的書信中，也說：「近來絕不作文，如懺贊引藏經碑，皆專為佛教，以為無嫌，故偶作之，其他無一字也。」[129]字裡行間，莫不道出了他在謫居時，不敢再輕易寫作，害怕落人口實，而僅書寫佛家文字的畏難心情。從家人因畏罪而焚毀其創作，到蘇軾個人因潛形避禍而降低文學創作能量，從文學遺產的角度來說，何嘗不是中國學術文化上的一項損失，這該是文字之禍帶給後人的一種省思。

---

127 見《蘇軾文集》第4冊，卷58，〈與程彝仲六首〉之六，頁1752。
128 見《蘇軾文集》第4冊，卷51，〈與滕達道六十八首〉之十五，頁1481。
129 見《蘇軾文集》第4冊，卷57，〈與王佐才二首〉之一，頁1715。

第三章
蔡確「車蓋亭詩案」與黨禍

　　宋神宗於元豐八年（1085）三月駕崩，繼之由年僅十歲的哲宗即位。哲宗元祐初年，高太后臨朝，起用司馬光等舊黨，排斥新黨，朝廷遂出現新、舊政黨輪替的情況。舊黨執政，除了陸續廢罷熙、豐時期所行新法之外，更將新黨人士視為朋比為姦的小人，必欲去之而後快。當時，新黨的首腦人物蔡確身居相位，舊黨視之為首惡，於是連上奏章，痛斥蔡確之種種過惡，欲將其逐出朝廷。之後，蔡確終於被罷黜，先後任知陳州（今屬河南）、安州（今屬湖北）等地。在貶知安州期間，蔡確嘗遊「車蓋亭」，並作〈夏日登車蓋亭〉十絕句，為宿敵吳處厚得之，遂箋釋其詩上奏，以為語涉譏訕，舊黨則以此為把柄，連章論奏，必欲置之死地而後已。最終，朝廷將蔡確貶謫英州（今屬廣東）別駕，新州（今屬廣東）安置，四年後蔡確遂卒於貶所。而其間除了蔡確之外，多數新黨人員也受牽連，被冠以朋黨罪名，陸續逐出朝廷；甚至舊黨人士曾施予援救者，也被視為黨確而牽連罹禍，貶黜不一。這樁在新、舊黨爭背景下所產生的詩禍，史稱「車蓋亭詩案」。

第一節 「車蓋亭詩案」產生的原因

關於「車蓋亭詩案」產生的原因，清‧趙翼《二十二史箚記》認為：「哲宗即位，蔡確播浮言，謂由己擁護。既失勢，遂怨望，至安陸，嘗遊車蓋亭，賦詩十章。……知漢陽軍吳處厚，得其詩箋釋上之。」[1]是趙翼認為蔡確之〈車蓋亭詩〉十章，乃為其失勢後責降安陸，懷怨望之心所作。今學者金中樞有一力作：〈車蓋亭詩案研究〉，亦承趙翼《二十二史箚記》所說，認為：「君主時代，大臣多深心於建儲；故神宗於崩前，立延安郡王為太子，新黨蔡確等乃自謂有定策功。而垂簾之太皇太后，則謂『帝以子繼父，有何閒言？』因延舊黨司馬光等輔政，黜確至安陸。確遊車蓋亭，賦詩以洩其怨。此詩案之起因也。」[2]是亦認為蔡確〈車蓋亭詩〉十章，乃為「洩怨」所作。筆者以為如此說法恐需再加商榷，詩案起因甚多，其中參雜著政治利害問題，也有私人因素，以下嘗試說明之。

一　宋室易主，政黨輪替

宋神宗即位後，面對宋朝的內憂外患，積極想要勵精圖治，銳意革新，然則，當時朝廷許多守舊派之官員，或極力反對驟變祖宗之法，或見新法多不便於民，於是多有上疏非議或反對新法者，而神宗雖面對朝廷內外許多反對新法的阻力，卻仍然執意推行新法，於是形

---

[1] 　見清‧趙翼撰：《二十二史箚記》（臺北：臺灣商務印書館，1968年12月臺一版，國學基本叢書），卷26，〈車蓋亭詩〉，頁511。

[2] 　見金中樞撰：《宋代的學術和制度研究》（臺北：稻鄉出版社，2009年6月初版，第8冊），〈車蓋亭詩案研究‧提要〉，頁115。

成朝廷內新、舊兩黨矛盾衝突不斷的情況。由於神宗對新黨及新法的支持，於是當時反對新法之舊黨大臣，或遭受貶黜、或自求外任，多數皆離開朝廷的權力中心，新黨成員便形成執政團隊，佔據朝廷要津。

時至元豐八年（1085）三月，神宗駕崩，哲宗繼立，遺詔太皇太后高氏「權同處分軍國事」[3]，原新黨宰執蔡確、韓縝、章惇等，則以顧命大臣而繼續執政[4]。翌年改元「元祐」[5]，因哲宗沖齡即位，故自元豐八年（1085）三月起，至元祐八年（1093）九月高太后駕崩止，為太皇太后高氏攝政時期。自同聽政之日起，高氏即「諭以復祖宗法度為先務」[6]，於是攝政之初，即著手廢除部分熙、豐時期所行新法[7]，更起用司馬光、呂公著等舊黨人士。舊黨回朝，新黨一一遭受貶竄，新法也幾盡廢罷[8]，這即是史上所稱的「元祐更化」時代。

元豐八年（1085）五月，太皇太后高氏以司馬光為門下侍郎，次

3　見元・脫脫等撰：《宋史》（臺北：鼎文書局，1994年6月第8版，第2冊），卷16，〈神宗本紀三〉，頁313。

4　《宋史》第2冊，卷17，〈哲宗本紀一〉載：「（元豐八年五月）戊午，以蔡確為尚書左僕射兼門下侍郎，韓縝為尚書右僕射兼中書侍郎，章惇知樞密院。」頁319。

5　宋・李燾撰：《續資治通鑑長編》附注呂陶記聞云：「元祐之政，謂元豐之法不便，即復嘉祐之法以救之，然不可盡變，大率新舊二法並用，貴其便於民也。議者乃云對鈞行法。朝士善謔乃云：『豈獨法令然？至於年號亦對鈞矣。』然戲謔之談亦有味，此可見當時改元意。」見《續資治通鑑長編》（北京：中華書局，2004年9月第2版，第15冊），卷364，「元祐元年春正月庚寅朔改元」下注，頁8697。

6　見《宋史》第11冊，卷242，〈后妃上・英宗宣仁聖烈高皇后傳〉，頁8625～8626。

7　《宋史》第11冊，卷242，〈后妃上・英宗宣仁聖烈高皇后傳〉載：「哲宗嗣位，尊為太皇太后。驛召司馬光、呂公著，未至，迎問今日設施所宜先。未及條上，已散遣修京城役夫，減皇城覘卒，止禁庭工役，廢導洛司，出近侍尤亡狀者，戒中外毋苛斂，寬民間保戶馬。事由中旨，王珪等弗預知。」頁8625。

8　《宋史》第11冊，卷242，〈后妃上・英宗宣仁聖烈高皇后傳〉載：「光、公著至，並命為相，使同心輔政，一時知名士彙進於廷。凡熙寧以來政事弗便者，次第罷之。」頁8626。

年（即元祐元年）與呂公著並相，在此期間，舊黨人士紛紛召還，一時間，朝廷形成以司馬光、呂公著為中心的舊黨集團秉政。據《宋史・司馬光傳》所載：「太皇太后臨政，遣使問所當先，光謂：『開言路。』」[9]指出開放言路乃是今日朝政的當務之急。呂公著也有相同的看法，據《宋史・呂公著傳》所載：「哲宗即位，（呂公著）以侍讀還朝。太皇太后遣使迎，問所欲言，公著曰：『先帝本意，以寬省民力為先。而建議者以變法侵民為務，與己異者一切斥去，故日久而弊愈深，法行而民愈困。誠得中正之士，講求天下利病，協力而為之，宜不難矣。』……又乞備置諫員，以開言路。」[10]從司馬光及呂公著回朝後所表述的首要觀點上，可清楚看出他們的意圖，便是要重新召回舊黨官員，亦即他們心中所謂的「中正之士」，充任諫官，為摒除新黨與新法，開闢一條合理的言路。於是他們推舉了范純仁、劉摯、王巖叟、范祖禹、呂大防、傅堯俞、梁燾、趙君錫、朱光庭、文彥博、蘇軾、蘇轍等舊黨官員，薦之於朝廷[11]。司馬光與呂公著此舉，無非是想藉由掌控臺諫勢力，為廢除新法及打擊新黨，作輿論的準備，於此展開了這一時期的新舊黨之爭。

二 掌控言路，驅逐新黨

舊黨在朝廷取得立足之地以後，即視擯斥新黨及廢除新法同為先要之務。於是隨著主掌言路的優勢，舊黨不分黨派，對新法的批判及對新黨的撻伐，便隨即紛至沓來。（關於批判新法部分，由於章疏

9　見《宋史》第13冊，卷336，頁10767。

10　見《宋史》第13冊，卷336，頁10775。

11　以上關於薦舉舊黨官員回朝之事，俱見《續資治通鑑長編》第14冊，卷357，元豐八年六月戊子條，頁8550～8554。

眾多，文繁不備載，此處從略。）至於對新黨的傾軋方面，首當其衝者，即是當時仍守左僕射、兼門下侍郎的蔡確。當時包括左正言朱光庭、監察御史王巖叟、侍御史劉摯、左諫議大夫孫覺、左司諫蘇轍、右正言王覿、殿中侍御史呂陶、殿中侍御史林旦等臺諫官員，紛紛上疏論奏蔡確及其他新黨的種種過惡，乞求明正其罪，進而逐出朝廷。

關於蔡確方面，舊黨不分黨派皆彈劾其罪過，其中侍御史劉摯彈奏最力，連章累疏，必欲正蔡確之罪而後已，在連續上奏中，他曾概括指出蔡確當去之罪有十，其言：「確之當去，其罪非一：公違陛下敕命，不赴神宗發引內宿，為大不恭，其當去者一也。山陵使回，明有歷代及國朝故事，而略不引罷，廢禮貪位，其當去者二也。皇帝陛下之立，乃天人之所助，而太皇太后之德也，確輒自稱定策，貪天之功，其當去者三也。在中書二年，不將差除與三省合奏，及身遷門下，陰使言者申請，招權營私，其當去者四也。其弟犯法，塞周輔承勘兩次，皆滅裂平治其事，故今日周輔父子有罪，言路累有彈奏，而確力主之不罷其任，屈公法，報私恩，其當去者五也。執政臣僚，已經覃恩遷轉，無故又進一官，妄引嘉祐、治平不可用之故事，欺謾聖聽，不顧廉恥，其當去者六也。與章惇死黨相結，一柔一剛，一合一離，欲其銷磨同列，牽制善政，中外皆知其術，其當去者七也。去年十月至今，並愆雨雪，驕陽肆虐，天下大旱，民情惶惶，實由確姦邪所召，況位居上相，正任其責，其當去者八也。確在熙寧、元豐間，鍛鍊冤獄，排逐善良，引薦姦偽，變更祖宗政令，誅求民財。確在言路、在司農、在執政，首尾身任其事，見法令未便，何嘗聞有一言論列裨補，惟是阿諛護持，以謀進用。及至今日，自見其非，乃稍稍語於人曰：『在當時豈敢言也！』此確之意，欲於今日固其名位，故反歸曲先帝，是可謂大不忠矣，朝廷以高爵重祿，尊養輔臣，欲何用哉？豈有見可言而不言也。假如言之而不聽，當以死繼之，假如畏

懼而不敢言，則當辭事而去，乃臣子之常分也。當時詭隨，及時移事改，方為自全之計而賣過歸咎，是可謂大不忠矣。事先帝不忠，則安肯盡忠於陛下也哉？此其罪惡尤大，其當去者九也。近者奉使山陵回，陵行屬官，故事自皆推恩，而碓乃特薦高遵惠、張璉、韓宗文，乞從優恩，上欲以悅聖意，下欲以餌同列，賴陛下至公，照其狡計而議遂不行。中外聞之，莫不欣快，陛下觀此用心，則碓之邪正不難知也。此一事尤喧物論而罪尤大者，其當去者十也。」[12]綜合劉摯所奏十事，再觀照其他臺諫之相關奏章，可看出舊黨指稱蔡碓之罪狀主要如下：

（一）為山陵使，驕慢不恭

據《續資治通鑑長編》記載，元豐八年（1085）五月庚申，「左僕射蔡碓為山陵使」[13]。在此事畢之後，舊黨臺諫則針對蔡碓在任山陵使期間，種種不當之言行論奏不已，如侍御史劉摯即奏曰：

> 臣昨者伏見宰臣蔡碓充神宗皇帝山陵使，於靈駕進發前一夕，準敕合赴內宿，碓至夜深方抵禁門，不肯依稟聖旨指揮，欲將帶人從同入。及見本門臣僚執守詔旨，碓遂恚怒而去，更不入宿，亦不聞奏稟，顯是驕慢。[14]

劉摯指出上相蔡碓對於神宗喪葬事，未能依禮制指揮行事，驕大侮慢。左正言朱光庭則論奏蔡碓身為大禮使，在送終時，本須躬親與扈從臣僚不遠前後，周旋相視，但蔡碓卻送終殊不盡恭，「每於靈駕發引，則馳馬先去數十里之遠，直趨館舍以就安眠，後面靈駕一行，並

---

12 見《續資治通鑑長編》第15冊，卷364，元祐元年正月庚戌條，頁8722～8724。

13 見《續資治通鑑長編》第14冊，卷356，元豐八年五月庚申條，頁8525。

14 見《續資治通鑑長編》第14冊，卷362，元豐八年十二月丙寅條，頁8658。

不照管，當此之際，有如路人，為臣不恭，莫此之甚！送終大事，尚不盡心，責其他事盡節，必無此理。向聞不赴殿宿，已是不恭，憲臣有言，確殊不以為懼。至於送終，又更簡忽。」[15]朱光庭指出蔡確在面對神宗皇帝後事處理的態度上，極顯不恭，有虧人臣之義，此事尚且不能盡心，更遑論其他。

（二）貪權戀棧，有虧臣節

　　承繼前述蔡確任山陵使事來說，臺諫官員認為處理先帝後事既畢，蔡確循例應辭職引退，但蔡確卻未嘗堅請，貪權固位，實有虧於臣節，為此，臺諫官員也紛紛論奏。如侍御史劉摯即連章論奏曰：「臣近言蔡確既為山陵使回，自合依故事，堅請去位，不當貪權固寵，不恤公議，傲然安處，無廉恥之節。」劉摯更引歷史以為論據，曰：

　　　　臣伏見神宗初韓琦〈乞罷相箚子〉云：「自唐至於五代，首相之為山陵使者，事已求罷，例皆得請。」又云：「本朝以來，祖宗所任上相山陵，事畢多從退罷。」琦之詞意再三如此，神宗亮之，遂許琦去。五代以上，其人難以悉數。祖宗以來之臣，請歷舉本末，陛下考之，以照確之進退，則貪權固寵，無廉退之節，曉然易見矣！[16]

於是劉摯歷舉前朝宰相之行事，對比今日蔡確之戀棧，痛斥蔡確既敗朝廷之風俗、典章，更壞人臣之名節，故乞早罷蔡確政柄。左正言朱光庭也提出相似的觀點，認為（蔡確）「裕陵事畢，自合引去，而確

---

[15] 見《續資治通鑑長編》第14冊，卷363，元豐八年十二月丙子條，頁8674。

[16] 見《續資治通鑑長編》第14冊，卷362，元豐八年十二月壬申條，頁8665～8666。

未嘗堅請，輒已安居。揆其所為，不恭如此，大臣之節，當如是乎？節既不足觀，則遇事私意，詎可量乎？豈可使竊據大位，稟國之鈞乎？則確之宜去者也。」[17]此奏，朱光庭也認為蔡確厚顏戀棧，可說是於國不恭，於己無節，若使其人繼續竊居大位，則有失國體矣。

（三）水旱災患，宰相宜罷

自元豐八年（1085）冬至元祐元年（1086）春，天氣異常，冬不雪，春不雨，影響民生至鉅，舊黨臺諫亦將此咎歸於姦邪在朝，有傷和氣所致，他們尤其將矛頭直指身居上相之位的蔡確，引前朝故事為例，迫蔡確當引咎辭職。如左正言朱光庭奏曰：

> 臣聞天人之際，未嘗有間，災祥之應，密合若符，況代天理物之臣，實謨明弼諧之任。考《周官》則有燮理陰陽之說，驗漢史則有災異策免之文。臣伏見自冬涉春，時雪未降，儻歲一不稔，則民將何賴？當睿明之在御，方責任於輔臣，若不別白忠邪，何以召迎和氣？竊以蔡確之不恭，章惇之不忠，韓縝之不恥，見於行事已極著明，豈可尚容居位以累聖政？……伏望陛下上觀天意，下察人情，任賢勿貳，去邪勿疑，自然天人協順，善祥來格，豐年之應，固未為晚。[18]

朱光庭指出自古以來，宰執即有「謨明弼諧」之任，因為他們是代天理物之臣，因此引《周官》、漢史之說，以明宰執之責。而如今天候異常，必是人事有虧所致，朱光庭直指蔡確不恭、章惇不忠、韓縝不恥，以其人繼續執政，乃招天怒人禍，故請朝廷斷在不疑，以期天人

協順。監察御史王巖叟也奏稱：

> 臣聞聖德之君，必有所畏，上所畏者天道，下所畏者民心，故
> 常悅民心以求天道，順天道以慰民心。伏見自冬不雪，今涉春
> 矣，旱暵為災，非獨一方，而廣及四遠，麥苗槁穎，水泉消
> 涸，變異甚大，此天道之所以警陛下也。……臣觀天地之所以
> 示意於陛下者，非不再三，比者既陰而復晴，欲雪而還已，
> 陛下知其然乎？猶陛下於天下之大害、朝中之大姦，已悟而復
> 疑，將斷而又止也。

又說：

> 臣近以大旱，上章乞早革大害、去大姦，以答天戒，指言蔡
> 確、章惇相為朋比，以蔽天聰，虐下罔上，不忠之迹著於兩
> 朝。……臣竊惟陛下祈禱甚勤，而天心未應，旱虐日深，民命
> 近止，陛下不可不思。伏以水旱為災，國家重事，稽前代舊
> 章，則三公例當策免，考本朝故事，則柄臣自合遜辭。[19]

王巖叟指稱天旱不雨，災情日益擴大，此乃天所示警；至於天氣既陰
復晴，欲雪還已，滴水不至，亦由於朝廷行事猶豫之故，故引前代災
異而策免三公、柄臣之故事，乞請朝廷將蔡確等宰執黜降，以應天
道。侍御史劉摯亦言：

> 今自去冬以來，都無雨雪，畿甸及京東、西近而易知也，陝

西、河北、江、淮之遠，有人來者，臣每詢訪，皆云「大
旱」。則被災之地，可謂廣闊。……漢世水旱災變，必策免三
公，而三公以災異引咎自殺者，比比有之。又曰：「烹弘羊，
天乃雨。」夫烹人非致雨之道，而雨必可致者，蓋桑弘羊聚斂
姦臣也，以謂烹是人則民心悅，民心悅，則天怒解而和氣應
也。前世及本朝凡遇水旱變異，則執政之臣必須引咎自劾，惶
恐畏天，懇求去位，以避賢路，以謝天譴，蓋身為公卿，職在
燮理陰陽故也。確位居上相，正任其責，而恬然不以為意，前
日山陵使還不去，今日大旱不去。中外士論莫不驚怪，謂確貪
固寵錄，實有輕朝廷之心。[20]

劉摯亦指出當時災情廣大，又引漢代以災異策免三公之事為說，旨在
凸顯蔡確等人的寡廉鮮恥，無視民不堪命，而安然在位，如此貪權固
位，即是輕慢朝廷。據此，劉摯又嚴辭論奏：「水旱罷免宰相，古今
明有故事。確位上相，罪惡不少，今止以旱災去位而免其貶竄，掩其
姦邪，已足為幸，於國體無傷。」又言：「古者水旱，策免三公。及
本朝以來，大臣以災異，未有不自請罷免、闔門待罪者，今大旱如
此，確位上相，安然自處，略不備禮，足以知其輕視朝廷，蔑無公
議。」[21]凡此論奏，皆是以天災人禍，宰執必當其責，並引前代及前朝
故事為據，以明蔡確宜引咎辭職之理。

（四）朋黨相濟，排斥善良

「朋黨」一詞，往往是宋代朝臣用來黨同伐異、排除異己，以攻

---

20 見《續資治通鑑長編》第15冊，卷364，元祐元年正月庚戌條，頁8718～8719。
21 以上二則引文見《續資治通鑑長編》第15冊，卷364，元祐元年正月庚戌條，頁
8720、8721。

擊政敵所用之名詞，也是最能引發君王重視的朝政議題，只要被冠上「朋黨」之名，非貶即逐，新、舊黨之間，往往即以此相互構陷。在元祐初年，舊黨臺諫迫使蔡確下臺的奏章中，免不了臚列此一罪狀。如監察御史王巖叟即奏曰：

> 朝中之大姦，莫如蔡確之陰邪險刻，章惇之讒賊很戾，相為朋比，以蔽天聰，虐下罔上，不忠之迹，著於兩朝，天下之人，皆願逐而去之以致清平，而陛下反容而留之，此民心之所以猶鬱，而天意之所以未開也。[22]

王巖叟此奏針對蔡確與章惇而發，認為二人朋比罔上，不忠於朝，唯有逐而去之，方能合於民心，以應天意。侍御史劉摯更奏稱：「宰相蔡確不恭不忠，貪權罔上，無廉恥之節，失進退之義，營私立黨，陰害政事，皆公議所不容。」又曰：「確竊據日久，姦險陰害，不忠於國，無心於民，與章惇死黨相結，同力護持敝法，沮排同列，以隔塞陛下善政，誰不憤疾？」[23]然而，劉摯見累具章疏彈劾蔡確，朝廷卻猶豫不決，未下指揮，又再上奏猛烈攻擊，曰：

> 今臣所論確之罪，非一二也，非小事也，又非訐人之私過隱慝也，皆是欺君罔上、不恭不忠、貪功怙權、無廉恥、立朋黨，極人臣之大惡，並有實迹，天下之所共知，而王法之所不容者也。

又曰：

22　見《續資治通鑑長編》第15冊，卷364，元祐元年正月甲辰條，頁8712。
23　以上二則引文見《續資治通鑑長編》第15冊，卷364，元祐元年正月庚戌條，頁8716、8719。

確之與章惇，乃是前日欺先朝造法作令，倡和護持最堅最久之人也。今乃並據要路，氣焰權勢震淩中外，又布置朋黨，曉夕計謀，以固其位，坐待他日反覆變更而執今日之事。[24]

凡此，皆以「朋黨」之名罪確，妄臆蔡確等人朋比為奸，坐待他日政局反覆。而蔡確被冠此罪名，不僅自身罪責加重，連帶的，一些新黨同志恐亦將牽連罹禍，這在日後蔡確被貶黜，其他新黨成員也一一被逐出朝廷，可見其端。

（五）枉法縱弟，失於教責

為了加重蔡確的罪責，舊黨人士蒐羅一切不利於蔡確的罪證，其中包括其縱容胞弟蔡碩的犯法行為。如御史王巖叟上疏論奏蔡確縱弟不法，曰：

碩少無行，初為密州司理，已嘗姦贓敗官，坐廢於家。則碩之所為，確非不知也。確方當國，碩又嘗冒法，於市易務賒羅九十匹段，限滿不還官錢。太府少卿吳安持發其事，奏既上，碩方從後使人納之，偽為先納者，反誣安持為妄言。確遂付安持於吏議，乃風諭知開封府蹇周輔逼脅，安持不得已，自誣服。天下稱其冤。確於是時，復矯為奏章，救解安持，則是確與碩為餘地，以縱其姦，非一日矣。碩為軍器監，請自辟官二員，經制軍器物料。工部勘當，斷以為不可，忽從尚書省直降指揮，如軍器之請。碩辟官之私意，確不容不知。碩用度奢侈，過於君相，少監俸入能有幾何，而饗奉如此，確同居豈不

---

[24] 以上四則引文見《續資治通鑑長編》第15冊，卷364，元祐元年正月庚戌條，頁8720；及元祐元年丙辰條，頁8729。

一見之，固當問所從來，不當坐視而不問也。今不黜確，後日
大臣子弟必自肆而不置意於法矣。[25]

文中指出蔡碩嘗犯姦贓之罪坐廢；之後蔡確為相，蔡碩又仗勢胡作非
為，如賒欠官錢不還，經吳安持告發，蔡碩及時補納，卻反誣吳安持
誣告，蔡確為弟洩恨，竟一方面構陷其罪，另一方面又矯情救之。另
外，蔡碩為軍器監，想自辟二官員經制器物，經工部評估以為不可，
但卻忽有尚書省的指揮行事，得從其請，王巖叟以為必是蔡確仗勢從
中斡旋之故。王巖叟又指出蔡碩用度奢侈，過於君相。凡此種種，王
巖叟皆歸咎於蔡確徇私枉法，縱弟犯罪，實失於教責。奏章上後，朝
廷的回應是：「待便行。」[26]至此，朝廷似乎終於示意即將有所處置。

除了以上罪狀之外，據劉摯所指出者，尚有如固權詭隨，於帝
不忠之罪等；而其中又以「貪定策功」，欺君罔上，最為激怒太皇太
后，終究導致蔡確遠謫嶺南的下場，詳見後文敘述。就在眾臺諫們連
章累疏論奏蔡確的種種罪狀以後，於是，哲宗元祐元年（1086）閏二
月庚寅，朝廷初步的懲處是：「正議大夫、守尚書左僕射、兼門下侍
郎蔡確，依前官充觀文殿大學士、知陳州。」蔡確終於被辭去相位而
貶黜在外，這是朝廷從言者所請的結果[27]。

三　吳處厚與蔡確之多年恩怨

雖然宋室易主，政黨輪替，在新、舊黨爭的背景下，新黨的蔡確

25　見《續資治通鑑長編》第15冊，卷368，元祐元年閏二月己丑條，頁8853～8854。

26　見《續資治通鑑長編》第15冊，卷368，元祐元年閏二月己丑條，頁8854。

27　見《續資治通鑑長編》第15冊，卷368，元祐元年閏二月庚寅條，云：「正議大
夫、守尚書左僕射、兼門下侍郎蔡確，依前官充觀文殿大學士、知陳州。從所請
也。臺諫累有章疏論確，朝廷訖不肯正其罪，世以為恨云。」頁8854。

難以繼續保權固勢，應是意料中之事；但後來以「車蓋亭詩案」罹
禍，卻是一場無法預期的意外，這場詩禍的直接引發者，乃是當時知
漢陽軍的吳處厚，而致蔡確於罪，是吳處厚積怨二十年的復仇之舉。

　　據《宋史・吳處厚傳》所載，吳、蔡兩人的關係是從相互交游而
至逐步惡化，以下試析之：（引號內為《宋史》原文）

　　○一者，「始，蔡確嘗從處厚學賦。」似乎兩人有師生之淵源。

　　○二者，「及（蔡確）作相，處厚通牋乞憐，確無汲引意。」兩
　　　　人關係始有隙。

　　○三者，「王珪用為大理丞。王安禮、舒亶相攻，事下大理，處
　　　　厚知安禮與珪善，論亶用官燭為自盜。確密遣達意救
　　　　亶，處厚不從，確怒欲逐之，未果。」因政治立場有
　　　　異，兩人矛盾自此加深。

　　○四者，「珪請除處厚館職，確又沮之。」吳處厚對蔡確之怨恨
　　　　自然益深。

　　○五者，「珪為永裕山陵使，辟掌牋奏。確代使，出知通利軍，
　　　　又徙知漢陽，處厚不悅。」此事又更積深處厚之恨。

　　○六者，「元祐中，確知安州，郡有靜江卒當戍漢陽，確固不
　　　　遣，處厚怒曰：『爾在廟堂時數陷我，今比郡作守，猶
　　　　爾邪？』」[28]至此，處厚對蔡確之積怨以達白熾化之程
　　　　度[29]。

　　關於吳處厚與蔡確之間的多年恩怨，宋・王明清《揮麈錄・第三
錄》根據「先人手記」所載，有較為清晰的敘述，以下根據其敘述，

---

[28] 見《宋史》第17冊，卷471，〈姦臣一・蔡確傳・附吳處厚傳〉，頁13702。

[29] 以上論述思維參考孫澤娟撰：《蔡確研究》（河北大學，歷史學碩士論文，2006年6
　　月），頁32。

並綜合《宋史》傳所載，嘗試梳理兩人之間的恩怨始末。

（一）交淺時短，確無汲引意

　　《宋史》傳在敘述吳、蔡兩人之關係時，首先即說明蔡確嘗從吳
處厚學賦，以此來看，兩人似有師生淵源；然據宋‧王明清《揮塵
錄‧第三錄》所載：

> 蔡持正既孤居陳州，鄭毅夫（獬）冠多士，通判州事，從毅夫
> 作賦。吳處厚與毅夫同年，得汀州司理，來謁毅夫，間與持正
> 游。明年，持正登科，浸顯於朝矣。[30]

可知蔡確與吳處厚的相識交游是在蔡確入仕之前，而蔡確學賦之人也
並非吳處厚，乃鄭毅夫（獬）也，吳處厚只是在謁見鄭毅夫之時，間
接認識蔡確，且兩人似無特殊深厚交情。

　　蔡確入仕後即成為王安石變法派的成員之一，然則吳處厚對王安
石之變法卻是反對的，據《邵氏聞見錄》所載：

> 熙寧初，王宣徽之子名正甫字茂直，監西京糧料院。一日，約
> 康節先公同吳處厚、王平甫會飯，康節辭以疾。明日，茂直
> 來，康節謂曰：「某之辭會有以，姑聽之。吳處厚者好議論，
> 平甫者介甫之弟，介甫方執政行新法，處厚每譏刺之，平甫雖
> 不甚主其兄，若人面罵之，則亦不堪矣，此某所以辭會也。」
> 茂直笑曰：「先生料事之審如此。昨處厚席間毀介甫，平甫作
> 色，欲列其事於府，某解之甚苦，乃已。」[31]

30　見宋‧王明清撰，穆公校點：《揮塵錄‧第三錄》（上海：上海古籍出版社，2001
　　年12月第1版，《宋元筆記小說大觀》第4冊），卷1，頁3767。

31　見宋‧邵伯溫撰，王根林校點：《邵氏聞見錄》（上海：上海古籍出版社，2001年

由此段記載，可知吳處厚性「好議論」，且政治觀點與新法不合，故聞新法，「每譏刺之」；並且在王安石弟面前，也不諱言批評王安石，可見其反對新法的深刻立場。此外，王明清《揮塵錄·第三錄》載：

> 處厚辭王荊公薦，去從滕元發。薛師正辟於中山，大忤荊公，抑不得進。元豐初，師正薦（處厚）於王禹玉（珪），甚蒙知遇。[32]

此說也可證明吳處厚的政治立場與王安石等新黨不合，故辭王安石之所薦。至於蔡確，則始終堅持新黨立場，力行新法，因此吳處厚對他來說，可謂「非我族類」。而蔡確仕途順暢，甚至當上宰相，此時的吳處厚或緣相識之故，竟對蔡確乞憐頗甚，在蔡確登庸後，他也獻上賀啟，內容云：

> 播告大廷，延登右弼。釋天下霖雨之望，慰海內岩石之瞻。帝渥俯臨，輿情共慶。共惟集賢相公，道包康濟，業茂贊裏。秉一德以亮庶工，遏群邪以持百度。始進陪於國論，俄列俾於政經。論道於黃閣之中，致身於青霄之上。竊以閩、川出相，今始五人；蔡氏登庸，古惟二士。澤干秦而聘辯，汲汲霸圖；義輔漢以明經，區區暮齒。孰若遇休明之運，當強仕之年。尊主庇民，已陟槐廷之貴；代天理物，遂躋鼎石之崇。處厚早辱埏陶，切深欣躍。豨苓馬勃，敢希乎良醫之求；木屑竹頭，願充乎大匠之用。[33]

　　12月第1版，《宋元筆記小說大觀》第2冊），卷19，頁1825。

[32] 見《揮塵錄·第三錄》，卷1，頁3767。

[33] 同前註，頁3767～3768。

賀啟內容可謂極盡奉承諂媚之能事，對蔡確之登庸為相，譽之為閩、川之榮，蔡氏之光；文末甚至表白心迹，希求擢用。然則，蔡確或因政治立場有異之故，「持正終無汲引之意。」[34]蔡確態度之冷淡，可能造成兩人心中始有嫌隙。

（二）處厚挾怨，陰擊新黨

神宗元豐五年（1082），（王珪）「拜尚書左僕射兼門下侍郎，以蔡確為右僕射。」[35]「是時王（珪）、蔡（確）並相。禹玉（王珪）薦處厚作大理寺丞。」據王明清《揮麈錄‧第三錄》所載：

> 會尚書左丞王和甫與御史中丞舒亶有隙。元豐初改官制，天子勵精政事，初嚴六察，亶彈擊大吏，無復畏避，最後糾和甫尚書省不用例事，以侵和甫；和甫復言亶以中丞兼直學士院，在官制既行之後，祇合一處請給，今亶仍舊用學士院厨錢蠟燭為贓罪。亶奏事殿中，神宗面喻亶，亶力請付有司推治，詔送大理寺。亶恃主婬盛隆，自以無疵，欲因推治益明白。且上初無怒亶意，姑從其請而已。處厚在大理，適當推治亶擊和甫，而和甫與禹玉合謀傾亶。亶事得明，必參大政；亶若罪去，則禹玉必引和甫並位，將代持正矣。處厚觀望，佑禹玉，鍛煉傅致，固稱亶作自盜贓。是時大理正王吉甫等二十餘人咸言亶乃夾誤，非贓罪明白。禹玉、和甫從中助，下亶於獄，坐除名之罪。[36]

文中敘述當時尚書左丞王和甫與御史中丞舒亶有隙，互持把柄於朝廷內彈劾對方，當時舒亶恃主恩寵，自以無疵，願付有司推治，事下大

34　同前註，頁3768。

35　見《宋史》第13冊，卷312，〈王珪傳〉，頁10242。

36　見《揮麈錄‧第三錄》，卷1，頁3768。

理寺。處厚時任大理寺丞,實蒙王珪所薦,而王和甫與王珪合謀傾
亶,將欲除之,吳處厚身處其事,在觀望之餘,權衡利害之後,決意
站在王珪這邊,遂合力下亶於獄。至於蔡確,當時基於同黨相濟之
故,意欲救舒亶,於是,「當處厚執議也,持正密遣達意救亶,處厚
不從。」據王明清《揮塵錄·第三錄》所載,此案的結果是:

> 亶雖得罪,而御史張汝賢、楊畏先後論和甫諷有司陷中司等
> 罪,出和甫知江寧府,致大臣交惡。而持正大怒處厚小官,規
> 動朝聽,離間大臣。欲黜之,未果。[37]

兩方勢力可謂兩敗俱傷,皆受罪責。而值得注意的是,在這事件中,
蔡確對吳處厚特別懷恨憲怒,認為他以小官之職,竟敢離間大臣,故
欲將其罷黜,但一時間,尚未能遂其所願,但兩人之間的矛盾,因舒
亶事件而又加深。

(三)恩怨糾葛,確屢阻處厚仕途

　　隨著吳、蔡兩人的交惡,其後的發展更逐漸惡化,以下試析其過
程:首先,據王明清《揮塵錄·第三錄》所載:

> (會)神宗喜,禹玉(王珪)請擢處厚館職。持正言反覆小
> 人,不可近。禹玉每挽之,憚持正輒止。終神宗之世,不用。

可見在神宗朝,處厚雖得王珪屢屢推薦,但因蔡確之阻,始終未得重
用。而其中所云:「憚持正」之意,乃因蔡確於元豐五年(1082)拜
尚書右僕射兼中書侍郎,與王珪並相,但以其悍戾作風,「故確名為

---

[37] 以上引述見《揮塵錄·第三錄》,卷1,頁3768。

次相，實顓大政，珪以左僕射兼門下，拱手而已。」[38]可知王珪對蔡確頗有畏懼，故不敢與之力爭。其次：

> 哲宗即位，禹玉為山陵使，辟處厚掌箋表。禹玉薨，持正代為山陵使，首罷處厚。

神宗於元豐八年（1085）三月駕崩，王珪原為山陵使；然則，同年五月，王珪也去世[39]。蔡確代為山陵使[40]，此後更無所忌憚，首先即罷黜吳處厚。至於貶所，是先出知通利軍，後又改知漢陽，據王明清《揮塵錄·第三錄》所載：

> 山陵畢事，處厚言嘗到局，乞用眾例遷官，不許，出知通利軍。後以賈種民知漢陽軍，種民言母老不習南方水土，詔與處厚兩易其任。處厚詣政事堂言：「通利軍人使路已借紫矣，改漢陽則奪之一等作郡，請仍舊。」持正笑曰：「君能作真知州，安用假紫邪！」處厚積怒而去。

可知蔡確先黜知吳處厚於外，又因故降其職級，而吳處厚尚未及反應，已先假借紫章服，蔡確卻因此事面辱處厚，這使得處厚對蔡確積怨益深。再者：

> 其後，持正罷相守陳，又移安州。有靜江指揮卒當出戍漢陽，持正以無兵，留不遣，處厚移文督之。持正寓書荊南帥唐義問固留之，義問令無出戍。處厚大怒曰：「汝昔居廟堂，固能害

38　見《宋史》第 17 冊，卷 471，〈姦臣一·蔡確傳〉，頁 13699。

39　見《宋史》第 13 冊，卷 312，〈王珪傳〉云：「（元豐八年）五月，卒於位，年六十七。」頁 10243。

40　《續資治通鑑長編》第 14 冊，卷 356，元豐八年五月己酉條云：「詔右僕射蔡確權領山陵使事，以王珪病故也。」頁 8517。

我，今貶斥同作郡耳，尚敢爾耶！」[41]

此言處厚知漢陽後，有靜江指揮卒當出戍漢陽，處厚移文督求，而蔡確卻藉故阻礙其事，事乃不成。至此，處厚對蔡確從朝廷內至朝廷外一再對其阻礙與刁難的行為，已怒不可遏，而正式與蔡確口角爭執。

（四）處厚詩文，確予輕蔑譏笑

吳處厚於詩賦有所造詣，據其所撰《青箱雜記》中曾自述：

> 余皇祐壬辰歲取國學解，試〈律設大法賦〉，得第一名。樞密邵公亢、翰林賈公黯、密直蔡公杭、修注江公休復為考官，內江公猶見知，語余曰：「滿場程試皆使蕭何，惟足下使『蕭規』對『漢約』，足見其追琢細膩。又所問《春秋》策，對答詳備。及賦押秋荼之密，用唐宗赦受縑事，諸君皆不見云，只有秦法繁于秋荼，密于凝脂。然則君何出？」余避席斂衽，自陳遠方寒士，一旦程文，誤中甄采。因對曰：「《文選・策秀才文》有『解秋荼之密網』。唐宗赦受縑事，出杜佑《通典》，《唐書》即入載。」公大喜，又曰：「滿場使次骨，皆作『刺骨』對『凝脂』，惟足下用〈杜周傳〉作『次骨』，又對『吹毛』。只這亦堪作解元。」余再三遜謝。是舉登科，名在行間，授臨汀獄掾。公作詩送余曰：「太學魯諸生，南州漢掾卿。故鄉千里外，丹桂一枝榮。莫嘆科名屈，難將力命爭。他年重射策，詞句太縱橫。」蓋公欲激余應大科故也。樞密邵公亦蒙屢加論薦，常謂余詩淺切，有似白樂天。[42]

---

[41] 以上引述俱見《揮麈錄・第三錄》，卷1，頁3768～3769。

[42] 見宋・吳處厚撰，尚成校點：《青箱雜記》（上海：上海古籍出版社，2001年12月第1版，《宋元筆記小說大觀》第2冊），卷2，頁1647～1648。

可見當時吳處厚應試初露頭角，已頗受諸公見賞，甚至樞密邵公堯還將其詩比擬白居易，這應使其頗為得意。此外，《青箱雜記》中也記載吳處厚曾經與王安國論詩，王安國甚至要求吳處厚作詩相贈[43]。凡此，大抵可見吳處厚之詩賦造詣頗受時人稱讚，而其自視也亦如是。現存詩賦不多，據清・厲鶚《宋詩紀事》之記錄有：〈九江琵琶亭〉、〈送客西陵〉、〈題王正叔隱景亭〉、〈自諸暨抵剡〉等篇[44]。

關於文學造詣，吳處厚自負如是，然則，據王明清《揮塵錄・第三錄》所載：

> 會漢陽僚吏至安州者，持正問處厚近耗，吏誦處厚〈秋興亭〉近詩云：「雲共去時天杳杳，雁連來處水茫茫。」持正笑曰：「猶亂道如此！」吏歸以告處厚，處厚曰：「我文章蔡確乃敢譏笑耶！」[45]

對於自己頗具自信的詩文才氣，卻遭受蔡確輕蔑的譏笑，情何以堪？綜合多年來深受欺壓的怨憤，吳處厚的情緒正待一觸即發。

（五）得確詩作，箋釋以雪恨

正當吳處厚滿腹怨憤無處發洩之際，卻意外出現一個讓他復仇雪恨的機會，據王明清《揮塵錄・第三錄》所載：

> 未幾，安州舉子吳擴自漢江販米至漢陽，而郡遣縣令陳當至漢口和糴，吳袖刺謁當，規欲免糴，且言近離鄉里時，蔡丞相作

---

[43] 詳見《青箱雜記》，卷8，頁1676。

[44] 見清・厲鶚輯撰：《宋詩紀事》（上海：上海古籍出版社，2008年4月第2版），卷19，〈吳處厚〉，頁474～475。

[45] 見《揮塵錄・第三錄》，卷1，頁3769。

〈車蓋亭〉十詩，舟中有本，續以寫呈，既歸舟，以詩送之。當方盤量，不暇讀，姑置懷袖。處厚晚置酒秋興亭，遣介盂召當，當自漢口馳往，既解帶，處厚問懷中何書，當曰：「適一安州舉人遺蔡丞相近詩也。」處厚盂請取讀，篇篇稱善而已，蓋已貯於心矣。明日，於公宇冬青堂箋注上之。[46]

就在吳處厚備受蔡確欺壓與羞辱後不久，蔡確所處之安州有舉子吳擴至漢陽販米，而由縣令陳當主其事，其間，吳擴以蔡確所撰〈車蓋亭〉十詩句抄寫贈送陳當，陳當無暇讀之，遂暫置袖中。正巧當晚吳處厚置酒秋興亭，欲邀陳當同樂，陳當匆促間自漢口奔馳而往，到彼處，寬衣解帶之時，吳處厚無意間看到陳當所懷之書，詢問之下，方知為蔡確詩作。吳處厚請求讀之，假意篇篇稱善，實已默識於心。從陳當那裡得到蔡確〈車蓋亭〉十詩後，吳處厚的積怨再也無法壓抑，報復之心驟起，翌日，即在居處箋釋其詩上奏，謂有譏訕意，欲陷蔡確入罪。王明清《揮麈錄‧第三錄》還記載：

> 後兩日，其子柔嘉登第，授太原府司戶，至侍下，處厚迎謂曰：「我二十年深仇，今報之矣！」柔嘉問其詳，泣曰：「此非人所為。大人平生學業如此，今何為此？將何以立於世？柔嘉為大人子，亦無容迹於天地之間矣。」[47]

對吳處厚來說，箋釋蔡確詩上奏，使其入罪，是他報二十年深仇的機會，正當快意之時，其子柔嘉卻認為父親故意扭曲詩意以陷人於罪，實非君子所為，恐為世人唾罵，也難以立身於世。經其子當頭棒喝，吳處厚也自覺有愧，王明清《揮麈錄‧第三錄》載，「處厚悔悟，遣

---

46 見《揮麈錄‧第三錄》，卷1，頁3769。
47 同前註。

數健步，剩給緡錢追之。馳至進邸，云邸吏方往閤門投文書，適校俄頃時爾。」[48] 據此所述，處厚雖悔悟而欲追回奏章，卻已止之不及。而此舉之後的發展，實超乎他所能想像。

第二節　「車蓋亭詩案」的經過

吳處厚所上奏箋釋蔡確之〈車蓋亭詩〉十絕句，傳至朝廷，不僅是他個人報仇雪恨的工具，無意中也成為舊黨論奏蔡確的最佳罪證，據《續資治通鑑長編》記載：「自吳處厚奏至，皆手舞足蹈相慶，不食其肉不足以饜。」[49] 到底蔡確詩文內容如何？吳處厚又是如何箋釋？舊黨臺諫又是如何操作？朝廷的回應又是如何？以下試析之。

一　處厚告發蔡確車蓋亭詩

元祐元年（1086）閏二月庚寅，蔡確罷相，充觀文殿大學士、知陳州[50]；元祐二年（1087）二月己亥，因「御史中丞傅堯俞等劾奏確位居宰相，竊弄威福，放縱其弟，養成姦贓」，故蔡確從知陳州，落職守本官知亳州[51]；事隔不久，又因「給事中顧臨言確凶險姦貪，因緣治獄，致位宰相，與弟碩論議國事，進退人物，因納賄賂，理無不知，落職移郡，不足示懲。右諫議大夫梁燾、右司諫王覿皆乞重行屏斥」，於是朝廷下詔蔡確從亳州移知安州[52]；元祐三年（1088）二月癸

48　同前註。

49　見《續資治通鑑長編》第17冊，卷426，元祐四年五月戊寅條，頁10309。

50　見《續資治通鑑長編》第15冊，卷368，元祐元年閏二月庚寅條，頁8854。

51　見《續資治通鑑長編》第16冊，卷395，元祐二年二月己亥條，頁9637。

52　見《續資治通鑑長編》第16冊，卷395，元祐二年二月辛亥條，頁9642～9643。

巳，又輾轉移知鄧州[53]；至元祐四年（1089）二月己巳，正議大夫、知鄧州之蔡確，又復職為觀文殿學士，仍知鄧州[54]，以上是蔡確黜知在外四年來的履歷。而〈車蓋亭詩〉十絕句，乃是元祐二年（1087）蔡確謫守安州時所作。

　　承前節所說，吳處厚得蔡確〈車蓋亭詩〉之後，即箋釋上奏，其內容云：

> 伏見朝廷牽復知鄧州蔡確觀文殿學士，此則朝廷念舊推恩，無負於確矣。然確昨謫安州，不自循省，包蓄怨心，實有負於朝廷，而朝廷不知也。故在安州時，作〈夏中登車蓋亭〉絕句十篇，內五篇皆涉譏訕，而二篇譏訕尤甚，上及君親，非所宜言，實大不恭。臣以食君之祿，義切於己，雖不在言責之地，忠憤所激，須至冒昧萬死，仰瀆天聽。緣其詩皆有微意，確欲使讀者不知，臣謹一一箋釋，使義理明白。內五篇不涉譏訕，亦一例寫錄連粘投進，所貴知臣言之不妄。其詩云：「公事無多客亦稀，朱衣小吏不須隨。溪潭直上虛亭裏，臥展柴桑處士詩。」「一川佳景疏簾外，四面涼風曲檻頭。綠野平流來遠棹，青天白雨起靈湫。」右以上二篇，別無譏謗。「靜中自足勝炎蒸，入眼兼無俗物憎。何處機心驚白鳥，誰人怒劍逐青蠅。」右此一篇，只是譏刺執政，即不謗及君親。「紙屏石枕竹方牀，手倦拋書午夢長。睡起莞然成獨笑，數聲漁唱在滄浪。」右此一篇，稱莞然獨笑，亦含微意。況今朝政清明，上下和樂，即不知蔡確獨笑為何事。「西山髣髴見松筠，日日來看色轉新。聞說桃花巖石畔，讀書曾有謫僊人。」右此一篇，

53　見《續資治通鑑長編》第16冊，卷408，元祐三年二月癸巳條，頁9937。

54　見《續資治通鑑長編》第17冊，卷422，元祐四年二月己巳條，頁10222。

亦別無譏謗。「風搖熟果時聞落，雨折幽花亦自香。葉底出巢黃口鬧，波間逐伴小魚忙。」右此一篇，只是譏刺昨來言事者，及朝廷近日擢用臣僚，亦不曾謗及君親。「矯矯名臣郝甄山，忠言直節上元間。釣臺蕪沒知何處？歎息思公俯碧灣。」右此一篇，譏謗朝廷，情理切害。臣今箋釋之。按：唐郝處俊封甄山公，上元初，曾仕高宗。時高宗多疾，欲遜位武后，處俊諫曰：「天子治陽道，后治陰德，然帝與后猶日之與月、陰之與陽，各有所主，不相奪也。若失其序，上謫見於天，下降災於人。昔魏文帝著令，不許皇后臨朝，今陛下奈何欲身傳位天后乎？天下者，高祖、太宗之天下，非陛下之天下，正應謹守宗廟，傳之子孫，不宜持國與人，以喪厥家。」由是事沮。臣竊以太皇太后垂簾聽政，盡用仁宗朝章獻明肅皇太后故事，而主上奉事太母，莫非盡極孝道，太母保聖躬，莫非盡極慈愛，不似前朝荒亂之政。而蔡確謫守安州，便懷怨恨，公肆譏謗，形於篇什。處今之世，思古之人，不思於它，而思處俊，此其意何也？借曰處俊安陸人，故思之，然《安陸圖經》更有古迹可思，而獨思處俊，又尋訪處俊釣臺，再三歎息，此其情可見也。臣嘗讀《詩·邶風·綠衣》，衛莊姜嫉州吁之母上僭，其卒章曰：「我思古人，實獲我心。」釋者謂此思古之聖人制禮者，使妻妾貴賤有序，故得我之心也，今確之思處俊，微意如此。「溪中曾有划船士，溪上今無佩犢人。病守翛然唯坐嘯，白鷗紅鶴伴閒身。」右此一篇，亦無譏謗。「未結茅廬向翠微，且持杯酒對清輝。水趨夢澤悠悠過，雲抱西山冉冉飛。」右此一篇，亦無譏謗。「喧豗六月浩無津，行見沙洲束兩濱。如帶溪流何足道，沉沉滄海會揚塵。」右此一篇，稱「沉沉滄海會揚塵」，言海會有揚塵時，人壽幾何，尤非佳語。

處厚又奏：

> 昨為蔡確安州詩譏訕朝廷，上及君親，遂有狀繳奏，竊慮確妄
> 有分析，稱所思郝處俊不為此事，臣今以《舊唐書》考之，處
> 俊所進諫者數事，或有在咸亨初，或有在咸亨間，或在上元
> 初，唯進諫此事，乃在上元三年，即上元間也。故確詩云：
> 「忠言直節上元間」，則正思此也。又最後一篇云：「喧豗六月
> 浩無津，行見沙洲束兩濱。」今聞得安州城下有溳河，每六七
> 月大雨，即河水暴漲，若無津涯；不數日晴明，即涸而成洲，
> 故確因此託意，言此小河之漲溢能得幾時，滄海會有揚塵時。
> 又「滄海揚塵」，事出葛洪《神僊傳》，此乃時運之大變，尋
> 常詩中多不敢即使，不知確在遷謫中，因觀溳河暴漲暴涸，吟
> 詩託意如何？[55]

據吳處厚所奏，蔡確〈車蓋亭〉十絕句，依序如下：

1、公事無多客亦稀，朱衣小吏不須隨。溪潭直上虛亭裏，臥
展柴桑處士詩。

2、一川佳景疎簾外，四面涼風曲檻頭。綠野平流來遠櫂，青
天白雨起靈湫。

3、靜中自足勝炎蒸，入眼兼無俗物憎。何處機心驚白鳥，誰
人怒劍逐青蠅。

4、紙屏石枕竹方牀，手倦拋書午夢長。睡起莞然成獨笑，數
聲漁唱在滄浪。

5、西山髣髴見松筠，日日來看色轉新。聞說桃花巖石畔，讀

書曾有謫僊人。

6、風搖熟果時聞落，雨折幽花亦自香。葉底出巢黃口鬧，波間逐伴小魚忙。

7、矯矯名臣郝甑山，忠言直節上元間。釣臺蕪沒知何處？歎息思公俯碧灣。

8、溪中曾有划船士，溪上今無佩犢人。病守翛然唯坐嘯，白鷗紅鶴伴閒身。

9、未結茅廬向翠微，且持杯酒對清輝。水趨夢澤悠悠過，雲抱西山冉冉飛。

10、喧豗六月浩無津，行見沙洲束兩濱。如帶溪流何足道，沉沉滄海會揚塵。[56]

吳處厚認為〈車蓋亭〉十絕句內容可分析為四類：其一，「無譏謗者」，如第1、2、5、8、9首，內容無涉譏諷。其二，「譏刺臣僚者」，如第3首，以譏刺執政；第6首，以譏刺言事者，及朝廷擢用之臣僚。其三，「語含微意者」，如第4首，吳處厚認為當今朝政清明，即不知蔡確詩云「莞然獨笑」為笑何事？語帶諷意。其四，「譏謗朝廷者」，尤其是第7首，吳處厚認為蔡確乃藉思古人郝處俊曾諫唐高宗傳位武后事，以武則天篡唐之事影射當今高太后之攝政，認為悖逆已甚！此外，第10首，引「滄海揚塵」之典故，一方面感慨「人壽幾何」，對應君上，實非佳語；一方面，其典故乃蘊含時運大變之意，對應當今朝廷，更是語意不恭！為了防止蔡確進行巧言詭辯，規避言責，吳處厚的再疏中，還進一步舉出史證及典故由來，使蔡確譏謗朝廷之諷意更加落實。

---

56 原詩見《宋詩紀事》，卷22，〈蔡確〉，頁548～549。（案：《宋詩紀事》所錄與吳處厚所引述順序稍異，文字亦略有出入。）

二 朝臣的兩派意見

在吳處厚上奏之後，對於蔡確詩涉譏謗之事，朝臣議論紛紛，大致出現兩派的觀察意見，以下分述之：

（一）欲正蔡確之罪者

在吳處厚奏上之翌日，右司諫吳安詩即上疏論蔡確譏訕；隨後，左諫議大夫梁燾、右正言劉安世又各上兩疏。《續資治通鑑長編》記述說：「據王巖叟所記，吳處厚以四月五日繳奏確詩，吳安詩以六日上疏。」又說：「據王巖叟所記，安世及燾自七日後各上兩疏。」[57] 這些舊黨臺諫官員，基本上皆在吳處厚的箋釋之意上加以發揮，皆認為蔡確罪在不赦，於是紛紛上奏議論，乞正其罪。如左諫議大夫梁燾言：「臣風聞吳處厚繳進蔡確詩十首，其間怨望之語，臣子所不忍聞者。伏乞聖慈指揮，付外施行。」貼黃：「士民憤疾，清議沸騰，一日之間，傳滿都下，不敬不道，自有典刑。」又言：「臣近以蔡確怨望，見於詩章，包藏禍心，合黨誕妄，上欲離間兩宮，下欲破滅忠義，清議沸騰，中外駭懼，以為確不道不敬，罪狀明白，朝廷不當有疑而猶豫未斷。」[58] 燾又別狀言：

> 臣伏以事係君親，臣子有不能自已；義干社稷，人主有不得自私。伏見蔡確以前宰相，怨望謗讟，詞意切害，臣會奏乞早正其罪，事有未盡，合更論列。臣聞當時先帝登遐，大臣力請太

---

[57] 見《續資治通鑑長編》第17冊，卷425，元祐四年四月壬子條，頁10273。

[58] 以上所引梁燾之奏章，俱見《續資治通鑑長編》第17冊，卷425，元祐四年四月壬子條，頁10273～10274。

皇同聽政，太皇再三辭避，曰：「婦人豈能了天下事？況官家聰明，大臣輔佐，自可為治，何必垂簾也？」當時大臣以章獻明肅故事奏陳，乞為社稷計，暫同聽政。皇帝自謂幼年，未歷軍國之務，願太皇太后上體國家，同治天下。太皇累拒不得辭。當時確備位宰相，親見本末，豈不知垂簾臨朝，非太皇本意，蓋以保護皇帝聖躬為切，又以安定大業為慮，事不得已，乃從權宜。今確乃思慕處俊，自見其意，以謂太皇不當臨朝聽政，作為流言，惑亂群聽，陰懷姦宄，動搖人心，以為異日誣誕之基。其為悖逆，無甚於此。雖欲示太皇之仁德，深恐損皇帝之聖孝，天下之人，所宜共棄，朝廷之士，不可並立，此臣所謂「臣子不能自已」者也。大臣者，同國休戚，以安社稷，福生民，措當世長久為心者也。身雖在外乃，心無不在王室。蔡確身為大臣，弟碩之罪，確既不能救正，反故縱之。聖慈特寬其刑，不能省躬自責，乃以責降為恨，而輕絕事君之義，有幸滄海揚塵之志。兩宮何負於確，而確忍為此言？其包藏豈易窺測？夫為人臣幸國家之變，以逞其忿，而不顧四海生靈之患，其為悖逆，無甚於此。陛下所當尊隆太皇之辭愛，行天下之公議，謹用祖宗之法，快慰臣民之心，此臣所謂「人主有不得自私」者也。伏望聖慈以其事下有司，議正其罪，以尊主威，以嚴國典，為今日戒，為後日訓，不勝激切忠憤之至！[59]

梁燾指責蔡確的重點，首先在於蔡確以怨望之心，見於詩章，包藏禍心，不道不敬，罪狀明白，朝廷不當有疑而猶豫未斷。其次，以吳處厚指出蔡確影射高太后不當聽政事，梁燾力為辯護，詳陳高太后同聽政之始末，而蔡確當時身預其事，如今卻因怨懟之心妄加譏謗，實悖

---

[59]　見《續資治通鑑長編》第17冊，卷425，元祐四年四月壬子條，頁10274～10275。

逆太甚！再者，又以吳處厚指出蔡確詩引「滄海揚塵」之典故，是乃
幸國家有變，以逞其私憤。梁燾義正辭嚴，指出蔡確之罪愆，是人
臣不得不言，而人主所不宜護短者也。梁燾還特別引漢故事以為對
比，曰：「漢‧楊惲失位後，有詩曰：『田彼南山，蕪穢不治。種一
頃豆，落而為萁。人生行樂耳，須富貴何時。』宣帝見而惡之，抵惲
顯戮。陛下考惲之詞，味確之語，抱恨孰深？寓意孰切？可以斷之而
無疑也。伏望聖慈早賜指揮，依法施行，以快忠義之心，以為姦凶之
戒。」[60]亦即，相較於漢‧楊惲於失位後，所寫退隱之淡然心情，猶遭
構陷而宣帝處以極刑的情況；蔡確〈車蓋亭〉之詩意，豈不抱恨更
深，寓意更切，更當明正典刑。

此外，右正言劉安世也上奏言：

> 伏見吳處厚繳進蔡確之安州所製〈車蓋亭詩〉十篇，多涉譏
> 訕，而二篇尤甚，非所宜言，犯大不敬者。臣按：確得性陰
> 險，立朝姦邪。象恭滔天，有共工之惡；言辯行偽，挾少正卯
> 之才。遭遇幸會，致位宰席，不能正身率下，宣明教化，而
> 縱其弟碩交結群小，公納賄賂，盜用官物，不知紀極。閨門
> 之內，奉養豪侈，飲食聲色，衣服器玩，肆為奢僭，制踰王
> 公。是時，碩為軍器少監，俸入有限，而用度若此，確實同
> 居，豈不知其所來乎？朝廷既不窮治，又貸其弟之死，止以失
> 教為名，出守安陸。天下公論，咸謂罰不能當其罪，固宜痛自
> 懲艾，圖報大恩，而乃不自循省，輒懷怨望，借唐為諭，謗訕
> 君親。至於「滄海揚塵」之語，其所包藏，尤為悖逆。確自謂
> 齒髮方盛，足以有為，意在他日時事變易，徼倖復用，擴泄
> 禍心，跂扈懷梁冀之姦，睥睨蓄魏其之志，此而可捨，國法廢

矣。伏望陛下察其情理，斷以至公，出處厚之奏，付之有司，
特行按治，明正其罪，以謝天下。（此安世第一章，四月七日
上。）[61]

劉安世的奏章，同樣是在吳處厚所指出的基調上加重發揮，前言先鋪
陳臚列蔡確謫守安州前的種種過犯，在如此罪愆下，朝廷僅施以薄
懲；然蔡確卻以責降為恨，詩寓諷意，謗訕君親，且幸國家有變，以
圖復用，種種惡行實無異於歷史上之姦臣惡相，故乞朝廷明正罪責。

　　在梁燾、劉安世等人的眼中，吳處厚的奏章，可說是他們對付蔡
確的最佳武器，於是他們在附和吳處厚的箋釋意見的同時，一方面要
防止朝廷出現營救蔡確的聲音，故而先將營救蔡確者視為蔡確的同
黨，希望朝廷不受其人之蒙蔽；一方面，也要極力維護吳處厚的立
場，將其視為揭露姦邪的忠義之臣，如梁燾言：

緣確黨與之人牽連中外，恐有專以私匿為心，出力救解，陰啟
邪說，眩惑聰明。其說若行，則君威不振，國法遂廢矣。

又言：

吳處厚孤寒小官，不畏大姦，獨以君臣大義，納忠朝廷，是能
不虧臣子之節。竊恐黨人反謂處厚險薄，而以為罪，如此，則
是朋姦罔上。伏望聖慈深察其言，以辨邪正。[62]

劉安世亦言：

確之朋黨，大半在朝，造播巧言，多方救解，且謂處厚事非干

---

[61]　以上引文見《續資治通鑑長編》第17冊，卷425，元祐四年四月壬子條，頁10276。
[62]　以上二則引文俱見《續資治通鑑長編》第17冊，卷425，元祐四年四月壬子條，頁
　　　10274。

己，輒爾彈奏，近於刻薄，此風寖長，恐開告訐之路。臣竊以
為過矣。西漢酈寄，天下謂之賣友，然而摧呂祿以安社稷，前
史謂誼存君親，不以為貶。確之罪惡，固已貫盈，不自循省，
肆為訕斥，人神之所共怒，覆載之所不容。處厚外官，雖無言
責，見確悖逆不道，發於忠憤，名則出位，情實愛君，取捨重
輕，未為無理。惟陛下勿恤浮議，早正典刑，使大姦無倖免
之門，朝廷無異日之患，天下幸甚！（安世第二章，四月十日
上。）[63]

梁燾與劉安世皆是基於蔡確實罪不可赦的立場，故而極力維護吳處
厚，認為他的告發是基於忠憤所至；進而劉安世也以西漢酈寄賣友之
故事為說，認為摧一人而安社稷，是誼存君親的典範，以避免其他朝
臣彈劾其「告訐」之罪。果不其然，欲維護蔡確者，即是多從「告
訐」之義罪處厚，以下析論之。

（二）欲營救蔡確者

就在梁燾等臺諫官員極力論奏蔡確之罪行時，朝臣中果然同時出
現另一種觀察角度，他們不隨吳處厚之奏章起舞，甚至反將吳處厚視
為「告訐」之小人，認為宜罪者實為吳處厚；而對蔡確之處置應審慎
進行，不宜單憑吳處厚的片面之詞以罪確。而值得注意的是，仗義執
言，營救蔡確者，竟不少是舊黨官員。如神宗元豐年間，亦曾經歷詩
禍，而時為龍圖閣學士、新知杭州的蘇軾即言：

竊聞臣僚有繳進蔡確詩，言涉謗讟者。臣與確元非知舊，實自
惡其為人，今來非敢為確開說，但以此事所係國體至重，天下

63　見《續資治通鑑長編》第17冊，卷425，元祐四年四月壬子條，頁10276～10277。

觀望二聖所為，若行遣失當，所損不小。臣為侍從，合具論
奏。若朝廷薄確之罪，則天下必謂皇帝陛下見人毀謗聖母，不
加忿嫉，其於孝治，所害不淺；若深罪之，則議者亦或以謂
太皇太后陛下聖量寬大，與天地等，而不能容受一小人怨謗之
言，亦於仁政不為無累。臣欲望皇帝陛下降敕，令有司置獄，
追確根勘，然後太皇太后內出手詔云：「吾之不德，常欲聞謗
以自儆，今若罪確，何以來天下異同之言？矧確嘗為輔臣，當
知臣子大義，今所繳進，未必真是確詩，其一切勿問，仍牓朝
堂。」如此處置，則二聖仁孝之道實為兩得，天下有識，自然
心服。[64]

蘇軾提出之方案可謂兩全其美，即表面上先由哲宗下詔置獄根勘，其
後再由高太后出手詔，以納諫之名，寬宥蔡確之行，如此則有置獄之
名，而無根勘之實，對高太后與哲宗來說，可謂仁孝兩全，亦可杜天
下悠悠眾口。然則，蘇軾的意見並不被接受。

　　中書舍人彭汝礪也上奏救之，言：

臣竊聞吳處厚言蔡確作詩語涉譏謗，有旨使確分析。詔令一
出，人言紛然。……確備位大臣，習為姦惡，陛下以其被遇先
帝，不忍流竄，猶使典大州，帥一路，德至厚也，恩至無量
也。確宜恐懼修省，以救罪惡，而言非所宜，靡復嫌忌，此雖
童子，猶能知其不可救。然臣聞之：王者之於萬物，其覆之如
天，其容之如地，其愛養之如子，一發號出令，必本仁義，是
故上下和平，風俗醇厚，陰陽順時，草木蕃茂。二聖臨御以
來，言動政事，一無非道。凡人有善，惟恐長養之不至；有

惡，惟恐蓋覆之不盡。天下聞之，拭目想見唐、虞、成周之太
平。今緣小人之告訐，遂聽而是之，又從而行之，其源一開，
恐不可塞。人有一言，且將文飾之，以為是譏謗時政者；有一
笑，且將揣度之，以為包藏禍心者。疑惑自此日深，刑獄自此
日作，風俗自此日敗壞，卻視四顧，未知其所止也。臣聞之，
三代之盛，莫如周成王時，其忠厚至於牛羊之吏不踐履草木；
其次莫如漢文帝時，其盛至於小人恥言人過失。夫自寒而暑，
非一日積也，彼其至此，所由來漸矣。陛下盛德至行，得於天
性，其仁厚及物已深，其事見於天下已信，行之不已，其為周
甚不難，為漢不足道。今日之舉，有識甚為陛下歎息，布於天
下，書於史冊，其為累甚不細，惟陛下反覆思之。確罪戾著於
朝廷者眾，苟欲廢奪，理無不可，何必用處厚言哉？確於臣非
有恩，臣所言為陛下計，為天下宗廟社稷計，惟陛下察之。
所有令蔡確分析詔書，尚未遠布，欲乞出自宸斷寢罷，別聽候
指揮。外人聞之，皆曰：「確之惡如此，陛下容之如此，已出
令矣，有言者乃罷之，其從善又如此。」顧豈不韙哉？急於救
過，言不能文，苟蒙聽從，有補毫髮，雖伏斧鉞，臣猶甘心。
（彭汝礪奏以四月十三日上。）[65]

彭汝礪之奏章，首先，亦承認確詩非所宜言，實在不赦；其次，則將
高太后與哲宗之德性，比附於天地覆載之高度，以求優容蔡確之言
過；其次，又抨擊吳處厚以捕風捉影之心態陷人於罪，此「告訐」風
氣一開，則風俗日壞；再者，又引古聖先王之盛德為說，以乞朝廷顯
寬厚之風；最後，歸結若欲罷確，實不宜以處厚之言為由，願朝廷從
善如流。

---

[65] 見《續資治通鑑長編》第17冊，卷425，元祐四年四月壬子條，頁10278～10279。

（三）黨同伐異，非議營救蔡確者

　　針對蔡確〈車蓋亭詩〉一案，朝臣各抒己見，而主張罪確者，則進一步將矛頭指向營救蔡確者、或不言蔡確過犯者，認為他們有失言責，因此，乞將他們一併治罪。如左諫議大夫梁燾、右司諫吳安詩、右正言劉安世共奏：「早來臣燾、臣安詩延和殿進對，具陳蔡確怨謗君親，情理切害，因曾上稟言路更有何人論列，伏蒙聖諭：『唯卿等及劉安世外，別無章疏。』臣等竊伏思念，國家設置御史，本欲肅正紀綱，糾察百僚，雖小犯朝廷之議，猶俾彈治。今來蔡確悖逆不道，指斥乘輿，而御史臺職在按舉，曾無一言，挾邪不忠，黨惡無憚，未見如此之甚者。臣等前章固嘗以確之朋黨大半在朝，慮其造播巧言，多方營救，不謂御史當可言之地，並不糾劾，又慮姦黨變亂公議，別有奏陳，恐開告訐之路。臣等竊謂古人見無禮於君者，如鷹鸇之逐鳥雀，豈有目覩姦豪陵蔑朝廷，謗訕君上，乃欲置而不問？苟非今日確之事發，則其黨未易彰敗。臣等尚慮御史臺知臣等已有論奏，備禮一言，以塞外議。若果如此，則其包藏姦狀，益更明白。伏望陛下留臣等此奏，候蔡確事畢，明正其罪，特行竄逐，庶使邪正有辨，不敗國事。」[66] 梁燾等聯名共上的奏章，旨在揭露其他御史臺官員，身居彈劾按舉之地，卻不行其言責，見惡不發，即同包藏，如此行徑，可謂上負朝廷，下虧職守，因此梁燾等人乞將其人治罪，宜行貶竄。

　　其中右正言劉安世又特別奏稱：

　　　　臣伏見李常、盛陶居風憲之地，目覩蔡確無禮於君親，而依違觀望，曾不糾劾；及朝廷已有行遣，方始備禮一言，而又是非交錯，皆無定論。翟思已下，仍更不見章疏。御史如此，紀綱

66　見《續資治通鑑長編》第17冊，卷425，元祐四年四月戊午條，頁10282～10283。

何賴焉？彭汝礪在侍從論思之列，不以疾惡為心，反用開告訐
之路為解。其餘進說之人，臣雖不能知其名氏，然所主之論，
計與汝礪不甚異也。臣竊謂李常等居可言之地而不言，或雖言
而陰持兩端；彭汝礪等不任言責，輒敢進疏，宜有高遠之慮，
出於世俗之表，而義存君親者，反責其告訐，悖逆不道者，欲
置而不問。夫告訐之不可長，則是矣，至於睥睨君親，包藏禍
心者，乃為可長手？朋邪罔上，孰此為甚！若非確之事發，則
小人比周，無由彰敗，惟望陛下聖心先定，勿惑流言，誅除姦
慝，決行威斷，庶幾朝綱振舉，邪正明辨，天下幸甚！[67]

在前篇奏章的基礎上，劉安世則更具體指出有虧言責的御史官員，如
李常，據《宋史》本傳載：「哲宗立……拜御史中丞、兼侍讀、加龍
圖閣直學士。……諫官劉安世以吳處厚繳蔡確詩為謗訕，因力攻確。
常上疏論以詩罪確，非所以厚風俗。安世併劾常。」[68]又《宋史·盛陶
傳》載：「諫官劉安世等攻蔡確為謗詩，陶曰：『確以弟碩有罪，但
坐罷職，不應懷恨。注釋詩語，近於捃摭，不可以長告訐之風。』安
世疏言：『陶居風憲之地，目視無禮於君親之人，而附會觀望，紀綱
何賴。』出知汝州，徙晉州，召為太常少卿。」[69]李常與盛陶，皆以有
虧言責而受到諫官劉安世的彈劾，以至黜降。

左諫議大夫梁燾又再上奏言：

風聞臣僚之間，有陰進邪說，營救蔡確，及有請罪吳處厚者。
在朝之臣，驚相傳播，以謂忠於確者多於忠朝廷之士，敢為姦
言者多於敢為正論之人，以此見確之氣焰凶赫，賊化害政，為

67　同前註，頁10283～10284。

68　見《宋史》第13冊，卷344，〈李常傳〉，頁10930～10931。

69　見《宋史》第14冊，卷347，〈盛陶傳〉，頁11006。

患滋大。夫是非者，天下之公議也，百千私言不可亂也；賞罰者，人主之利器也，二三妄臣不可侵也。如使公議可屈，利器可搖，何以安宗社，正朝廷，示萬方以無私耶？陛下聰明洞照，至公無惑，真偽邪正，人人盡知，不待臣多言而後能察也。臣謂首此妄作者，其說有二，若非出於畏忌，即是牽於朋黨。畏忌者，恐朝廷典刑不正，有復來之危急；朋黨者，恐蔡確權勢盡去，無自託之階梯。切身利害，表裏相符，縱橫庇護，媟謾欺罔，但循養交之私，遂失為臣子之節，惟憂負確而不憂負國，惟知愛確而不知愛君。有臣如此，國家何賴！臣觀古今之間，人君欲罪其臣下，而群臣以理救解者甚多，然而皆以其心有可恕也。以己之心，度彼之心與之同，則引理開陳，指事辨白，幸人主盡明其心而略其跡也。今確怨望悖逆，包藏禍心，無可恕者，何人之心可與之同，而更為之救解哉？其以告訐之風不可長而責處厚者，是亦不然。所謂告訐者，等輩之間，茍快怨憤，摘其陰私，以相傾陷，傷敗風俗，誠為不誠。至於自納罪惡，凌犯君親，忠臣孝子忠義切於上聞，不當妄引告訐，以為比擬也。況法所不加，義所不制，欲以何名議罪處厚？如謂告訐之風猶不可長，則如確悖逆者其可長乎？告訐之長，不過傾陷一夫一家，悖逆之長，至於危亂天下，豈傾陷之害可憂，而危亂之禍不恤耶？此姦人之言，欲以惑聰明而亂正論，挾狡獪而行私恩，無毫髮忠敬之意，不可不治也。其臣僚所上章奏，候貶責蔡確了日，伏望聖慈特賜指揮，付外施行，以正其罪。

又言：

臣此章乞候斷遣蔡確了日，同臣僚所上章奏，降付三省。從來

患在是非顛倒，邪正混淆，朝廷之間，未得清明。今因蔡確
事，盡見在廷之臣內懷向背，即是非邪正於是分明，不可不行
也。伏望特賜聖斷，以曉中外。法不行於大臣久矣，確過惡數
發，朝廷之法已屢屈，故確敢肆胸臆，極口謗詛，略無忌憚，
謂法必不行。竊慮大臣之間，亦有敢於附黨，傲於玩法，專以
護確為計，無尊敬兩宮意，此不可不戒也。確罪既正，姦人自
銷，或又屈法縱之，則後日必有甚於此者，恐為國家之憂，不
可不慎於此舉也。[70]

梁燾義正辭嚴地指出營救蔡確者，「非出於畏忌，即是牽於朋黨」，
皆有其私心考量，然則，此種作為即是「惟憂負確而不憂負國，惟知
愛確而不知愛君」；至於他們進諫朝廷勿因此而長「告訐」之風，但
梁燾又駁之以「告訐之長，不過傾陷一夫一家，悖逆之長，至於危亂
天下，豈傾陷之害可憂，而危亂之禍不恤耶？」以蔡確與君國相提並
論，蔡確個人之事自然顯得微渺而不足道，因此，為蔡確開脫者，則
顯得理虧辭窮了，日後他們也因此而受到朝廷降予不同的黜責，詳見
後文論述。

三　朝廷對蔡確事之回應

（一）朝廷最初對朝臣論奏的回應

據《續資治通鑑長編》記載，吳處厚繳進蔡確詩，時在元祐四年
（1089）四月五日，翌日，右司諫吳安詩即上疏論確譏訕。後二日，
進呈安詩疏時，太皇太后宣諭：「安詩論確謗訕，卻不見確文字。」

---

[70] 見《續資治通鑑長編》第17冊，卷425，元祐四年四月戊午條，頁10284～10285。

勘會得吳處厚繳奏，乃是通封，只作常程，便降付尚書省，令再進入要看。遂同後疏進入，尋復降出。《續資治通鑑長編》引王鞏《隨手雜錄》補述這段歷程，云：

> 初，吳處厚箋蔡持正詩進於朝，邸官已全本報之，凡進入三日，而寂無聞。執政因奏事，稟於簾前，宣仁云：「甚詩？未嘗見也。」執政云：「已進入，未降出。」簾中云：「待取看。」至午間，遣中使語執政曰：「已降出矣。」三省皆云不曾承領，上下疑之。明日，乃在章奏房，與通封常程文字共為一複，蓋初進入亦通封。明日進呈，殊不怒。但云：「執政自商量。」[71]

從以上記載，可知吳處厚之奏章，並未於第一時間送入太后親覽；宣仁太后反倒是先看到了吳安詩論奏的章疏，於是，未知所云，進而追尋吳處厚之奏章，原來奏章置於章奏房中，與通封常程文字混雜一起。之後，尋出進呈，但宣仁太后御覽後的第一時反應，並未生怒，似乎也不想著意於此，只是交付執政自行商量研辦。

（二）詔令蔡確開具因依

宣仁太后初次見到吳處厚論奏蔡確詩涉譏謗的章疏時，似乎並不甚著意，只付「執政自商量」。但在這期間，右司諫吳安詩、左諫議大夫梁燾、右正言劉安世等諫官密集上疏，條分縷析，論奏蔡確怨望謗訕，詞意切害，包藏禍心，指斥乘輿，不敬不道，甚至合黨誕妄，朋姦罔上，可謂罪狀明白，因此，屢乞朝廷盡早明正其罪。但朝廷並未僅憑諫官論奏的一方之詞，即將蔡確付御史臺根勘治罪，而是一方

---

[71] 以上引述見《續資治通鑑長編》第 17 冊，卷 425，元祐四年四月辛亥條，頁 10273。

面，「詔令蔡確開具因依，實封聞奏」；一方面，「令知安州錢景陽繳進確元題詩本」[72]。對於朝廷如此的初步決定，朝臣議論紛紛，主張罪確者，如左諫議大夫梁燾，「又疏論蔡確譏訕罪狀明白，便當付獄，不須更下安州取索原本及令確分析。」可說是已主觀認定蔡確罪證確鑿，無須其他佐證。至於意主維護蔡確之御史臺官員，如御史中丞李常、侍御史盛陶，「亦各上疏，意乃佑確，實欲罪處厚，而不敢正言之。」而朝廷則「詔安州限三日趣具報」[73]。

在這期間，朝廷既詔令蔡確開具因依，於是蔡確乃據吳處厚所舉出之罪證，逐條予以辯析，以下臚列其文：

觀文殿學士、知鄧州蔡確言：臣僚上言，臣安州作詩涉譏訕，詔臣具因依聞奏：

一、「臣昨來謫降安州，包蓄怨心，公肆譏謗，形於篇什。」

此是臣僚橫加誣罔，欲以激怒朝廷，而實不知當時行遣本末，妄料臣為怨望也。往年，弟碩坐事，由臣愚昧，失於教察所致。尋上表待罪，乞行誅責，上荷聖恩寬貸，委曲保全，止落職移知安州。天地之德，至深至厚，臣日夜感謝，未知何以圖報，何緣卻有怨望？且喜慍不以義者，小人之事也。臣雖愚陋，亦粗聞事君行己之大方，況又當感而怨，豈人情哉？臣前年夏中在安州，其所居西北隅，有一舊亭，名為車蓋，下瞰溳溪，對白兆山。公事罷後，休息其上，耳目所接，偶有小詩數首，並無一句一字輒及時事。亦無遷謫不足之意，其辭淺近，讀便可曉。不謂臣僚卻於詩外多方箋釋，橫見誣罔，謂有微

---

[72] 見《續資治通鑑長編》第17冊，卷425，元祐四年四月辛亥條，頁10277。

[73] 以上引述參見《續資治通鑑長編》第17冊，卷425，元祐四年四月戊午條，頁10282。

意。如此，則是凡人開口落筆，雖不及某事，而皆可以某事罪
之曰「有微意」也。

一、「臣以湞溪舊有郝處俊釣臺，因歎其忠直，見於詩
　　句。　臣僚謂臣以湞溪譏謗君親，此一節中傷臣最為深
　　切，須至縷縷奏陳。」

處俊，唐之直臣。父子夫婦之間，人所難言，而上元中，高宗
令其子周王等分朋角勝為樂，及欲傳位於武后，皆為處俊論議
所回，故臣詩因歎其上元間有敢言之直氣。今臣僚乃摘取處俊
諫傳位皇后事，言臣意在譏謗，其誣罔可見，一也。且又其事
絕不相類，伏惟太皇太后，神宗維子，皇帝維孫。夫以祖母之
崇、聖德之盛，故先帝遺詔，以社稷為託，保祐嗣君，乂安宇
內。蓋先帝託子於聖母，同攬萬機，即非唐高宗欲傳位之比
也。臣僚輒敢妄引此事，牽合以資其說，其誣罔可見，二也。
元豐八年春，先帝服藥，臣與諸執政在禁中御床下受詔，請太
皇太后權同處分軍國事。先帝登遐之日，於福寧殿奉遺詔，太
皇太后依章獻明肅皇太后故事，同行聽斷，退而就資善堂參議
垂簾儀制，奉稟施行，則是太皇太后聽政諸事，臣皆預焉。豈
有身預其事，而自為譏謗，其誣罔可見，三也。又將臣詩句中
一「思」字，卻引〈邶風‧綠衣〉詩「我思古人」，刺州吁之
母上僭事以為說，且經、史、《毛詩》「思」字至多，其所言
思古人、思君子、思賢之類，有不勝其多，乃獨引此一篇，蓋
其意在中傷臣，而不自覺其言之乖悖也。伏惟太皇太后以帝之
祖母垂簾聽政，而輒無故引唐高宗欲遜位與皇后，及州吁之母
以妾僭夫人事迹，展轉附合以為說，上瀆聖聽，莫甚於此。以
此論之，孰為不恭，孰為非所宜言也？

一、「臣臨湞溪，觀水之漲落，偶然成句，臣僚言臣是譏謗君親，其誣罔亦不難曉。」

臣此數詩，並是閒詠目前事迹景物，如「喧豗六月浩無津，行見沙洲束兩濱。」是言前日盛夏，山中並水集而溪大，今日水退而溪小，乃是一溪之上所見。其言水之漲落，如歐陽修〈黃河詩〉云：「舞波淵旋沒沙渚，聚沒倏忽為平地」之類甚多也。下句用「東海揚塵」，只是舉以相比。莊子河伯對海若，蓋論其大小之分；臣時以湞溪對滄海，是道其盈縮之迹，即於朝廷事有何干涉？何緣卻為譏謗？又指臣使「東海揚塵」故事而妄有妝點。按《神仙傳》言蓬萊水淺及海中揚塵，此是神仙麻姑、王方平之語也。蓋神仙壽命與天地無窮，乃能見海之盈縮，故李賀詩中，亦曾用此故事，有〈天上謠〉云：「海塵新生石山下」，皆述天人壽命無窮，能見海生塵之意。臣僚卻云人壽幾何，尤非佳語，據《神仙傳》中並無此說，顯是妄有增加，輒作妖言欺罔聖聽。

一、「臣臨湞溪，漁歌往來，景物可樂，欣然獨笑，偶作詩句中，臣僚卻言不知笑朝廷何事。」

昔漢武帝時，班下詔令，有微反脣之罪，自此立腹誹之禁，謂其見詔令而然爾。今臣上荷聖澤，得郡安閒，前後溪山，旁有賓客，詠笑自適，又非見諸詔令之比也。而臣僚須謂之「有微意」，欲指以為罪，則是欲朝廷法禁更急於漢武之時。伏惟二聖臨御，方以仁愛忠厚為本，此人亦非不知，蓋其心但務中傷臣，而不復問朝廷政體也。

一、臣以安州地熱，多獨在溪亭避暑，溪上鷗鷺群飛，蠅蚋不到。昔人云：「心動於內，海鷗舞而不下。」又昔人有編

急者，蠅集筆端，怒而拔劍逐之。臣方泊然閑適，自以謂
與有機心、怒氣者不同，故用此二事，即非譏刺執政。

一、臣在溪上所見草木禽魚，各遂其性，偶入詩句，如權德輿
詩云：「危棟燕雛喧」，李白詩云：「提攜四黃口」，韓愈
詩云：「唯有魚兒作隊行」，如此句甚多，即非譏刺。昨
來言事官及擢用臣僚，如臣螻螘之微，固不足自愛，以避
飛禍，誠使讒說殄行之風，不作於堯、舜之世，則非惟孤
臣之幸，實天下之幸也。

小貼子言：

古今集中，因至昔人所止之地，而嘆思其賢者甚多，如李白
〈經下邳圯橋懷張子房詩〉「歎息此人去」之句，又云「滄海
得壯士，椎秦博浪沙」，李白之意，亦豈為明皇時有此等事而
譏之邪？況臣詩但歎郝處俊忠直，而不曾指事，今臣僚乃自摘
取一事，而云臣微意有所譏訕，而事又不類，誣罔甚矣。

又言：

上元間，處俊諫此二事，竊慮臣僚曲意證之，如高固祖侃擒車
鼻可汗，實係永徽元年，《新》、《舊書》〈高固傳〉只永徽中
也。然則臣云上元間者，上元年中所諫事皆是，而臣僚乃略去
諫周王分朋事，而獨指陳傳位皇后事，其說窮，則必巧為引
援，臣故不避煩細奏陳。

又言：

竊恐臣僚更指處俊曾云「魏文著令不許皇后臨朝」等語，於臣
詩意外增飾浮說，妄稱臣意有所譏訕。如蒙考臣元豐八年身預
國事本末，及觀臣今來逐項辯析因依，其誣罔判然甚明。

又言：

處俊凡諫三事，係干皇后、皇子，父子夫婦所難言，如咸亨中諫服外國僧丹藥一事，即非難言者也。

又言：

既言「公肆譏訕，形於篇什」，即合是詩中公然指事譏謗。今詩中語意全無干涉，並無可捃摭之實，卻云「皆有微意，欲令讀者不知」，其為欺誕，不攻自破。

又言：

古今詩句用海變桑田事者稍多，只如近年蘇軾作〈坤成節大宴致語〉亦云：「欲採蟠桃歸獻壽，蓬萊清淺半桑田」。蓋祝壽之辭猶用之，何得謂之用此故事尤非佳句？

又言：

《左傳·襄公八年》有「俟河之清，人壽幾何」之語，即與《神仙傳》所載麻姑、王方平語意全別，足見妝點之甚。[74]

由蔡確以上文字辯析之情況，可見他誠惶誠恐之心情，對於吳處厚的指控，絲毫不敢輕心，逐項說明當初作詩之文字本意，及分析所用典故，以駁吳處厚之曲解詩意及其用心，惟恐疏漏，故不避煩細，一再舉證說明，辯證可謂清晰。蔡確清楚交代因由，但求聖意明白，不受吳處厚歪曲詩意之蒙蔽。

---

[74] 以上蔡確分析語見《續資治通鑑長編》第17冊，卷426，元祐四年五月戊寅條，頁10301～10305。

（三）宣仁太后態度之轉變

　　據《續資治通鑑長編》所引王鞏《隨手雜錄》記載：宣仁太后初見吳處厚之奏章時，「殊不怒」；其後，處厚復有疏，而朝廷後有令，使蔡確分析。在此期間，諫官吳安詩、劉安世等不斷上疏論列。而在蔡確之分析未上聞時，「會梁燾自潞州召為諫議大夫，至京日，北過河陽，邢恕極論蔡確有策立勳，社稷臣也。諫官以恕之言論之，日益切。宣仁始怒焉，泣論執政曰：『當時誰曾有異議，官家豈不記得？但問太妃。』遂促蔡相謫命。」[75] 可知，使宣仁太后對蔡確生怒之關鍵原因，並不在蔡確之詩作本身，而是由其中所引發的當年立儲之事所致。據《宋史‧邢恕傳》所載：「帝（神宗）不豫，恕與確成謀，密語宣仁后之姪公繪、公紀曰：『家有白桃著華，道書言可療上疾。』邀與歸視之。至則執其手曰：『蔡丞相令布腹心，上疾不可諱，延安沖幼，宜早有定論，雍、曹皆賢王也。』公繪曰：『此何言？君欲禍吾家邪！』急趨出。恕計不行，則反宣言太后屬意雍王，與王珪表裏。」[76] 關於神宗病重之時，議論繼位之事，當時傳言不少，如上引《宋史‧邢恕傳》所載，邢恕即傳言宣仁太后原屬意雍王，亦即廢孫立子；最終，雖由神宗之子延安郡王趙煦繼位——即哲宗，然對於繼位之事，在朝廷內部實為禁忌議題。

　　據《續資治通鑑長編》所載，早在元豐八年（1085），韓縝即曾於簾前向太后舉發「蔡確與章惇、邢恕等共謀誣罔太皇太后，自謂有定策功」之事，「由是東朝與外廷備知之」[77]。這些傳言，恐怕在宣仁高太后與哲宗之間已生嫌隙。舊黨官員當時亦曾藉由此事彈奏蔡確，

---

[75]　見《續資治通鑑長編》第17冊，卷425，元祐四年四月辛亥條，頁10273。

[76]　見《宋史》第17冊，卷471，〈姦臣一‧邢恕傳〉，頁13703。

[77]　見《續資治通鑑長編》第14冊，卷360，元豐八年十月己丑條，頁8630。

迫其辭去相位，如侍御史劉摯即言：「確之回自裕陵，即使其門下之人，揚言於眾曰：『確有定策大功，嗣皇之所倚賴，不可一日去上左右。』先布此言，搖壓公議，眾人識其意，莫不憤惋而笑之。臣竊以昔之所謂定策者，蓋國有變故未知所立，方艱難之時，大臣能奮不顧身，議於危疑不可知之中，擇賢而立，以扶顛定傾，則是大策由此人定。古之人則霍光，今之人若韓琦是也。而今日之事，豈與彼同也哉！恭以皇帝陛下，乃先帝之正嗣，祖宗之所傳次，太皇太后陛下之所眷命，而四海之所歸戴也，承序繼統，實應天下至公大義，自然之道也，臣下安可謂之定策？況先帝進藥既久，太皇太后陛下聖志前定，先已宣諭執政以建儲之事，則天下之順道，太皇太后陛下實行之矣，顧確等輩奉承詔命而已，何策之定哉？今確乃貪天之功以為己力，矜傲自處，欲以此固其權位，此中外之人所以憤嫉痛心而不平也。昨者確等覃恩轉官，學士草制，獨於確詞中云：『獨高定策之功』。命下之日，議者皆知其過，而確遂當之，今乃誇眾以自名，貪冒欺罔，謂今日天下必待己而後安。輕視朝廷，無辭遜去位之意，罪莫大焉。」[78]劉摯此奏，表面上是彈奏蔡確貪功固權，實則亦為宣仁太后當時之立場作一澄清，以減輕哲宗心中之疑慮。

然則四年後，至哲宗元祐四年（1089），因「車蓋亭詩案」，當年建儲事又再度被揚起，左諫議大夫梁燾從朝廷外所帶回「邢恕極論蔡確有策立勳，社稷臣也」的傳言，無疑又再度揭發宣仁太后內心之隱痛，這似乎便強化了必須重責蔡確的決定。正逢之前詔令知安州錢景陽繳進確元題詩本之事有了回應，安州言：「蔡確所作詩，初題於牌，及移鄧州，行一驛，復使人取牌去，盡洗其詩，以牌還公

---

[78] 見《續資治通鑑長編》第14冊，卷362，元豐八年十二月甲戌條，頁8671～8672。

使庫。」[79]蔡確此舉，又成為諫官攻擊的最佳口實，於是他們又藉題發揮，連章論奏，如右正言劉安世言：

> 臣近四具狀論列蔡確指斥乘輿，情理切害，乞付有司按治其罪。陛下聖德寬厚，體貌大臣，不欲輕信人言，遽行竄殛，遂降睿旨，令確開具因依，及下安州取索元本。近日竊聞確及安州皆有回奏，訕上之迹，盡如臣章。雖文過飾非，妄意幸免，而情狀明著，可以無疑。臣聞確昨移南陽，既離安陸，復遣親吏取去詩牌，洗滌刮劘，靡有存者。使確之詩意別無詆斥，雖刻之金石，固自可信；惟其內懷觖望，志在謗訕，有歉於心，懼或流播，故令毀撤，欲以滅口。推此言之，則確之罪惡何可掩也？伏望陛下特徇公議，毋恤浮言，明正典刑，以謝天地。其御史臺官吏並不糾劾，及伺候朝廷已行遣後雖有言者，亦持兩端，并自餘臣僚進說營救，皆確朋黨，不顧君親，苟尚兼容，必為後患。伏乞聲言其罪，重行遣黜，庶分邪正，以肅中外。

左諫議大夫梁燾、右司諫吳安詩、右正言劉安世又言：

> 臣等近以蔡確怨望作詩，無人臣敬順之禮，累曾奏論，乞正典刑。朝廷指揮下確開具因依，仍令安州知州取索詩元本，皆已奏到。確之開具本無所用，徒為遷延行遣，令確知其事因，從容造說，交通求救，詞皆虛妄，必不可信。今安州根究得實，確詩元書在粉板，後來削去墨迹，其板見在。書之其狀已著，削去其罪轉明，更使確巧詐辯給，此亦不能文也。詩板是明白已驗之迹，便可為據，開具乃委曲苟免之詞，不足為憑。罪在

---

[79] 見《續資治通鑑長編》第17冊，卷426，元祐四年此月辛未條，頁10297。

不赦，合寘誅竄。恭以太皇太后陛下以先帝遺詔，用故事請權同聽政，當日確備位次相，親見本末，豈不知此事不是太皇太后本意，蓋為皇帝年在沖幼，以保護聖躬為切，事不得已，乃從權宜。竊以前日遭值先帝大變之際，設不依本朝典禮，上尊兩宮，則宗社大計如何哉？觀確之意，以為不然，蓋竊幸皇帝富於春秋，欲以大臣專權，自作威福，姦心深不可測，此不可不誅也。大臣之議，當歸美報上，以福祿壽考稱頌其君。確不能庶幾於此，乃引竭海變田之事，肆為謗讟，密懷大惡之志，發為不祥之語，此不可不誅也。刑賞者，人主之權也，祖宗所以行威福而公天下，服人心，傳之子孫，為萬世法也，兩宮亦不得而私之。如確之罪，天下所共怒，天下所共棄。取天下共怒共棄而誅竄，在皇帝陛下與大臣也。陛下崇養聖德，未專明斷，所與議者在大臣。如少寬確，則天下疑而不服，傷陛下之聖孝矣。大臣者，敢為開陳末減，則是朋姦養交，面謾不忠，視確之罪無所重輕，必不見容於天下矣。臣等願盡行公議，無屈祖宗之法，以失威柄。威柄一失，則姦邪彊鷙，無所忌憚，後時有不可制之悔，於此不得不防微杜漸也。伏望聖慈以其事下有司，議正其罪，為今日誡，為後世訓。[80]

奏章中，梁燾、劉安世等人對蔡確盡洗其詩之舉大加撻伐，認為削去其詩，更顯心虛，其罪轉明；其次，也認為蔡確開具因依，博辯飾說，乃委曲苟免之詞，不足為憑；更重要的是，他們再次凸顯蔡確譏諷宣仁太后垂簾聽政之事，這該是最為激怒宣仁太后的重要因素。

---

[80] 以上二則引文見《續資治通鑑長編》第17冊，卷426，元祐四年五月戊寅條，頁10305～10307。

（四）朝廷對蔡確的處置

《續資治通鑑長編》元祐四年（1089）五月戊寅條載：左諫議大夫梁燾、右司諫吳安詩、右正言劉安世等人言：

> 臣等早來延和殿進對，伏蒙聖諭，令具行遣比例條列密奏。臣等略具合用條法，及責降大臣故事如左：一、準〈名例律〉，「十惡」之六曰「大不恭」，注謂指斥乘輿，情理切害者。準〈職制律〉，指斥乘輿，情理切害者斬。準〈名例律〉「議請減贖」章，犯十惡者不用此律。一、宰相丁謂貶崖州司戶參軍。一、前樞密副使孫沔貶節度副使，宿州安置。一、前參知政事呂惠卿貶節度副使，建州安置。臣等竊謂三人之間，丁謂之責最重，然其犯亦非蔡確之比。伏乞聖明更賜參酌。[81]

由此奏章，可見經過一段時間的考慮，朝廷已準備對蔡確進行貶黜，故而令梁燾等人具行遣比例條列密奏。而他們提出的行遣意見，是依《宋刑統》中〈名例律〉的「十惡」之六曰「大不恭」之罪，對蔡確進行懲處，理由是他在詩中「指斥乘輿，情理切害」，而依〈職制律〉，此罪當斬。他們還提出丁謂遠謫崖州之例，認為蔡確之罪愆尤甚於丁謂，懲處恐應更重。

在元祐四年（1089）五月辛巳，朝廷作出初次的判決，「詔：蔡確責授左中散大夫、守光祿卿、分司南京」[82]。責命既下，但「左諫議大夫梁燾、右司諫吳安詩、右正言劉安世以為責輕，御史中丞傅堯俞、侍御史朱光庭相繼論列。」[83]右諫議大夫范祖禹亦言：「確之罪

81　見《續資治通鑑長編》第17冊，卷426，元祐四年五月戊寅條，頁10305～10307。
82　見《續資治通鑑長編》第17冊，卷427，元祐四年五月辛巳條，頁10314。
83　見《續資治通鑑長編》第17冊，卷427，元祐四年五月丙戌條，頁10319。

惡，天下不容，尚以列卿分務留都，未厭眾議。伏乞處以典刑，更
賜重行竄謫。」[84]在臺諫官員紛紛論奏之際，也仍然有其他官員維護蔡
確，如《續資治通鑑長編》記載：「初，輔臣於簾前共議再責蔡確，
獨范純仁及王存以為不可。純仁曰：『方今聖朝，宜務寬厚，不可以
語言文字之間，曖昧不明之過，誅竄大臣。今日舉動宜與將來為法
式，此事甚不可開端也。』」[85]在朝臣多方的爭議下，朝廷對蔡確作出
最後的處置，元祐四年（1089）五月丁亥下詔：「蔡確責授英州（今
屬廣東）別駕、新州（今屬廣東）安置，給遞馬發遣。沿路州軍，
差承務郎以上官，及量差人伴送前去，逐州交割；如無承務郎以上，
即差本州職官。」而呂大防及劉摯等初以確母老，不欲令過嶺，太皇
太后曰：「山可移，此州不可移。」大防等遂不敢言。既於簾前畫可
而退，范純仁復留身，揖王存進說，以為不宜置確死地，太皇太后不
聽。純仁退謂大防曰：「此路荊棘七八十年矣，奈何開之？吾儕正恐
亦不免耳。」[86]對於朝廷的懲處，范純仁不禁生出深深的憂患之情。

　　據《續資治通鑑長編》載：「翌日，詔：『入內內侍省差內臣一
名，并下吏部差三班使臣一名，同伴送蔡確至新州交割訖回。所有前
件指揮，令沿路州軍差承務郎以上官伴送，更不施行。』遂差內東頭
供奉官裴彥臣、三班奉職馬經。如蔡確沿途或稱疾病，乞住將理，即
添差遞鋪兵士，用兜轎擡昇前去，從彥臣所請也。初，不差使臣，執
政以為喜。及改命彥臣等，梁燾、范祖禹、吳安詩、劉安世及傅堯
俞、朱光庭皆欲救之，又恐與初論相戾，且非國體，遂已。范純仁
曰：『純仁亦不敢言。』劉摯曰：『明日當於簾前論之。』然彥臣等訖
無改命。」《續資治通鑑長編》引王鞏《隨手雜錄》亦載：「堯夫論辨

―――――――――――
84　見《續資治通鑑長編》第17冊，卷427，元祐四年五月丙戌條，頁10323。
85　同上註。
86　以上引述見《續資治通鑑長編》第17冊，卷427，元祐四年五月丁亥條，頁10326。

久之，不從。堯夫曰：『臣敢不奉詔，只乞免內臣押去。』宣仁曰：『如何？』堯夫以曹利用事言之，宣仁曰：『決不殺他，教他自生自死。不差內臣，此無固必，但與執政商量。』執政議差小使臣或承務郎以上官伴送。至夜，批出差內官一員。」[87] 從以上記載，可知宣仁太后最後對蔡確祭出了最為深惡痛絕的處分，不但不近人情，不聽朝臣勸說，必欲將蔡確遠謫嶺外；至於押送伴行之人選與沿途之待遇，也愈顯苛刻，如此令人擔憂的遭遇，以至於連始終欲正蔡確之罪的臺諫官員們都心生不忍，而意欲救之，但終究無力改變其命運，宣仁太后所謂：「決不殺他，教他自生自死」的話語，已清楚表現她對蔡確處置的立場。

（五）宣仁重責蔡確的原因

對於蔡確的謫命，除了之前曾引發朝廷內議論喧騰之外，宣仁太后也關心事後的反應，《續資治通鑑長編》載：「他日，太皇太后御延和殿，宣諭三省曰：『前日責降蔡確，外議何如？』宰臣呂大防等奏曰：『確積惡已久，今來罪狀尤不堪，須合如此施行，唯是確之朋黨，心有不樂者。』」呂大防當時是反對將蔡確遠竄嶺外的，如今事已成行，他也只能附和說蔡確罪當如此。此時，太后說出她重責蔡確的主要原因，其宣諭曰：

> 確罪前後不一，昨終以先朝舊相，因其自請，備朝廷禮數，令其外任；輒懷怨望，自謂有定策大功，意欲他日復來，妄說事端，眩惑皇帝，以為身謀。皇帝自神宗長子，子繼父業，其分當然。昨神宗服藥既久，曾因宰執等對時，吾嘗以皇帝所寫佛經宣示，其時眾中止是首相王珪，因奏延安郡王當為皇太子，

---

87 以上引述見《續資治通鑑長編》第17冊，卷427，元祐四年五月丁亥條，頁10327。

> 餘人無語。安燾於時見確有何策立功勞？若是確他日復來，欺
> 罔上下，豈不為朝廷之害？恐皇帝制御此人不得，所以不避姦
> 邪之怨，因其自敗，如此行遣，蓋為社稷也。[88]

宣仁太后在此正式明示她重懲蔡確的主要原因，即是因為蔡確曾宣稱
自己有定策之功，擔憂他日後還朝，妄說事端，將嚴重影響宣仁太后
與哲宗之間的關係；並且認為蔡確若以權臣姿態復來，挾天子以令群
臣，恐怕皇帝也制他不得，社稷將有傾覆之危。宣仁太后的說明，諸
大臣也紛紛回應附和，如呂大防等奏曰：「昨者建儲一事，當時眾臣
僚簽書所批聖旨，月日次序，事理甚備，文字盡在中書，兼已關實錄
院編記分明。小人乃欲變亂事實，輒生姦謀，以圖異日徼倖之利。今
來又非朝廷尋事行遣，自是確怨憤不遜，議訕君親，公議所不容。
臺諫至二十餘章，陛下方施行，命下之日，咸知朝廷有典刑也。」三
省退，樞密院奏事已，安燾奏：「確狂悖謗訕，上煩朝廷行遣，今中
外皆以為允，不必更煩聖慮。」趙瞻亦奏：「蔡卻姦邪謗訕，罪不容
誅，乃至上煩聖慮。今來竄謫，中外無不慰愜。」[89]由以上奏章，可知
諸大臣基調一致，皆為已成之事實，認為蔡確咎由自取，以此寬慰宣
仁太后之慮。

宣仁太后又再宣諭曰：

> 向先帝大漸，遷就殿之西間，使張茂則設簾於東間，當時，今
> 皇帝與吾及皇太后、皇太妃及六宮近侍並在簾下。執政王珪已
> 下對於前，請吾同聽政，尋即辭；茂則奏，乞且為國家社稷事
> 大。是時，珪居班首，進稱：「昨自去年上令皇子侍宴，群臣

皆見之，至今必更長立，乞再瞻覿。」次日，皇帝出見珪等，
兼有為先帝服藥親寫經一卷，因出示之。時安燾同在彼，備見
本末，況皇帝為先帝長子，嗣位乃從來常事，孰有間言？蔡確
班在珪下，何以獨更有定策功耶？此人他時若令再來，皇帝年
少，如何制他？[90]

宣仁太后又再度陳述當年神宗皇帝疾革之際，與皇太后、諸大臣之間
議立儲君之事，再次否定蔡確有所謂的「定策」之功，更藉此申明自
己並無干涉立儲之事。安燾也附應說：「當時惟首相王珪一人進對，
太皇太后遂泣下，便批聖語，其餘執政更何曾有言？況前年上宣皇子
使見群臣，足見先帝之意素定也。」[91]《宋史》傳也載：

> 蔡確坐〈車蓋亭詩〉謫嶺表，后謂大臣曰：「元豐之末，吾以
> 今皇帝所書佛經出示人，是時惟王珪曾奏賀，遂定儲極。且以
> 子繼父，有何間言？而確自謂有定策大功，妄扇事端，規為異
> 時眩惑地。吾不忍明言，姑託訕上為名逐之耳。此宗社大計，
> 姦邪怨謗所不暇恤也。」[92]

從宣仁太后以上的兩篇宣諭及《宋史》傳所載，可看出她一再詳述當
時神宗疾革之時關於建儲一事之始末，目的是要澄清自己在其中並無
任何主張作為，一切皆由神宗皇帝及王珪等宰臣主張；甚至一再強調
哲宗之繼位乃是天經地義之事，她個人自然始終是支持且從中協助
的；至於自己的垂簾聽政，也是出於國勢所迫的權宜之計。而今，
蔡確藉詩暗諷，甚至宣稱自己有定策之功，宣仁太后擔憂蔡確他日復

90　同前註，頁10328～10329。

91　同前註，頁10329。

92　見《宋史》第11冊，卷242，〈后妃上・英宗宣仁聖烈高皇后傳〉，頁8626。

來，妄說事端，勢必將挑撥哲宗與宣仁太后之間的嫌隙，這對宣仁太后個人之名聲，乃至整個高氏家族，恐怕將難免災難。另一方面，蔡確他日若挾定策之功復來，以權臣輔主，而皇帝年少，勢必制他不得，如此恐有社稷之危。因此，宣仁太后不管是從自身利害著想，或是為社稷長遠考慮，無論如何都不能使蔡確有捲土重來的機會，因此她說不避姦邪之怨，必要作如此行遣，目的是為了防患於未然。

第三節　車蓋亭詩案的影響

由吳處厚所引發的蔡確「車蓋亭詩案」，自元祐四年（1089）四月五日吳處厚箋釋上奏起，至元祐四年（1089）五月十八日「有旨責英州」[93]，前後歷時一個多月，時間雖不長，但影響卻是巨大深遠的，以下略述之。

一　對蔡確與吳處厚之影響

蔡確是「車蓋亭詩案」的事主，因與吳處厚累積了二十年的怨仇，吳處厚多年來在朝廷內外，屢受蔡確的打壓與羞辱，在一次因緣偶合之下，吳處厚意外獲悉蔡確謫守安州時所作的〈夏中登車蓋亭詩〉十絕句，為抒發多年的怨氣，遂多方揣摩，刻意曲解詩意，進而為蔡確冠上心懷怨望、謗訕君親的大罪名，上章奏之，欲藉此入確於罪，以消其怨氣。沒想到這一時的洩忿之舉，因為臺諫官員的推波助瀾，最後果然成功的將蔡確定罪。雖然朝廷並未在第一時間即將蔡確治罪，甚至下詔，讓他為自己的詩作詳細辯解，蔡確也極力地對吳處

---

[93] 見《續資治通鑑長編》第 17 冊，卷 427，元祐四年五月丙戌條引王嚴叟所記。

厚的指控逐項辯析；至於臣僚中，雖然有不少朝臣對蔡確過去的所做
所為不滿，但針對此一詩案，卻有許多人不分黨派地為他聲援。但最
終，由於蔡確曾宣言自己有定策功一事再度被揭發，遂使得宣仁太后
在盛怒之下，對蔡確施以貶黜。而初次黜降，諫官認為懲處太輕，紛
紛上奏；最後，蔡確被遠謫嶺南英州（今屬廣東）別駕、新州（今屬
廣東）安置。宣仁太后遠竄蔡確，是因為蔡確的存在，對她個人、哲
宗，甚至國家社稷，都是一個無形的威脅，因此必須如此行遣。蔡確
在這次意外的政治風暴中，被逐出政治舞台，雖然暫時保住了性命，
但四年後，於哲宗元祐八年（1093）正月，蔡確即卒於貶所[94]，畫下
生命的句點，這種出乎預料的遭遇，恐怕是蔡確始終意想不到的。

　　《宋史‧蔡確傳》載：蔡確行事狠戾，如「開封鞫相州民訟，事
連判官陳安民，安民令其甥文及甫求援於充之子安持，及甫，充壻
也。確言事關大臣，非開封可了，遂移御史臺。時獄起皇城，卒事多
不讎。中丞鄧潤甫，御史上官均按之，與府獄同。王珪奏遣確詣臺參
治，確鍛鍊為獄，潤甫、均不能制，密奏確慘掠諸囚。確伺知之，即
劾二人庇有罪，且詐使吏為使者慮問，囚稱冤，輒苦辱之。帝頗疑其
濫，連遣諫官及內侍審直，皆怖畏，言不冤，由是潤甫、均皆罷，而
確得中丞，猶領司農，凡常平、免役法皆成其手。」又載：「太學生
虞蕃訟學官，確深探其獄，連引朝士，自翰林學士許將以下皆逮捕械
繫，令獄卒與同寢處，飲食旋溷共為一室，設大盆於前，凡羹飯餅餌
舉投其中，以杓混攪，分飼之如犬豕。久繫不問，幸而得問，無一

---

[94] 《續資治通鑑長編》第 19 冊，卷 480，元祐八年正月甲申條，引王巖叟《舊錄》
云：「吳處厚奏確〈車蓋亭詩〉，諫官吳安詩、劉安世、梁燾等相繼論確詩怨謗，
詔確具析，確辯疏甚詳。確終坐黜，而梁燾等猶論不已，遂責確英州別駕、新州
安置。確受先帝顧命，而姦臣睥睨，坐誣投遐荒，乃命中使馳傳押至貶所。屢經赦
罪，無得省，獨確四年不得還。八年正月六日卒于貶所，年五十七，天下莫不冤
之。」頁 11415～11416。

事不承。遂劾參知政事元絳有所屬請，絳出知亳州，確代其位。」正因為蔡確貪權固位，行事凶殘，實有酷吏風格，因此，《宋史》本傳言：「確自知制誥為御史中丞、參知政事，皆以起獄奪人位而居之，士大夫交口咀罵，而確自以為得計也。……確既相，屢興羅織之獄，縉紳士大夫重足而立矣。」[95]著稱的例子，如宋‧王明清《揮麈錄‧後錄》所載：「汪輔之，宣州人，少年有俊聲。……熙寧中，為職方郎中廣南轉運使。蔡持正為御史知雜，摭其謝上表有『清時有味，白首無能。』以謂言涉譏訕，坐降知虔州以卒。……興東坡之獄，蓋始于此。而持正竟以詩讓死嶺外。」[96]綜合《宋史》傳及《揮麈錄‧後錄》所載，其中顯示三層意義，其一，蔡確素行不良，頗有羅織他人入罪的行事風格；其二，以文字罪人，蔡確可謂善啟其端，神宗元豐年間，蘇軾以〈湖州謝上表〉遭罹烏臺詩禍，與汪輔之事件，竟有不謀而合之處；其三，蔡確畢生屢興羅織之獄以入人於罪，然則，最終亦受人羅織「車蓋亭詩案」罹罪，不得善終，綜觀其一生行事而有此下場，亦極富諷刺意味[97]！

至於吳處厚，為報私怨而箋釋蔡確詩上奏，雖然當時梁燾、劉安世等諫官，為了據之以攻擊蔡確，而將吳處厚推舉為忠君愛國之義士，但同時也有許多朝臣將其視為「告訐」小人，鄙夷不屑，甚至其子柔嘉也對父親的作為引以為恥，因此，在「車蓋亭詩案」後，吳處厚雖被擢知衛州，但「士大夫由此畏惡之」，吳處厚之人格在當時可說是受到極大的質疑甚至鄙薄，到元人修《宋史》，吳處厚與蔡

---

95 以上所引蔡確事，俱見《宋史》第17冊，卷471，〈姦臣一‧蔡確傳〉，頁13698～13699。

96 見《揮麈錄‧後錄》，卷6，頁3694。

97 以上論述思維，部分參酌沈松勤撰：《北宋文人與黨爭》（北京：人民出版社，1998年12月第1版），頁125。

確竟同列於〈姦臣傳〉[98]，告姦而已亦成姦，亦可謂諷刺！至於在仕途上，吳處厚在元祐年間雖被擢升「知衛州」；但在哲宗親政後的紹聖年間，由於哲宗政治意念的轉向，新黨復興，追算舊帳，吳處厚又被「追貶歙州別駕」[99]；甚至徽宗親政之後，立「元祐姦黨」之碑，吳處厚也名列其中。政治仕途的詭譎多變，正是如此令人難以掌握與預料。

二　舊黨內部黨同伐異之分裂

神宗於元豐八年（1085）三月駕崩之後，哲宗年幼，因此由宣仁太后攝政，朝廷政局瞬間轉由舊黨得勢，然蔡確、章惇、韓縝等，則依然以顧命大臣竊居要津。舊黨藉由掌控言路的優勢，紛紛上奏論列蔡確等人的惡行，希望迫其辭位，然則，對於他們的種種指控，朝廷一時間都還難以將其黜降。以蔡確來說，臺諫對其論列之過犯多不勝數，然而直至哲宗元祐元年（1086）閏二月，才因其弟碩貪贓敗露，蔡確坐失教之責而罷相、知陳州，對舊黨來說，如此的黜責，猶未厭其意。至元祐四年（1089）四月，吳處厚箋釋蔡確詩上奏之後，舊黨官員雀躍不已，不禁手舞足蹈，以為可藉此傾確。

針對蔡確「車蓋亭詩案」，舊黨諫官中如左諫議大夫梁燾、右司諫吳安詩、右正言劉安世等人，在吳處厚奏章的基調上，認為蔡確謗訕君親，見於詩章，對蔡確論奏不已，連番上奏一二十章，必欲鼓動朝廷正蔡確之罪不可。但是，細勘吳處厚之奏章，連宣仁太后初見亦「殊不怒」，因此朝臣中，不分黨派，亦多有為蔡確聲援者，最顯

98　見《宋史》第17冊，卷471，〈姦臣一・吳處厚傳〉，頁13702。
99　見同上註。

著者，如中書舍人彭汝礪，及當時新知杭州的蘇軾，都為蔡確仗義執言，而御史臺官員如李常、盛陶，或略有申說、或保持緘默，基本上多有維護蔡確者。然而，他們不參與彈奏，甚或上章營救蔡確的行為，卻招惹梁燾、劉安世等諫官們的猛烈抨擊。如彭汝礪一再上疏乞求朝廷詳閱蔡確之辯析，不可無故黜降大臣，其奏曰：「蔡確言所非宜，固自有罪，大臣廢置，事所係重。《詩》曰：『敬之，敬之！天維顯思，命不易哉！無曰高高在上，陟降厥士，日監在茲。』此言天命可畏不可慢，事至微矣，其陟其降，天靡有不察，況其大者乎？……所有蔡確開具事目，伏乞聖慈詳察指揮，并檢會前奏，一處省覽。」又曰：「臣聞蔡確事，獨諫官攻之，意或不同，即指為黨，此宜在所察。……臣聞聽言之道，必察人情之好惡。確昔秉政，其姦惡之毒，及人者眾。自吳處厚奏至，皆手舞足蹈相慶，不食其肉不足以饜，不復以人主好惡、朝廷紀綱、天下風俗、國家人才為念，故紛紛至此。」彭汝礪引古論今，主要目的即是希望朝廷效法天地、古聖先王之寬懷，對蔡確「容而置之」[100]。然彭汝礪此舉又招來劉安世等人的強烈反擊，對維護蔡確者一律指以為黨，其言：「臣昨日延和殿進對，嘗論彭汝礪營救蔡確事狀，蒙宣諭以謂『卿等錯會，汝礪所言，與卿等一般』者。臣雖已具汝礪朋附之實，面奏其略，尚恐陛下未知群邪交結之詳，緣此事正繫是非邪正之機，不可不察，須至辨析，上煩聖聽。臣伏見彭汝礪與曾肇同為中書舍人，公然結黨。范純仁既是本省官長，日得親見，朝廷密命，無不關預；而又汝礪親弟汝霖娶李常之姪女，廟堂之論，悉使傳報，故御史臺表裏通同，殊無公道，窺視執政之意，旋立議論。純仁所欲，雖違法害義，無敢糾駁；稍異己

---

[100] 以上二則引文見《續資治通鑑長編》第 17 冊，卷 426，元祐四年五月庚辰條，頁 10308～10310。

者，則必承望風旨，連章繩治。皆有實跡，未敢盡舉，姑以蔡確之事，試為陛下陳之。向者吳處厚繳進確詩，其徒大懼，巧言救解，情態萬狀。純仁備位宰相，見確無禮於君親，不以疾惡為心，乃諭汝礪及曾肇，以謂告訐之風，漸不可長。汝礪等既聞其語，即時傳報李常，是以御史臺依違觀望，不復按劾。及見朝廷已有行遣，方始備禮一言，而汝礪輒奮彊很，妄進邪說，雖其大概不敢主確，而深意全罪處厚。臣竊謂以確詩為可罪邪，則自有臺諫官論列；若以確詩為不足治邪，則臣等豈敢違犯公議，輒行誣奏？進退之間，皆不預中書舍人之事。今汝礪出位進疏，惟以長告訐為說，至於睥睨兩宮，悖逆不道，則欲置而不問。是汝礪貪與蔡確為地，而不顧君親之大倫，僭亂之基漸，此乃朋姦罔上，徇私立黨，而陛下謂之與臣言一般，竊恐聖心未之察也。臣聞汝礪與曾肇同受純仁之指，而肇陰險姦賊，不肯首發，故使汝礪先次進言，繼聞臣等極力攻擊，陛下已賜聽納，遂不復言。然其交結之迹，搢紳無不知者，獨其黨人為之諱耳。願陛下以臣之論，詳覽汝礪之疏，則姦人之情狀，必不能逃於聖明之鑑。臣伺候斷遣蔡確了日，當節次具狀，劾奏姦黨，乞行竄逐。」[101]劉安世等人在此奏章中，痛斥范純仁、彭汝礪、曾肇、李常等人交結溝通、朋邪罔上的事實，要求朝廷在蔡確事了之後，應對他們進行懲處，以慰公議。

　　由於諫官累上章奏彈劾營救蔡確、或不劾蔡確者皆為確黨，於是朋黨議題又在朝廷引發議論，據《宋宰輔編年錄》所載：「初，燾等之排論確也，又密具確及王安石之親黨姓名以進其奏曰：『臣等竊謂確本出王安石之門，相繼秉政垂二十年，姦邪群小交結趨附，深根固蔕，牢不可破。謹以王安石、蔡確兩人親黨開具于後。蔡確親

---

101 見《續資治通鑑長編》第17冊，卷426，元祐四年五月庚辰條，頁10310～10311。

黨：安燾、章惇、蒲宗孟、曾布、曾肇、蔡京、蔡卞、黃履、吳居厚、舒亶、王覿、邢恕等四十七人。王安石親黨：蔡確、章惇、呂惠卿、張璪、安燾、蒲宗孟、王安禮、曾布、曾肇、彭汝礪、陸佃、謝景溫、黃履、呂嘉問、沈括、舒亶、葉祖洽、趙挺之、張商英等三十人。』」[102]於是，宣仁太后即諭執政曰：「確黨多在朝。」范純仁則辯稱曰：「確無黨。」呂大防又辯曰：「確誠有黨在朝，純仁所言非是。」劉摯亦助大防，言確誠有黨在朝[103]。於是，朝廷展開了一場人事異動，「龍圖閣直學士、御史中丞李常為兵部尚書，龍圖閣待制、吏部侍郎傅堯俞為御史中丞，朝奉大夫、侍御史盛陶為太常少卿，朝散郎、太常少卿朱光庭為侍御史，中書舍人曾肇為給事中。」其中，「常與陶皆坐不言蔡確也。」另外，「右司諫吳安詩論肇教彭汝礪救確而不自言，其姦乃過於汝礪。肇尋亦坐左遷。」（肇以中書舍人除寶文閣待制、知潁州，在五月十八日。）[104]從中可清楚看出朝廷黜陟群臣的考量點。其後，在朝廷對蔡確初次施以降黜，為「左中散大夫、守光祿卿、分司南京」後，又興起一波人事異動：「又詔侍御史、新除太常少卿盛陶知汝州，殿中侍御史翟思通判宣州，監察御史趙挺之通判徐州，王彭年通判廬州。」（《政目》云：「陶、思、挺之、彭年坐觀望不言蔡確，五年七〔疑為五之誤〕月二十二日改差遣。」）[105]對於御史官員不劾蔡確而受到黜降，也有朝臣駁其不公，如尚書左丞王存即進言盛陶等不當責，曰：「今以不言責御史，恐後來者不擇而言，亦紛紛可厭。」太皇太后卻說：「言之多何害？但要朝廷與辨是

---

[102] 見宋‧徐自明撰，趙鐵寒主編：《宋宰輔編年錄》（臺北：文海出版社，1969年，《宋史資料萃編》第二輯），卷9，頁705～706。

[103] 以上議論見《續資治通鑑長編》第17冊，卷426，元祐四年五月辛未條，頁10298。

[104] 以上引文俱見《續資治通鑑長編》第17冊，卷426，元祐四年五月癸酉條，頁10298～10299。

[105] 見《續資治通鑑長編》第17冊，卷427，元祐四年五月辛巳條，頁10316。

非耳。」[106]可見宣仁太后之意向。而在對蔡確作出最後之處置——遠謫英州別駕、新州安置之後，朝廷又再度調整人事，據《續資治通鑑長編》所載：「龍圖閣直學士李常罷新除兵部尚書，出知鄧州，坐不言蔡確，為諫官所攻也。」「中書舍人彭汝礪依前朝奉郎、知徐州，坐營救蔡確，并不草確與盛陶等責詞，故黜之。」「中書舍人曾肇為寶文閣待制、知潁州。肇除給事中，辭不拜，請補外，從之。亦坐諫官不言也。」[107]由以上所引，可知因蔡確之事遭受牽連者不在少數，其中不乏舊黨官員。可見在這場新舊黨爭的背景下，由於政治觀點的不一，也造成舊黨內部的分裂。

三　蔡確成為新舊兩黨得勢之指標議題

北宋自神宗朝王安石變法開始，新、舊兩黨就一直呈現出此消彼長的態勢，而或消或長的關鍵原因，即是來自於皇帝的好惡取向所致。神宗支持新法，舊黨就幾乎離開朝廷權力中心，由新黨佔據要津；至哲宗即位，元祐年間由宣仁太后攝政，則起用舊黨，新黨幾近罷去；然則，自哲宗親政的紹聖時期開始，又復用新黨，舊黨則又遭受罷黜；至徽宗即位，一度由向太后同聽政，舊黨又復起，新黨失勢；然則，自徽宗親政，新黨又重新得勢，舊黨則受到嚴厲的反撲，置入黨籍。

而在新、舊兩黨起起伏伏的過程中，可觀察到蔡確或「車蓋亭詩

---

[106] 以上引文見《續資治通鑑長編》第17冊，卷427，元祐四年五月辛巳條，頁10317～10318。

[107] 以上三則引文俱見《續資治通鑑長編》第17冊，卷427，元祐四年五月丁亥條，頁10329。

案」的影子，似乎一直影響著皇帝的觀點[108]，蔡確雖已去世，但對其
身後的褒貶，卻可看出新、舊兩黨消長的一個縮影。茲據《宋史》所
載，簡列如下：

◎ 宣仁太后在位，蔡確以罪人身份，遠竄嶺南。

◎（哲宗親政）紹聖元年，馮京卒，哲宗臨奠。確子渭，京壻
也，於喪次中闋訴。明日，詔復（蔡確）正議大夫。

◎（哲宗紹聖）二年，贈（蔡確）太師，諡曰忠懷，遣中使護
其葬，又賜第京師。

◎（徽宗親政）崇寧初，配饗哲宗廟庭。蔡京請徽宗書「元豐
受遺定策殊勳宰相蔡確之墓」賜其家。京與太宰鄭居中不
相能，居中以憂去，京懼其復用，而居中，王珪壻也。時
渭更名懋，京使之重理前事，以沮居中，遂追封確「清源
郡王」，御製其文，立石墓前，擢懋同知樞密院事，次子莊
為從官，弟碩，贈待制，諸女超進封爵，諸壻皆得官，貴
震當世。

◎ 高宗即位，下詔暴群姦之罪，貶確武泰軍節度副使，竄懋
英州，凡所與濫恩，一切削奪，天下快之[109]。

由《宋史》所載，可看出哲宗與徽宗親政時期，皆為新黨得勢，蔡確
身雖已歿，卻屢屢受到褒崇、追贈，子孫也受其庇蔭，封官進爵，貴
顯當世。關於對蔡確之褒崇，茲據《續資治通鑑長編拾補》所載，補
述如下：

---

[108] 蕭慶偉：〈車蓋亭詩案平議〉一文也說：「蔡確死後，自哲宗、徽宗至南宋的高
宗，皆可看到這一詩案的影響。」其說大抵出自《宋史·蔡確傳》所載，見《河北
大學學報》，1995年第1期，頁56。

[109] 以上所引俱見《宋史》第17冊，卷471，〈姦臣一·蔡確傳〉，頁13701。

○ 哲宗紹聖元年四月甲寅：「蔡渭訴其父確冤，追贈左正議大夫。」[110]

○ 哲宗紹聖元年四月癸亥：「詔蔡確特依正議大夫亡歿條與子孫恩澤。」[111]

○ 哲宗紹聖元年六月甲戌，監察御史劉拯言：「議者謂蔡確在相位，吳處厚以迎合確意，勘舒亶事，獄成，怨確不用己，取其詩曲意牽合以傾之。伏望聖慈盡復確官爵恩數，制其誣罔之尤者，以申確之冤。」[112]

○ 哲宗紹聖三年九月壬寅，中書舍人葉祖洽言：「臣嘗論前日受遺之臣，朝廷所當崇報。近時司馬光、呂公著皆以安佚歿於府第，恩禮優厚，賻贈隆渥。而確以嘗與受遺之列，為元祐人所嫉，流離貶斥，卒死嶺南。伏望聖心，加隆寵數，特贈確太師，賜本家宅一區。」[113]

○ 徽宗崇寧元年二月甲午，「詔：觀文殿大學士、贈太師蔡確配享哲宗廟庭。上謂韓忠彥曰：『西宮寶慶殿成，宜以蔡確配食，確於哲廟甚有功。方皇太后當從神宗靈駕西行，確密上文字，令弟碩屬內臣閻守懃奏太后請留保護，太后以故輟行，保祐哲宗，晨夕嘗與之俱食以銅匕箸，至於飲水，亦為之親嘗。確文字今尚在。』故有是詔，仍錄確子沆、渭並與陞擢差遣。」[114]

綜合《宋史》傳及《續資治通鑑長編拾補》所載，可明顯看出哲宗、

---

[110] 見《續資治通鑑長編拾補》第1冊，卷9，頁403。

[111] 同前註，頁405。

[112] 見《續資治通鑑長編拾補》第1冊，卷10，頁420。

[113] 見《續資治通鑑長編拾補》第2冊，卷13，頁522。

[114] 見《續資治通鑑長編拾補》第2冊，卷19，頁672。

徽宗親政後，新黨成員紛紛上奏為蔡確申冤並乞求一切恩數，而皇帝
亦主動降恩、或被動地從其所請。因此，蔡確身後所得的一切追贈及
其子孫之蒙恩，可說是代表著新黨得勢的標幟象徵。而從另一角度來
說，哲宗、徽宗親政後，與新黨官員一致報復元祐舊黨，元祐舊黨之
被逐竄，原因固然非一，但他們曾經迫害過蔡確，便成為皇帝或新黨
官員將其人入罪的重要原因之一，如據《續資治通鑑長編拾補》所
載，條述如下：

> ○ 哲宗紹聖元年六月甲戌，御史中丞黃履言：「觀文殿大學
> 士、知永興軍呂大防，觀文殿學士、知青州劉摯，資政殿
> 學士、知鄆州梁燾，當垂簾日俱為柄臣。燾先鼓倡邪言，
> 吳居厚繼陳詩注，劉安世等遂共攻之，執政既主於中，仍
> 投蔡確嶺外。累遇沛恩，不令生還，家有慈親，終不得
> 見，死非其辜，中外憤歎。自陛下躬臨機務，洞照姦誣，
> 寖復確官，賁於泉壤，切謂遭橫逆者既伸忠憤，力排陷者
> 未正典刑，宜加顯斥，以允公議。」[115]
> ○ 哲宗紹聖元年六月甲戌，「（左司諫翟思）又論呂大防等擅
> 作威福，相與訕竄呂惠卿、蔡確，乞各正罪犯未聞施行，
> 望出睿斷，以慰公議。」[116]
> ○ 哲宗紹聖元年六月甲戌，侍御史來之邵言：「元豐末，光入
> 持政柄，擢摯為侍御史，既而首引凶徒王巖叟、朱光庭俱
> 在言路，結成黨與。宰相自確而下，摯等相與誣毀締搆，
> 盡力排逐。由是先帝顧命大臣，去之略盡，而陛下孤立於

---

[115] 見《續資治通鑑長編拾補》第1冊，卷10，頁420～421。
[116] 同前註，頁421。

上矣。」[117]

○哲宗紹聖二年八月甲申，詔：「應呂大防等永不得引用期數
　及赦恩敘復。其見釐務者，任滿日，視見今路分遠近，移
　一般差遣；不曾落職降官者，展一其莟取旨。」先是，曾布
　獨對，既論路昌衡等，又言：「更有一事，大禮恩宥在近，
　去遂貶謫人，不知何以處之？」上應聲曰：「莫不可牽復，
　歲月未久，亦不可遷徙。」布曰：「誠如聖論。蔡確五年不
　移，惠卿十年止得移居住處，吳居厚等十年不與知州軍，
　此皆元祐中所起例，自可依此。」[118]

由上所述，可知新黨成員極力在哲宗面前醜詆元祐舊臣，數算他們擅
作威福、竄逐蔡確的罪過，尤其凸顯他們如此作為，是排逐先帝顧命
大臣，以孤立哲宗，藉此引發哲宗之怒意，進而重懲元祐舊臣。其
次，新黨又奏稱當年元祐舊臣投確嶺外，雖累遇沛恩，也不令生還；
如今也應比照辦理，以其人之道還治彼身，哲宗完全贊同，對遭受竄
逐的元祐舊臣，也不予牽復量移的機會，致使許多元祐舊臣不僅遭受
報復而遠逐嶺南惡地，甚至也與蔡確一樣卒於貶所，如劉摯，史載：
「（紹聖）四年，陷邢恕之謗，貶鼎州團練副使，新州（今屬廣東）
安置，……至數月，以疾卒，年六十八。」[119]又如梁燾，史載：「（紹
聖）三年貶雷州（今屬廣東）別駕，化州（今屬廣東）安置。三年
卒，年六十四。」[120]又如呂大防，史載：「（紹聖）四年，遂貶舒州團
練副使，安置循州（今屬廣東），……至虔州信豐而病，……遂薨，

---

[117] 同前註，頁423。
[118] 見《續資治通鑑長編拾補》第2冊，卷12，頁476～477。
[119] 見《宋史》第13冊，卷340，〈劉摯傳〉，頁10857。
[120] 見《宋史》第13冊，卷342，〈梁燾傳〉，頁10890。

年七十一。」[121]凡此元祐舊臣之禍，與蔡確之禍，竟冥冥之中似有其牽繫。

　　細勘「車蓋亭詩案」，在神宗駕崩、宣仁太后攝政之後，舊黨復權，其傾軋新黨，乃屬政治利害問題上的必然，而蔡確時為上相，又是新黨黨魁，自然首當其衝，成為舊黨攻擊的首要目標，因此，在「車蓋亭詩案」發生之前，蔡確已深受舊黨臺諫圍攻，只是無法讓朝廷深罪之而已。直至吳處厚以其私怨箋釋蔡確〈車蓋亭詩〉上奏，謂語涉譏謗，才引發舊黨臺諫據此以群起而攻之的現象；至於舊黨人士中出面營救蔡確者，也只是因為明瞭此乃吳處厚公報私仇之事，故認為朝廷不應據此詩作而罪確。而宣仁太后最後對蔡確祭出重懲，並非因為詩作本身問題，乃是額外牽扯出當年建儲之事使然。是故，追溯其因，本案之發，原係私怨，吳處厚之箋釋，純係刻意曲解附會，不久便悔悟其非；然則，箋釋之文至舊黨臺諫手中，則成為報復新黨之絕佳工具，於是臺諫官員頻頻上疏，以此論列蔡確之罪。更甚者，在朝廷貶謫蔡確的同時，其餘新黨成員也紛紛被指以為黨而逐出朝廷，新、舊兩黨可謂勢不兩立，「車蓋亭詩案」被釀製成文字之禍，其黨爭的痕跡，也是顯而可見的。而朝廷將蔡確遠謫嶺表的激烈手段，范純仁擔憂日後新黨有所報復，果然在數年之後，哲宗親政，新黨重執政權時，即不幸應驗，詳見後文論述。

---

[121] 見《宋史》第 13 冊，卷 340，〈呂大防傳〉，頁 10844。

第四章

蘇軾策題之謗及其影響

　　蘇軾堪稱宋代文學史上的奇葩，文字的魅力無窮，就連北宋仁宗、英宗、神宗歷任皇帝都對他欣賞有加。蘇軾以文才獲得拔擢，但一生也多次因文字招禍，其中以神宗時期的「烏臺詩案」，及哲宗時期的「策題之謗」最為著稱。兩者有其異同，相同的是，兩者都因政治朋黨而引發，且引起朝議喧騰，政敵將蘇軾冠上以文字訕上的罪名，然而蘇軾在最後都能倖存性命。不同的是，前者是在新舊黨爭的背景下產生，而後者則是在舊黨內部分裂下產生；至於罪證上，前者可說有其實證，而後者則純粹是構陷。本章針對「策題之謗」的議題，將詳細分析其間的始末，嘗試說明蘇軾這場文字之禍產生的原因、經過及衍生的重大影響。

第一節　蘇軾策題之謗產生的原因

一　元祐更化及舊黨內部的分裂

　　哲宗以幼沖即位，於是宣仁太后高氏垂簾同聽政。在主幼國疑的哲宗元祐時期，其政治環境是極為複雜的，夾雜著新、舊黨爭，及舊黨之間的相互鬥爭，而「洛、蜀黨爭」，正是舊黨之爭的主要成因。元豐八年（1085）五月，太皇太后高氏以司馬光為門下侍郎[1]，次年與

---

[1]　見宋・李燾撰：《續資治通鑑長編》（北京：中華書局，2004年9月第2版，第14

呂公著並相[2]，在此期間，舊黨人士紛紛召還，一時間，朝廷形成以司馬光、呂公著為中心的舊黨集團秉政。司馬光的還朝，無疑的，是為反變法派樹立起一面旗幟，據《資治通鑑長編紀事本末》所載：神宗曾經「欲置光兩府」，王安石則對曰：「如光者，異論之人倚以為重，今擢在高位，則是為異論之人立赤幟也。」[3]是知，司馬光可謂是舊黨的領袖人物，在世時，引領著舊黨人士重回朝廷執政，回朝後，在宣仁太后的支持下，隨即以「救焚拯溺」之心，次第廢罷新法，《宋史・司馬光傳》載：「光曰：『先帝之法，其善者雖百世不可變也。若安石、惠卿所建，為天下害者，改之當如救焚拯溺。況太皇太后以母改子，非子改父。』眾議甫定。遂罷保甲團教，不復置保馬；廢市易法，所儲物皆鬻之，不取息，除民所欠錢；京東鐵錢及茶鹽之法，皆復其舊。」[4]《宋史・呂公著傳》亦載：「與司馬光同心輔政，推本先帝之志，凡欲革而未暇與革而未定者，一一舉行之，民讙呼鼓舞，咸以為便。」[5]這一段革除神宗時期所行新法而恢復祖宗之制的舉措，史稱「元祐更化」。在此同時，舊黨官員也紛紛對新黨進行傾軋與打擊，於是朝廷形成以舊黨為主的政治局勢。

然而，大約就在同一時期，舊黨成員中，彼此間由於思想方法以及個人對政治、社會問題的觀察方面，存在著種種差異，以至逐漸分

冊），元豐八年五月戊午條載：「資政殿學士、通議大夫司馬光錄門下侍郎。」頁8521。

2　元・脫脫等撰：《宋史》（臺北：鼎文書局，1994年6月第8版，第13冊），卷336，〈司馬光傳〉載：「元祐元年……拜尚書左僕射兼門下侍郎。」頁10768。又《宋史》第13冊，卷336，〈呂公著傳〉載：「元祐元年，拜尚書右僕射兼中書侍郎。」頁10775。

3　見宋・楊仲良撰：《資治通鑑長編紀事本末》（臺北：文海出版社，1969年），卷68，〈青苗上〉，頁2180。

4　見《宋史》第13冊，卷336，〈司馬光傳〉，頁10768。

5　見《宋史》第13冊，卷336，〈呂公著傳〉，頁10775。

裂成幾個帶有明顯地域色彩的派別，元祐元年（1086）九月司馬光逝
世後，更演變成壁壘分明的形勢。邵伯溫《邵氏聞見錄》載：

> 哲宗即位，宣仁后垂簾同聽政，群賢畢集於朝，專以忠厚不擾
> 為治，和戎偃武，愛民重穀，庶幾嘉祐之風矣。然雖賢者不免
> 以類相從，故當時，有洛黨、川黨、朔黨之語。洛黨者，以程
> 正叔侍講為領袖，朱光庭、賈易等為羽翼；川黨者，以蘇子瞻
> 為領袖，呂陶等為羽翼；朔黨者，以劉摯、梁燾、王巖叟、劉
> 安世為領袖，羽翼尤眾。諸黨相攻擊不已。[6]

文中說明，哲宗即位後，與宣仁太后同聽政，國家方針以不擾民為
治，而神宗時期貶黜在外的舊黨大臣又重新還集於朝，賢者在位，幾
可媲美仁宗嘉祐時期之政風。然而，司馬光去世後，舊黨中可謂群龍
無首，雖群賢畢集，但由於觀點不同，則不免以類相從，文中指出哲
宗元祐時期舊黨朝臣分黨的情形，及各黨的基本成員，號曰：洛黨、
蜀黨、朔黨。在當時，因某些因素，各黨相互攻擊，而洛、蜀兩黨之
爭尤為明顯；朔黨則多偏向洛黨，對蜀黨進行夾擊，由此而引發了北
宋末年嚴重的政治對抗。然則，三黨到底為何而爭？洛、朔兩黨又為
何夾擊蜀黨？以下試析之。

二　蜀黨與洛、朔兩黨的政治矛盾

　　政治團體的結構與彼此間的利害關係，總是複雜而多變的，以哲
宗元祐時期著稱的「洛蜀黨爭」來說，並不單純的只是洛、蜀兩黨的

6　見宋·邵伯溫撰，王根林校點：《邵氏聞見錄》（上海：上海古籍出版社，2001年
　12月第1版，《宋元筆記小說大觀》第2冊），卷13，頁1787。

相互抗爭而已，其中還夾雜著朔黨干預的種種因素。而在這黨爭之中，朔黨的角色如何？影響如何？筆者認為有必要先加以釐清。

哲宗元祐初年由太皇太后高氏攝政，而高太后在政治上所倚重的，是以司馬光、呂公著等人為代表的勢力集團。當二人立朝秉政後，立即援引在政治、道德或學術上所親厚者相繼入朝，其中蘇軾、蘇轍兄弟，雖然也曾受司馬光、呂公著相繼推薦回朝供職，但是，蘇氏兄弟並沒有對他們的施政方針完全支持，反而時或與之分庭抗禮，明顯的分歧意見，即表現在對新法的看待上。司馬光執政後，便積極推行其廢罷全部新法的措施，《邵氏聞見錄》載：「哲宗即位，宣仁太后同聽政，首起公為宰相，其于政事，不容有回忌也，故公取其害民之尤甚者罷之。王荊公嘗有恙，嘆曰：『終始謂新法為不便者，獨司馬君實耳。』蓋知其賢而不敢怨也。」[7]可見司馬光革除新法的執著與決心。在新法陸續廢除之後，元祐元年（1086）三月，又決定廢除免役法，恢復差役法。對司馬光來說，「免役法」是他心中的「四患」之一，《宋史》本傳載：「時青苗、免役、將官之法猶在，而西戎之議未決。光嘆曰：『四患未除，吾死不瞑目矣。』」[8]因此，「免役法」是司馬光勢必廢除的新法之一。然而，在免役法的存廢問題上，當時的舊黨中，出現了一些與司馬光政見不合的聲音，如范純仁[9]、范百祿[10]、李常[11]等人，對廢除免役法皆有異議。其中蘇氏兄弟尤

---

[7]　見《邵氏聞見錄》，卷11，頁1769。

[8]　見《宋史》第13冊，卷336，〈司馬光傳〉，頁10768。

[9]　《宋史》第13冊，卷314，〈范純仁傳〉載：「時宣仁后垂簾，司馬光為政，將盡改熙寧、元豐法度。純仁謂光：『去其泰甚者可也，差役一事，尤當熟講而緩行，不然，滋為民病。……』光不從。」頁10286。

[10]　《宋史》第13冊，卷337，〈范百祿傳〉載：「司馬光復差役法，患吏受賕，欲加流配。百祿固爭……」。頁10791。

[11]　《宋史》第13冊，卷344，〈李常傳〉載：「時役法差、免二科未定，常謂：『法無

為突出，蘇軾認為新法經過多年的實施，應該對其「較量利害，參用所長」，反對不辨利害而一概廢棄的作法。在奏章中，蘇軾嘗陳述與司馬光爭議役法的始末，他說：「臣前歲自登州召還，始見故相司馬光，光即與臣論當今要務，條其所欲行者。臣即答言：『公所欲行者諸事，皆上順天心，下合人望，無可疑者。惟役法一事，未可輕議。何則？差役、免役，各有利害。免役之害，掊斂民財，十室九空，錢聚於上，而下有錢荒之患。差役之害，民常在官，不得專力於農，而貪吏滑胥，得緣為姦。此二害輕重，蓋略相等，今以彼易此，民未必樂。』」蘇軾認為：「法相因則事易成，事有漸則民不驚。」因此反對「驟罷免役而行差役」；進而提議：去免役之弊，「而不變其法，則民悅而事易成。」但是，「光聞此言，大以為不然。」[12]宋人筆記小說記載，蘇軾曾與司馬光面爭於政事堂，互不相讓；退朝後，餘怒未消，甚且斥之為「司馬牛」[13]！可見蘇軾對司馬光的固執，極表憤慨。

　　蘇轍與蘇軾的觀點稍有不同，雖然認為免役法可廢，但也反對「驟罷」的作風，他客觀地說：「朝廷自行免役，至今僅二十年，官私久已習慣，今初行差役，不免有少齟齬不齊。」[14]他認為州縣役錢皆

　　新陳，便民者良……。』」頁10930。

12　以上引述俱見宋・蘇軾撰，孔凡禮點校：《蘇軾文集》（北京：中華書局，1986年3月第1版，1992年9月第3次印刷，第2冊），卷27，〈辯試館職策問劄子二首〉之二，頁791。

13　見宋・蔡絛撰，李夢生校點：《鐵圍山叢談》（上海：上海古籍出版社，2001年12月第1版，《宋元筆記小說大觀》第3冊），卷3載：「東坡公元祐時既登禁林，以高才狎侮諸公卿，率有標目殆遍也，獨於司馬溫公不敢有所重輕。一日相與共論免役、差役利害，偶不合同。及歸舍，方卸巾弛帶，乃連呼曰：『司馬牛！司馬牛！』」頁3080。

14　見宋・蘇轍撰，陳宏天、高秀芳點校：《蘇轍集・欒城集》（北京：中華書局，1990年8月第1版，2005年5月第3次印刷），卷36，〈論罷免役錢行差役法狀〉，頁626。

有餘剩，足支數年。於是主張以這筆錢繼續雇役一年，而於今年之內，催督諸處審議差役，若確實可行，更無弊害，明年再行差役法，「一則差役條貫既得審詳，既行之後，無復人言；二則將已納役錢，一年雇役，民力紓緩，進退皆便。」[15]蘇轍的意見折衷謹慎，但司馬光同樣不能接受。此外，關於科舉考試方面，司馬光恢復詩賦取士，蘇轍雖不反對，但慮及士子備試的難處，也提議延遲施行，他說：「來年秋賦，自今以往，歲月無幾……蓋緣詩賦，雖號小技，而比次聲律，用功不淺，至於兼治他經，誦讀講解，尤不可輕易。要之來年皆未可施行。」[16]於是主張：「來年科場一切如舊，但所對經義，兼取注疏及諸家議論。或出己見，不專用王氏之學，仍罷律義，令天下舉人知有定論，一意為學，以待選試。然後徐議元祐五年以後科舉格式，未為晚也。」[16]然而，包括役法及科考之議，據蘇轍所言，「眾皆以為便，而君實始不悅矣。」[17]指出了司馬光的主觀固執，未能善採良議。

與之相對的，洛、朔二黨，如劉摯、王巖叟、傅堯俞、朱光庭等人，卻對司馬光言聽計從，亦步亦趨。蘇軾面對自己與其他同僚不同的從政觀點，曾相當感慨的向摯友楊元素說：「昔之君子，惟荊是師；今之君子，惟溫是隨。所隨不同，其為隨一也。」[18]對於士君子們以前一味地盲從王安石，到今日的一味盲從司馬光，這種不辨是非的作為，並無不同，蘇軾深表感慨！由於政見上的歧異，無疑的，二蘇與司馬光、呂公著及其親信之間，勢必產生了無形的鴻溝。司馬光執政不到一年，即於元祐元年（1086）九月辭世，因此，他個人與二蘇之間的矛盾沒有繼續發展。然而事情並未到此了結，因為元祐三年

15　見《蘇轍集・欒城集》，卷36，〈乞更支役錢雇人一年候修完差役法狀〉，頁633。

16　以上引述見《蘇轍集・欒城集》，卷38，〈言科場事狀〉，頁665。

17　見《蘇轍集・欒城後集》，卷12，〈潁濱遺老傳上〉，頁1019。

18　見《蘇軾文集》第4冊，卷55，〈與楊元素十七首〉之十七，頁1655。

（1088），蘇軾上〈乞郡箚子〉中即回憶說：

> 臣與故相司馬光，雖賢愚不同，而交契最厚。光既大用，臣亦
> 驟遷，在於人情，豈肯異論？但以光所建差役一事，臣實以為
> 未便，不免力爭。而臺諫諸人，皆希合光意，以求進用，及光
> 既歿，則又妄意陛下以為主光之言，結黨橫身，以排異議，有
> 言不便，約共攻之。[19]

蘇軾指出在私交上，自己並非不感激司馬光對他的提攜之恩；但對於
國家大計，則不得不以是非爭之，此乃就事論事。然則，臺諫官員
們，在司馬光執政時期，為迎合司馬光之心意以求擢用，莫不唯其馬
首是瞻；至司馬光去逝後，又認為君上是主張司馬光言論的，於是他
們黨同伐異，而蘇軾的異論，自然無法避免他們的排擊。蘇轍為蘇軾
撰寫墓誌銘時也曾追述說：

> 君實為人，忠信有餘而才智不足，知免役之害而不知其利，欲
> 一切以差役代之。方差官置局，公亦與其選，獨以實告，而君
> 實始不悅矣。嘗見之政事堂，條陳不可，君實忿然。……公知
> 言不用，乞補外，不許。君實始怒，有逐公意矣，會其病卒，
> 乃已。時臺諫官多君實之人，皆希合以求進，惡公以直形己，
> 爭求公瑕疵。既不可得，則因緣熙寧謗訕之說以病公。公自是
> 不安於朝矣。[20]

蘇轍也指出因爭議役法之事，使蘇軾立於極艱難的政治環境中，不僅
因為意見相左而激怒司馬光，使光有逐軾之意；司馬光故後，更受到

19　見《蘇軾文集》第 3 冊，卷 29，〈乞郡箚子〉，頁 827。
20　見《蘇轍集・欒城後集》，卷 22，〈亡兄子瞻端明墓誌銘〉，頁 1121。

服膺司馬光的臺諫官員不斷的滋生事端，巧詞構陷，而對蘇軾展開激烈的傾軋與攻擊，致使蘇軾不安於朝，而屢乞外任以避其鋒。這是蘇軾與司馬光及朔黨人士產生衝突的原因及大致經過。

　　至於蜀黨與洛黨的政治矛盾方面，也存在著政治利害問題，此因洛黨之首程頤，原係一介布衣，受司馬光、呂公著、韓絳等人之力薦，得以在朝廷任官[21]。其間，程頤屢擢屢辭，迨擢至經筵，方稱：「臣亦未敢必辭。」[22]作為皇帝的侍講，雖無實際的行政之權，但程頤卻對當時的政壇起著或大或小的影響，這在司馬光逝世後似乎更為明顯。如〈程氏遺書〉載程頤在經筵講說，頗受元老重臣的稱道，其書載曰：

> 文潞公嘗與呂、范諸公入侍經筵，聞先生講說，退相與歎曰：「真侍講也。」一時人士歸其門者甚盛，而先生亦以天下自任，論議褒貶，無所顧避。由是，同朝之士有以文章名世者，疾之如讎，與其黨類巧為謗訕。[23]

從此段記述中，可看出程頤亦頗為關注政事，多所論議褒貶，有「以天下自任」的抱負；而其中所稱「以文章名世」，卻對程頤「疾之如讎」者，當即指蘇軾而言。此外，〈程氏外書〉又載：

> 呂申公為相，凡事有疑，必質於伊川，進退人才，二蘇疑伊川

21　程頤嘗屢屢言及，乃因二三大臣論薦，方蒙朝廷擢任授官，如〈乞歸田里第一狀〉云：「臣本草萊之人，因二三大臣論薦，遂蒙朝廷擢任，以實之經筵，故授以朝階。」見宋・程顥、程頤撰：《二程集》（臺北：漢京文化事業有限公司，1983年9月第1版，《四部刊要》本），〈河南程氏文集〉，卷6，頁553。〈第二狀〉又云：「臣畎畝之人，因司馬光、呂公著、韓絳等以行義稱薦，蒙朝廷授官。」見《二程集・河南程氏文集》，卷6，頁554。

22　見《二程集・河南程氏文集》，卷6，〈乞再上殿論經筵事箚子〉，頁536。

23　見《二程集・河南程氏遺書・伊川先生年譜》，頁343。

有力，故極口詆之云。[24]

這段文字也凸顯了程頤與呂公著親善的關係，實則在學術上，《宋元學案》即將兩人列為「講友」關係[25]；在政治上，例如神宗熙寧八年（1075），呂公著一篇攻擊新法的〈應詔上神宗皇帝書〉，即是程頤代筆所寫的[26]，表示兩人的政治觀點應是頗為一致，乃有代筆之事。因此，尤其在司馬光故後，呂公著獨當國之時[27]，對程頤倚重也是極有可能之事。此外，元祐二年（1087）八月，左諫議大夫孔文仲，彈奏程頤曾諷勸其協助賈易攻擊呂陶；他批評程頤：「人品纖汙，天資憸巧，貪黷請求，元無鄉曲之行。奔走交結，常在公卿之門。」又歷舉事實，說程頤：「日跨匹馬，奔馳權利，徧謁貴臣，歷造臺諫。其謁貴臣也，必暗竊輕重之意，出以語人，收為私恩，及有差除，若合符節，是以人皆憚懼之，而又深德之。其造臺諫也，脅肩蹙額，屏人促席，或以氣使，或以術動，今日當論列某事，異時當排擊此人。」且利用朱光庭、杜純、賈易等臺諫為其竭盡死力，實現黨同伐異的政治目的[28]。據孔文仲所描繪的情況，說明程頤在當時的政治場域中，也是頗為活躍的，並不僅僅是安於傳道授業的一介儒士而已。針對程頤影響著朝廷人事進退的問題，不免引起一些朝臣的不滿與非議，其中即包括了蘇軾兄弟。基於政治觀點的差異，不免使得程、蘇之間嫌隙

---

[24] 見《二程集·河南程氏外書》，卷11，頁416。

[25] 見明·黃宗羲撰、清·全祖望續修、清·王梓材校補：《宋元學案》【見沈善洪主編：《黃宗羲全集》（杭州：浙江古籍出版社，2005年1月第1版），第3冊】，卷15，〈伊川學案〉，頁709。

[26] 見《二程集·河南程氏文集》，卷5，〈代呂公著應詔上神宗皇帝書〉，頁529～532。

[27] 《宋史》第13冊，卷336，〈呂公著傳〉載：「光薨，（呂公著）獨當國，除吏皆一時之選。」頁10775。

[28] 見《續資治通鑑長編》第16冊，卷404，元祐二年八月辛巳條，頁9829～9831。

在心。

　　蘇軾與司馬光及程頤之間的扞格衝突，經由彼此門人的推波助瀾後，遂逐漸演變成洛、蜀、朔三黨之間的派系鬥爭。蘇軾日後在〈杭州召還乞郡狀〉文中，曾簡述了這段淵源，他說：

> 始論衙前差顧利害，與孫永、傅堯俞、韓維爭議，因亦與司馬光異論。光初不以此怒臣，而臺諫諸人逆探光意，遂與臣為仇。臣又素疾程頤之姦，未嘗假以色詞，故頤之黨人，無不側目。[29]

蘇軾於文中簡述了自己與司馬光及程頤的因緣與怨仇，沒想到因個人之間的矛盾，竟逐漸演變成洛、蜀、朔三黨之間的扞格衝突，進而將彼此捲入激烈的政治鬥爭中[30]。

三　洛蜀黨爭的學術因素

　　哲宗元祐時期，見稱於史冊的「洛、蜀黨爭」，其成因究竟為何？歷來學者評論不一，南宋・朱熹即曾探討說：「東坡與荊公固是爭新法，東坡與伊川是爭箇什麼？」[31]此一疑問的確耐人尋思。部分文獻的記述曾明白指出洛、蜀二黨交惡之因原係細故，乃是源自於司馬光喪葬事所引發，如《續資治通鑑長編》載呂陶之言，說：

> 明堂降赦，臣僚稱賀訖，兩省官欲往奠司馬光。是時程頤言

29　見《蘇軾文集》第3冊，卷32，頁913。

30　此節論述部分參考拙著：〈從元祐黨爭看蘇軾學禁及其發展〉（《東吳中文學報》，2010年5月第19期），頁183～186。

31　見宋・黎靖德編：《朱子語類》（臺北：文津出版社，1986年12月，第8冊），卷130，〈本朝四・自熙寧至靖康用人〉，頁3110。

曰：「子於是日哭，則不歌，豈可賀赦繞了，卻往弔喪？」坐
客有難之曰：「孔子言哭則不歌，即不言歌則不哭，今已賀赦
了，卻往弔喪，於禮無害。」蘇軾遂戲程頤云：「此乃枉死市
叔孫通所制禮也。」眾皆大笑，其結怨之端蓋自此始。[32]

這是時人呂陶的認知與敘述，說明程、蘇的結怨之端自此而發。關
於程、蘇對司馬光喪葬事之爭，其他史料也有相關記載，如〈程氏
外書〉[33]、《邵氏聞見後錄》[34]、《孫公談圃》[35]、《太平治蹟統類》[36]、《宋史紀
事本末》[37]等，所載內容略同，此不復贅舉。除了弔唁之事以外，據
宋人之說，尚有「封屍」之議，如張端義《貴耳集》載：「元祐初，
司馬公薨，東坡欲主喪，遂為伊川所先，東坡不滿意。伊川以古禮
殮，用錦囊囊其屍，東坡見而指之曰：『欠一件物事，當寫作信物一
角，送上閻羅大王。』東坡由是與伊川失歡。」[38]又如沈作喆《寓簡》
說：「司馬溫公薨時，程頤以臆說殮如封角狀，東坡嫉其怪妄，因怒
詆曰：『此豈信物一角，附上閻羅大王者耶？』人以東坡為戲，不知
《妖亂志》所載吳堯卿事已有此語，東坡以比程之陋耳！坡每不假借

32　見《續資治通鑑長編》第16冊，卷393，元祐元年十二月壬寅條，頁9569。

33　見《二程集・河南程氏外書》，卷11，頁415～416。

34　見宋・邵博撰，王根林校點：《邵氏聞見後錄》（上海：上海古籍出版社，2001年
　　12月第1版，《宋元筆記小說大觀》第2冊），卷20，頁159～160。

35　見宋・劉延世編：《孫公談圃》（上海：上海古籍出版社，1991年，《四庫筆記小說
　　叢書》本），卷上，頁99。

36　見宋・彭百川撰：《太平治蹟統類》（臺北：成文出版社，1966年4月臺1版，校玉
　　玲瓏閣鈔本），卷23，〈元祐黨事始末上〉，頁1591。

37　見明・陳邦瞻撰：《宋史紀事本末》（臺北：三民書局，1973年，4月再版），卷
　　45，〈雒蜀黨議〉，頁350。

38　見宋・張端義撰，李保民點校：《貴耳集》（上海：上海古籍出版社，2001年12月
　　第1版，《宋元筆記小說大觀》第4冊），卷上，頁4271。

程氏，誠不堪其迂僻也。」[39]在張端義筆下，似凸顯蘇軾因爭主喪權不得，而刻意譏諷程頤；而沈作喆載此事，則意在凸顯蘇軾破程頤之迂僻。由以上之相關記述，大抵足以肯定蘇軾曾因司馬光喪葬之事，譏諷過恪守古禮的程頤；而程、蘇之間，也確曾因此事而失歡[40]。然而，以此口語戲謔之故，是否即足以釀成綿延至久的洛、蜀黨爭？恐須再加商榷。兩黨到底為何而爭？近人的研究，如大陸學者何滿子，指出：「道學與反道學，乃是蜀洛黨爭的思想根源。可惜，兩派政治上的傾軋，掩蓋了這一思想鬥爭的重大意義。」[41]另一大陸學者羅家祥，則從宋代理學形成的時間問題上，反駁了何氏的說法；進而從政治的角度切入，指出：「洛、蜀黨爭的直接成因，則是蘇軾等人觸犯了司馬光、呂公著為代表的舊黨正宗勢力。」[42]羅氏的論述又稍顯偏頗。仔細推溯洛、蜀黨爭的成因是多重而複雜的，雖然洛、蜀黨爭的明顯表現，是體現在政治的鬥爭上，不過從兩黨相互攻訐的言辭中，可循線看出黨爭的內在因素，實包含著彼此在政治及學術立場等方面的深刻分歧，那是深植在彼此內在的思想動因，不容忽視，以至於從程、蘇之爭，進而發展為洛、蜀黨爭。日本學者諸橋轍次即曾指出：

> 蓋洛學主敬為綱領，蜀學蔑禮法而崇放達。洛學墨守道統；蜀學不顧異端，出入於老、佛。洛學戒玩物喪志；蜀學標榜文章，喜新奇，馳縱橫之鬼才。凡此數端，皆為兩者修養法之根

---

[39] 見宋·沈作喆撰：《寓簡》（上海：上海古籍出版社，1992年，《四庫筆記小說叢書》本），卷10，頁168。

[40] 此論參考羅家祥撰：《北宋黨爭研究》（臺北：文津出版社，1993年11月初版），第四章，〈元祐時期的洛蜀朔黨爭〉，頁181。

[41] 見何滿子撰：〈元祐蜀洛黨爭和蘇軾的反道學鬥爭〉，載《松遼學刊》，1984年第2期，頁1。

[42] 見《北宋黨爭研究》，第四章，〈元祐時期的洛蜀朔黨爭〉，頁183～186。

本不同，要亦洛、蜀抗爭之根本原因也。[43]

文中指出了洛、蜀兩黨在學術的根本立場以及人身修養上的種種差異，並視之為兩黨相爭的根本原因，此文從學術的角度，指出了洛、蜀黨爭的一個重要側面。以下將以此文所述為線索，探析洛、蜀兩黨在學術思想上的歧異，嘗試藉以說明兩黨相爭的內在原因。

（一）程、蘇文藝觀點的差異

1　程、蘇對「文章」的不同看法

程頤以理學的奠基者而名留史冊，嘗言：「自少不喜進取，以讀書求道為事。」[44]說明自己並不汲汲追求功名利祿，畢生以鑽研儒學、習聖人之道為務。關於文學方面，程頤也曾提出自己的看法，他說：「文，文章也，論倫理明順成文。」[45]又說：「立言，所以明道也。」[46]據此，可知程子認為「文章」即是用來表達道理的。但是，並非每種文章皆能具備此種意義與功能，因此，程子將文章概分為詞章之文與聖人之文，〈程氏遺書〉中記載了程子與弟子之間的問答：

> 問：「作文害道否？」曰：「害也。凡為文，不專意則不工，若專意則志局於此，又安能與天地同其大也？《書》曰：『玩物喪志』，為文亦玩物也。……古之學者，惟務養情性，其佗則不學。今為文者，專務章句，悅人耳目。即務悅人，非俳優而何？」曰：「古者學為文否？」曰：「人見六經，便以謂聖

43　見日・諸橋轍次撰，唐卓群譯：《儒學之目的與宋儒之活動》（南京：國民印務局，1937年），第3編、第1章、第2節〈朋黨之成因與儒學目的之分化〉，頁570。

44　見《二程集・河南程氏文集》，卷6，〈上太皇太后書〉，頁541。

45　見《二程集・河南程氏經說》，卷2，〈堯典〉，頁1033。

46　見《二程集・河南程氏粹言》，卷1，〈論道篇〉，頁1169。

人亦作文，不知聖人亦攄發胸中所蘊，自成文耳。所謂：『有
德者必有言』也。」曰：「游、夏稱文學，何也？」曰：「游、
夏亦何嘗秉筆學為詞章也？且如：『觀乎天文以察時變，觀乎
人文以化成天下』，此豈詞章之文也？」[47]

程子又說：

聖人之言，不得已也。蓋有是言，則是理明；無是言，則天下
之理有闕焉。……聖人之言，雖欲已，得乎？然其包涵盡天下
之理，亦甚約也。後之人，始執卷，則以文章為先，平生所
為，動多於聖人。然有之無所補，無之靡所闕，乃無用之贅
言也。不止贅而已，既不得其要，則離真失正，反害於道必
矣。[48]

以此二文所述，可知程子所肯定的是聖人之文，而聖人之文的寫成，
乃是建立在「有德者必有言」的條件下，是聖人發胸中所蘊而自然成
文的。且此種文字是一種必要、不得已而為之的，因為這是一種涵括
天下之理的文字。可見程子視此種文章為人格修養的體現，是道德與
精神的融合之作。相對的，程子甚為反對詞章之文的原因，主要是認
為：為文要工，則須專意其中，而若如此，則心志格局受限，有害於
學道，正如美國學者包弼德所詮釋的：「從事文學寫作限制了道德成
長。」[49]其次，為文若為悅人耳目而專務章句，如此作為即猶如俳優，
程子甚表輕視。再者，在缺乏人格修養的背景下所發之文字，對世

47　見《二程集‧河南程氏遺書》，卷18，頁239。

48　見《二程集‧河南程氏文集》，卷9，〈答朱長文書〉，頁600～601。

49　見美‧包弼德撰：《斯文：唐宋思想的轉型》（南京；江蘇人民出版社，2001年1
　　月第1版），〈第八章‧蘇軾的道：盡個性而求整體〉，頁267。

道來說，實猶如無用的贅言，甚而因離真失正，反有害於道。因此，程子視為文乃「玩物喪志」之事，並視詞章之文如雕蟲小技[50]，不足學也。但是程子也不是完全禁止而不作文學，〈遺書〉中的另一段記載，或許更能呈現出程子對文學的觀點：

> 或問：「詩可學否？」曰：「既學時，須是用功，方合詩人格。既用功，甚妨事。古人詩云：『吟成五箇字，用破一生心。』又謂：『可惜一生心，用在五字上。』此言甚當。」先生嘗說：「……某素不作詩，亦非是禁止不作，但不欲為此閑言語。」[51]

從程子所說，他之所以反對專務為文，是擔憂學者為作文學詩而奪其心志。人生在世能有幾何？務求儒學之道以希聖希賢尚且不及，何暇乎為作詩文而耗盡心力，為此「閑言語」！因此，在輕視文學的觀念下，程頤更進而認為具有文學才能，是人生的大不幸，他說：

> 人有三不幸：年少登高科，一不幸；席父兄之勢為美官，二不幸；有高才能文章，三不幸也。[52]

程頤如此的思想，應是基於認為致力為文將妨害學道而發。既志乎學道，自然必須捐棄其他奪志、妨道之事，在其觀點中，汲汲於功名或詩文創作都包括在內。

相較之下，蘇軾乃以卓絕的文學成就名世，並且曾經刻意用心經

---

50 《二程集・河南程氏文集》，卷8，〈為家君作試漢州學策問三首〉云：「士之所以貴乎人倫者，以明道也。若止於治聲律，為祿利而已，則與夫工技之事，將何異乎？」頁579。

51 見《二程集・河南程氏遺書》，卷18，頁239。

52 見《二程集・河南程氏外書》，卷12，頁443。

營文字,年少時期,即學聲律以備科考;而後研習古文,也能日出數千言[53],可見其對詩文創作的積極熱情與天賦才氣。再者,蘇軾兄弟的文學成就,更是為完成母親的宿願,因此,蘇軾、蘇轍在弱冠時期,皆金榜題名,此後,更以文章著稱於世[54],無愧於母親的殷切期盼。據此來看,程、蘇之間,其學術取徑與致力的方向,原本即有不同。

進一步來說,蘇軾也極重視文章的文學價值及其審美特徵,他說:「文章如精金美玉」,又說:「文章如金玉」,又說:「文章如金玉珠貝」[55],甚至認為詩賦文章足以代表一個人內在心志與德性的體現,他說:

> 軾聞古之君子,欲知是人也,則觀之以言。言之不足以盡也,則使之賦詩以觀其志。春秋之世,士大夫皆用此以卜其人之休咎,死生之間,而其應若影響符節之密。夫以終身之事而決於一詩,豈其誠發於中而不能以自蔽邪?《傳》曰:「登高能賦,可以為大夫矣。」[56]

---

[53] 蘇洵:〈上張侍郎第一書〉云:「洵有二子軾、轍,齠齔授經,不知他習,進趨拜跪,儀狀甚野,而獨於文字中有可觀者。始學聲律,既成,以為不足盡力於其間;讀《孟》、《韓》文,一見以為可作。引筆書紙,日數千言,坌然溢出,若有所相。」見宋·蘇洵撰,曾棗莊、金成禮箋註:《嘉祐集箋註》(上海:上海古籍出版社,1993年3月第1版),卷12,頁346。

[54] 蘇洵:〈祭亡妻文〉云:「有子六人,今誰在堂?唯軾與轍,僅存不亡。咻呴撫摩,既冠既昏。教以學問,畏其無聞。……二子告我,母氏勞苦。今不汲汲,奈後將悔。大寒酷熱,崎嶇在外,亦既薦名,試于南宮。文字煒煒,歎驚群公。二子喜躍,我知母心。非官寔好,要以文稱。」見《嘉祐集箋註》,卷15,頁429。

[55] 以上三引文分別見《蘇軾文集》第4冊,卷49,〈與謝民師推官書〉,頁1419;及卷53,〈答毛澤民七首〉之一,頁1571;及卷49,〈答劉沔都曹書〉,頁1430。

[56] 見《蘇軾文集》第4冊,卷49,〈謝梅龍圖書〉,頁1424。

從以上這些言論中，可見蘇軾是如此看重詩文的價值及其代表意義，與程頤的輕視態度，可謂大異其趣，因此，《宋史紀事本末》評論「洛、蜀黨爭」，即視之為「文章、理學」[57]之爭。

　　程、蘇對文學的不同態度，也反映在國家取士制度的意見上，程頤早在仁宗皇祐二年（1050），就曾於〈上仁宗皇帝書〉中論及：

> 國家取士，雖以數科，然而賢良方正，歲止一二人而已，又所得不過博聞強記之士爾。明經之屬，唯專念誦，不曉義理，尤無用者也。最貴盛者，唯進士科，以詞賦聲律為工。詞賦之中，非有治天下之道也，人學之以取科第，積日累久，至於卿相。帝王之道，教化之本，豈嘗知之？[58]

程頤反對以詞賦取士，原因即在於「詞賦之中，非有治天下之道也。」憂心士人鑽研日久，則去帝王之道、教化之本日遠，認為以之取士，實不足以為國之良材。

　　相對的，蘇軾則頗重詩賦。王安石初執政，罷詩賦，以經義策論取士。神宗熙寧四年（1071），蘇軾即曾上書反對，在〈議學校貢舉狀〉中，他說：

> 自唐至今，以詩賦為名臣者，不可勝數，何負於天下，而必欲廢之？近世士人纂類經史，綴緝時務，謂之策括，待問條目，搜挟略盡，臨時剽竊，竄易首尾，以眩有司，有司莫能辨也。且其為文也，無規矩準繩，故學之易成；無聲病對偶，故考之難精，以易學之士，付難攷之吏，其弊有甚於詩賦者矣。[59]

57　見《宋史紀事本末》，卷45，〈雒蜀黨議〉，頁354。

58　見《二程集‧河南程氏文集》，卷5，〈上仁宗皇帝書〉，頁513。

59　見《蘇軾文集》第2冊，卷25，〈議學校貢舉狀〉，頁724。

蘇軾認為具詩賦之才，未必不足以為名臣；考之於古，則歷代以詩賦為名臣者，實不乏其人。於是蘇軾一方面指出以經義策論取士所造成的更大弊端，一方面則強調詩賦實不得廢之，認為此種精工的文章，正是考量士子才學的最佳方式，這種觀點迥異於程頤輕視詞賦文章的態度。

2 程、蘇在作文態度方面的差異

依據前文所言，程子所肯定的是聖人之文，而聖人之文的寫成，乃是在「有德者必有言」的條件下所產生的，所謂：

> 學本是修德，有德然後有言。[60]
> 有德矣，動無不利，為無不成，何有不文？[61]
> 古之君子，脩德而已，德成而言，則不期於文而自文矣。[62]

據此而言，程子對文章的要求，是為文須先「有德」；而「文」是「有德」的自然產物，這種態度實即主張「先道後文」，因此程子說：

> 學者先學文，鮮有能至道。[63]
> 先得是道矣，……苟得矣，下筆便能書，不必積學。[64]

在這些理論和觀念的引領下，從文章的創作上來說，程子認為必須謹慎言語，不得妄發，如弟子問：「出辭氣，莫是於言語上用工夫否？」程子回答說：「須是養乎中，自然言語順理。今人熟底事，說

---

60 見《二程集‧河南程氏遺書》，卷18，頁232。
61 見《二程集‧河南程氏粹言》，卷1，頁1185。
62 見《二程集‧河南程氏粹言》，卷1，頁1195。
63 見《二程集‧河南程氏外書》，卷12，頁427。
64 見《二程集‧河南程氏遺書》，卷2上，頁20～21。

得便分明；若是生事，便說得塞澀。須是涵養久，便得自然。若是慎言語，不妄發，此卻可著力。」[65]也就是要涉道甚深，素有涵蓄，才能真正的立言[66]。因此，程子教育弟子，不得輕易作為文字，他說：「憂子弟之輕俊者，只教以經學念書，不得令作文字。」[67]可見在程門的治學程序中，涵蓄德性實為第一要務。

其次，從文章的表現上來說，程子認為文章既是人格與德性涵養的結晶，因此主張文義的表現，必須符合溫柔敦厚的詩教原則，亦即合乎禮義，如程子論《詩》即認為：

> 《詩》之美刺，聖人取其止乎禮義者，以為法於後世。[68]
> 大率《詩》意貴優柔，不迫切，此乃治《詩》之法。……又迫切時幾乎罵。[69]

此言詩人必須具有優游不迫的風格，才能極盡溫柔敦厚的詩教；若是一味求其迫切痛快，則怨而必怒，譏刺而必至於直罵，如此則有傷教化，不能垂訓於世。

再從文章的形式美來說，程子既主張文章應合於道，因此對於雕章鏤句的文字技巧，自然是不予贊同的，所謂：

> 今之為文者，一意於詞章藻繪之美，務悅人之耳目，非俳優而何？[70]

---

65 見《二程集・河南程氏遺書》，卷18，頁208。
66 《二程集・河南程氏粹言》，卷1載：「子曰：立言，所以明道也。言之，而知德者厭之，不知德者惑之，何也？由涉道不深，素無涵蓄爾。」頁1169。
67 見《二程集・河南程氏遺書》，卷1，頁8。
68 見《二程集・河南程氏文集》，卷8，〈為家君作試漢州學策問三首〉，頁580。
69 見《二程集・河南程氏外書》，卷1，頁356。
70 見《二程集・河南程氏粹言》，卷1，〈論學篇〉，頁1185。

> 蘇昺問：「脩辭何以立誠？」子曰：「苟以脩飾言語為心，是
> 偽而已。」[71]

由此觀之，程子極反對專務文章的形式之美，因如此為文，其心只
在修飾言語一事，則易於忽略文章內涵的充實與真誠，故曰：「偽而
已。」進而程子認為文章形式之美，也是來自於德性蘊育的自然成
章，如所言：「孔子曰：『有德者必有言』何也？和順積於中，英華
發於外也。故言則成文，動則成章。」[72]因而認為無須刻意雕飾字句，
只要德性積蓄愈厚，則文章不求其美而自然為美。

至於蘇氏的作文態度和洛學相異之處，首先就文章的創作方面來
說，蘇氏實不如程子那般強調「道德」的蓄養，而是著重建立在深厚
的學養以及豐富生活經驗的基礎上，所為之文，同樣是出於自然蘊發
而來。蘇軾兄弟的學問稟承父學，對於所作文字，蘇洵自認為是浸淫
於聖賢之文後，不能自已而出之，他曾自述說：「時既久，胸中之言
日益多，不能自制，試出而書之，已而再三讀之，渾渾乎覺其來之易
也。」[73]蘇軾在〈南行前集敘〉中，更明白的表述蘇氏父子所貫徹的此
種作文主張，他說：

> 自少聞家君之論文，以為古之聖人有所不能自已而作者。故軾
> 與弟轍為文至多，而未嘗敢有作文之意。己亥之歲，侍行適
> 楚，舟中無事，博弈飲酒，非所以為閨門之歡，而山川之秀
> 美，風俗之朴陋，賢人君子之遺跡，與凡耳目之所接者，雜然
> 有觸於中，而發於詠歎。蓋家君之作與弟轍之文皆在，凡一百
> 篇，謂之《南行集》。將以識一時之事，為他日之所尋繹，且

---

[71] 見《二程集・河南程氏粹言》，卷1，〈論學篇〉，頁1184。

[72] 見《二程集・河南程氏遺書》，卷25，頁320。

[73] 見《嘉祐集箋註》，卷12，〈上歐陽內翰第一書〉，頁329。

以為得於談笑之間，而非勉強所為之文也。[74]

此外，蘇軾也嘗自評其文，他說：

> 吾文如萬斛泉源，不擇地皆可出，在平地滔滔汨汨，雖一日千
> 里無難。及其與山石曲折，隨物賦形，而不可知也。所可知
> 者，常行於所當行，常止於不可不止，如是而已矣。其他雖吾
> 亦不能知也。[75]

從這些自述的文字上來看，可知對蘇軾來說，作文是件自然且快意的
事。至於文章內容則是無所不包，意所到處，「雖嬉笑怒罵之辭，皆
可書而誦之」[76]，代表的是平素生活中，思想、修養所形成的見解和感
受的抒發，這和程頤所局限於性理方向的思考極不相同。因此，宋人
陳善分析說：「唐文章三變，本朝文章亦三變矣。荊公以經術，東坡
以議論，程氏以性理，三者要各自立門戶，不相蹈襲。」[77]指出了程、
蘇二派在文章表現上，所呈現的不同取向和風格。

其次，從文章的表現上來說，蘇軾所展現的是重視獨抒胸臆，他
曾自述說：「言發於心而衝於口，吐之則逆人，茹之則逆余，以為寧
逆人也，故卒吐之。」[78]又說：「余性不慎語言，與人無親疏，輒輸寫
腑臟。有所不盡，如茹物不下，必吐出乃已。」[79]可知蘇軾恣意為文的
灑脫個性，這種作文態度，與程頤所主張的「慎言語，不妄發」，顯

---

[74] 見《蘇軾文集》第 1 冊，卷 10，〈南行前集敘〉，頁 323。

[75] 見《蘇軾文集》第 5 冊，卷 66，〈自評文〉，頁 2069。

[76] 見《宋史》，卷 338，〈蘇軾傳〉，頁 10817。

[77] 見宋・陳善撰：《捫蝨新話》，卷 3。收錄於宋・余鼎孫、余經集錄：《儒學警悟》
（臺北：藝文印書館，1965 年，《百部叢書集成（二）》，第二冊），卷 34，頁 1。

[78] 見《蘇軾文集》第 2 冊，卷 11，〈思堂記〉，頁 363。

[79] 見《蘇軾文集》第 2 冊，卷 11，〈密州通判廳題名記〉，頁 376。

然大為不同。

至於從文章的形式美來說，蘇軾雖強調「文章以華采為末，而以體用為本。」[80]但蘇軾並不完全否定文學藝術美的追求，只是認為必須要建立在自然成文的基礎上，如蘇軾所說：「昔之為文者，非能為之為工，乃不能不為之為工也。山川之有雲霧，草木之有華實，充滿勃鬱而見於外，夫雖欲無有，其可得耶！」[81]因此，蘇軾對華美的文章也有所肯定；至於本身的創作，秦觀〈答傅彬老簡〉便曾讚賞蘇軾的文章說：「閣下謂蜀之錦綺，妙絕天下。蘇氏蜀人，其於組麗也，獨得之天，故其文章如錦綺焉。」[82]這即是對蘇軾具有自然華美文風的一種讚歎！就蘇軾個人而言，此種才氣的展現，更是來自於天賦異稟，如蘇轍對蘇軾的文章即評論說：「公之於文，得之於天也。」[83]這是對蘇軾渾若天成的文字造詣功夫，賦予最高度的讚譽。

至於對其他文藝之事的觀點方面，程子主張所學惟務養情性，其他則不學；倘若用心專意其他，則惟恐因而「玩物喪志」，程子曾說：

> 子弟凡百玩好皆奪志。至於書札，於儒者事最近，然一向好著，亦自喪志。如王、虞、顏、柳輩，誠為好人則有之，曾見有善書者知道否？平生精力一用於此，非惟徒廢時日，於道便有妨處，足知喪志也。[84]

對於「書札」之事，尚且阻絕如此，惟恐耗費精力，妨害學道，可見

---

80 見《蘇軾文集》第4冊，卷47，〈答喬舍人啟〉，頁1363。
81 見《蘇軾文集》第1冊，卷10，〈南行前集敘〉，頁323。
82 見宋・秦觀撰，徐培均箋注：《淮海集》（上海：上海古籍出版社，1994年），卷30，〈答傅彬老簡〉，頁981。
83 見《蘇轍集・欒城後集》，卷22，〈亡兄子瞻端明墓誌銘〉，頁1126。
84 見《二程集・河南程氏遺書》，卷1，頁8。

程子對學問的涵養，是主張專一心志的，惟務儒學，不及其他。

　　蘇軾則不然，相對於洛學的治學取徑來說，蘇軾並不強調專以儒學為務，也不陷溺在文藝的畛域裡，作為一個知識份子，他懷有廣泛的興趣，他認為：

> 天文、地理、音樂、律曆、宮廟、服器、冠昏、喪祭之法，《春秋》之所去取，禮之所可，刑之所禁，歷代之所以廢興，與其人之賢不肖，此學者之所宜盡力也。[85]

蘇軾的這種理念，正是根據先賢子夏所謂：「日知其所亡，月無忘其所能，可謂好學也已」[86]的說法，據以反對當世所崇尚「廢學而徒思」的學習風氣[87]。正是因為廣博涉獵，蘇軾因而有多方位的成就，在他看來，這是一個卓越的學者所應具有的素養，而不局限於一個範疇，窄化了學術的生命。

（二）程、蘇思想內涵的差異

1　程頤的治學取徑

　　從宋朝中期的學術風氣來說，程子認為當代的學者，大約從事著三大學術傾向，他說：「今之學者，歧而為三：能文者謂之文士，談經者泥為講師，惟知道者乃儒學也。」[88]可知程子是以儒學為成就聖人之道的唯一途徑，因此，對於異端之學，程子極為反對，視為當代學者之弊，因而明言要去除此弊，方能趨於聖道[89]。所謂的異端之學，

85　見《蘇軾文集》第2冊，卷12，〈鹽官大悲閣記〉，頁387。

86　見魏・何晏等注、宋・邢昺疏：《論語注疏》（臺北：藝文印書館，1993年9月第12次印刷，《十三經注疏》本），卷19，〈子張第十九〉，頁171。

87　見《蘇軾文集》第2冊，卷12，〈鹽官大悲閣記〉，頁387。

88　見《二程集・河南程氏遺書》，卷6，頁95。

89　程子曰：「今之學者有三弊，一溺於文章，二牽於訓詁，三惑於異端。苟無此三

於二程書中所指，大抵即為：老、莊、楊、墨、申、韓、儀、秦、佛等諸家之學。至於反對的原因，茲舉《二程集》中所載數例論之：

> 老子語道德而雜權詐，本末舛矣。申、韓、張、蘇皆其流之弊也。申、韓原道德之意而為刑名，後世猶或師之。蘇、張得權詐之說而為縱橫，其失益遠矣。[90]

> 莊子叛聖人者也……子夏曰：「雖小道，必有可觀者焉，致遠恐泥。」子曰：「攻乎異端，斯害也已。」此言異端有可取，而非道之正也。[91]

> 子曰：「異端之說，雖小道，必有可觀也，然其流必害，故不可以一言之中、一事之善，而兼取其大體也。夫楊、墨亦是堯、舜而非桀、紂，其是非豈不當乎？其所以是非之意，蓋竊吾之似，欲成其說耳。」[92]

> 子曰：「佛氏之道，一務上達，而無下學，本末閒斷，非道也。」

> 子曰：「佛之所謂世網者，聖人所謂秉彝也。盡去其秉彝，然後為道，佛之所謂至教也，而秉彝終不可得而去也。耳聞目見，飲食男女之欲，喜怒哀樂之變，皆其性之自然。今其言

者，則將何所歸？必趨於道矣。」見《二程集・河南程氏遺書》，卷18，頁187。

90 見《二程集・河南程氏粹言》，卷1，頁1180。

91 見《二程集・河南程氏遺書》，卷25，頁320。

92 見《二程集・河南程氏粹言》，卷1，頁1176。

曰：『必盡絕是，然後得天真。』吾多見其喪天真矣。學者戒之謹之，至於自信，然後彼不能亂矣。」

子曰：「學佛者，於內外之道不備。」[93]

綜觀上述，可知程子反對異端之學的原因，是在於老子之學雖宗道德，卻又雜有權詐之術，其學已悖逆聖道，而有捨本逐末之失。申、韓二家，據老子道德之意，衍而為刑名之學；蘇秦、張儀，則取老子權詐之術，發而為縱橫游說之說，以揣摩人主之心為尚，此四家之學，更是離道益遠。莊周之學，也與聖人之道相悖，雖有可觀之處，也只是尋常小道，不足以入聖人泱泱大道。至於楊、墨，雖與儒者同稱堯、舜，並非桀、紂，然追原其意，實非有意於聖人之道，但襲取儒者之常言，以成一家之學而已。佛學則以捨離人世為途徑，追求生命的究竟解脫，與孔子的下學上達相較，僅有上達的目標，而缺乏下學的功夫，於聖人之道，終是不備。然而，就因為這些異端之學雖稱小道，卻有可觀之處，人心易為之迷惑，其流必至於害道，因此，程子要學者戒之！謹之！

2　蘇軾的治學取徑

相對於程頤來說，蘇軾學問的養成，卻不諱言是來自於博觀泛覽所得，蘇軾有詩曾說：「君少與我師皇墳，旁資老聃、釋迦文。」[94]即說明了兄弟二人在年少時期，儒、釋、道兼修的學習情況。此外，蘇轍為蘇軾所寫的墓誌銘也追述說：

93　以上三引文見《二程集·河南程氏粹言》，卷1，頁1179、1180、1194。
94　見《蘇軾詩集》，卷37，〈子由生日以檀香觀音像及新合印香銀篆盤為壽〉，頁2015。

（軾）初好賈誼、陸贄書，論古今治亂，不為空言；既而讀
《莊子》，喟然嘆息曰：「吾昔有見于中，口未能言；今見《莊
子》，得吾心矣。」……後讀釋氏書，深悟實相，參之孔、
老，博辯無礙，浩然不見其涯。[95]

此文更詳述了蘇軾博覽諸學的學習生涯。至於蘇轍本身，也曾自述：
「百氏之書，無所不讀。」[96]可知蘇軾兄弟所學，除儒學以外，復及於
佛、老及百家之學，而後融會於自己的思想之中，形成自成一格的學
術風貌。

（三）程、蘇修養功夫的差異

1 程頤論敬與禮

　　大陸學者漆俠，在所撰〈蘇軾蜀學與程頤洛學在思想領域中的對
立〉一文中，針對洛、蜀二學思想的差異，曾特別強調：「『敬』在
程氏洛學思想體系中的地位和作用[97]，意在指出「敬」之修養功夫，
實為洛、蜀二學思想對立的重要因素。誠然，周敦頤提出以「誠」為
本，至二程又提出：「涵養須用敬」[98]，「誠」與「敬」，因而成為理學
思想體系的重要綱領[99]。程頤將此二綱目作一緊密的聯繫，如所言：

---

95 見《欒城後集》，卷22，〈亡兄子瞻端明墓誌銘〉，頁1126～1127。
96 見《欒城集》，卷22，〈上樞密韓太尉書〉，頁381。
97 見《河北學刊》，2001年第5期，頁76～82。後收錄於《宋學的發展和演變》（石
　家莊：河北人民出版社，2002年），第三編，第十六章，頁488～507。
98 見《二程集·河南程氏遺書》，卷18，頁188。
99 黃勉齋曰：「周子以誠為本，以欲為戒，此周子繼孔孟不傳之緒也。至二程則曰：
　『涵養須用敬，進學在致知。』又曰：『非明則動無所之，非動則明無所用。』而
　為四箴，以著克己之義焉，此二程得統於周子者也。」見《宋元學案》第3冊，卷
　12，〈濂溪學案下·附錄〉所引，頁634。

誠者天之道，敬者人事之本，敬則誠。

誠然後能敬，未及誠時，卻須敬而後能誠。[100]

會此二文來看，「誠」與「敬」，是一體兩面，相輔相成的。在程子看來，「誠」是先賢早已證實的普遍道德原則，而實踐或是體現這一原則，當從行事主敬中來完成，因此程子尤重乎蓄養「敬」的功夫，如以下引文所說：

入道莫如敬。

學要在敬也。

敬其心，乃至不接視聽，此學者之事也。始學，豈可不自此去？[101]

從以上所述，可見程子反覆強調「敬」是學道、入德以及涵養人格的根本，是一切進德修業的基礎功夫。但是，要如何作到敬？程子說：

敬則是不私之說也。才不敬，便私欲萬端害於仁。

敬是閑邪之道。……閑邪則誠自存矣。

所謂敬者，主一之謂敬。所謂一者，無適之謂一。且欲涵泳主一之義，一則無二三矣。言敬，無如聖人之言。《易》所謂：「敬以直內，義以方外。」須是直內，乃是主一之義。至於不敢欺、不敢慢、尚不愧於屋漏，皆是敬之事也。但存此涵養，久之自然天理明。

---

[100] 以上二引文，分別見於《二程集·河南程氏遺書》，卷11，頁127；卷6，頁92。

[101] 以上三引文，分別見於《二程集·河南程氏遺書》，卷3，頁66；卷14，頁141；卷15，頁154。

主一者，謂之敬；一者，謂之誠。[102]

敬有甚形影？只收斂身心，便是主一。[103]

從程子的語意，可得知要達到「敬」，必須要做到以下的基本功夫，如：有「不私」的「仁心」；要「閑邪」以「存誠」；要「收斂身心」以「主一」；內在的涵養必須「直內」；以至於做到「不敢欺、不敢慢、尚不愧於屋漏」，那俯仰無愧的心境，便是所謂的「敬」。在程子的觀點中，所謂的「誠」與「敬」，即是「天理底意思」[104]，而要明天理，則須先滅私欲，因此程子說：「滅私欲，則天理明矣。」「無人欲，即皆天理。」[105]只要主敬存誠，即能閑邪去欲，藉由「敬以直內，義以方外」，而上達天德[106]。內心既具備誠與敬的修養，則外在行為也必能臻於正當合理，這種由內而外的修養功夫，是程氏極為強調的，甚且視之為推諸四海皆準的絕對真理，如所言：「『敬以直內，義以方外』，仁也。……夫能『敬以直內，義以方外』，則與物同矣。故曰：『敬義立而德不孤』。是以仁者無對，放之東海而準，放之西海而準，放之南海而準，放之北海而準。」[107]因此，所謂的「敬」，在程頤的理念中，不僅僅是個人內在的修養功夫，也是治國平天下的重要指標，於是程子推闡其說：

---

[102] 以上四引文，分別見於《二程集·河南程氏遺書》，卷15，頁153；卷18，頁185；卷15，頁169；卷24，頁315。

[103] 見《二程集·河南程氏外書》，卷12，頁433。

[104] 程氏云：「如天理底意思，誠只是誠此者也，敬只是敬此者也，非是別有一箇誠，更有一箇敬也。」見《二程集·河南程氏遺書》，卷2上，頁31。

[105] 以上二引文分別見於《二程集·河南程氏遺書》，卷24，頁312。

[106] 程氏云：「敬義夾持，直上達天德自此。」見《二程集·河南程氏遺書》，卷5，頁78。

[107] 見《二程集·河南程氏遺書》，卷11，頁120。

　　聖人修己以敬，以安百姓，篤恭而天下平。惟上下一於恭敬，

　　則天地自位，萬物自育，氣無不和，四靈何有不至？此體信達

　　順之道，聰明睿智皆由是出。[108]

從修己到安治天下皆要從「敬」做起，足見程子對「敬」之涵養功夫
的看重。

　　進一步來說，「敬」作為一內在道德修養的功夫，其內涵既是存
誠、不私、合於天理的，則形諸於外，也必是合乎「禮」的表現，
在這種認知上，程子又把「敬」與「禮」的關係聯繫起來，因此程
子說：「敬即便是禮。」[109]至於程子對禮的看法，雖然也說：「禮者，
因人情者也，人情之所宜則義也。」又說：「禮之本出於民之情，聖
人因而道之耳。」也認為：「『禮，孰為大？時為大。』亦須隨時。當
隨則隨，當治則治。當其時作其事，便是能隨時。」[110]從這些理論上
來看，程子似乎重視人情，也重視因時制宜，但程子在禮與人情的
實際關係上，卻更側重於禮，將禮上升為天理的高度，所謂：「禮亦
理也。」又說：「非禮處便是私意。……凡人須是克盡己私後，只有
禮，始是仁處。」[111]據此而言，「禮」與「敬」，實具有相同的內在涵
義，既同樣是「天理」，又是「不私」，又是「仁」的表現，因此同
樣是學者所宜修養的進德綱目。而對於繁縟的古禮，程子則認為設制
的目的是為使人「防欲」以「入道」[112]，因此仍然有踐行的必要。

---

[108] 見《二程集・河南程氏遺書》，卷6，頁81。又見《二程集・河南程氏粹言》，卷
　　2，頁1271，文字略同。

[109] 見《二程集・河南程氏遺書》，卷15，頁143。

[110] 以上三引文分別見於《二程集・河南程氏遺書》，卷11，頁127；卷25，頁327；卷
　　15，頁171。

[111] 以上二引文，其一見於《二程集・河南程氏外書》，卷3，頁367。其二見於《二程
　　集・河南程氏遺書》，卷22上，頁286。

[112] 程氏云：「『禮儀三百，威儀三千』，非絕民之欲，而強人以所不能也，所以防其

　　在程子的觀點中，「禮」是人賴以立身處世的重要原則，不學禮則無以立[113]；中至國家社會，無禮則亂；甚而大至天地，若無禮也將失其序[114]。在〈禮序〉文中，程子嚴正的說：

> 天尊地卑，禮固立矣；類聚群分，禮固行矣。人者，位乎天地
> 之閒，立乎萬物之上，天地與吾同體，萬物與吾同氣，尊卑分
> 類，不設而彰。聖人循此，制為冠、昏、喪、祭、朝、聘、
> 射、饗之禮，以行君臣、父子、兄弟、夫婦、朋友之義。其
> 形而下者，具於飲食器服之用；其形而上者，極於無聲無臭
> 之微。眾人勉之，賢人行之，聖人由之。故所以行其身與其家
> 與其國與其天下，禮治則治，禮亂則亂；禮存則存，禮亡則
> 亡。[115]

據此而言，禮既是維繫天地間一切綱常倫理的基準，因此程頤畢生尊禮、崇禮，自言：「非禮勿動、勿視。」[116]司馬光、呂公著稱其：「力學好古，……動遵禮義。」[117]後學也屢有述載，稱其：「常論克己復禮」、「謹於禮四五十年」、「舉動必由乎禮」[118]。程子之所以如此動容

　　欲，戒其侈，而使之入道也。」見《二程集‧河南程氏遺書》，卷25，頁323。

[113] 程氏云：「禮者所以立也。『不學禮無以立』。」見《二程集‧河南程氏遺書》，卷11，頁128。又云：「禮者人之規範，守禮所以立身也。安禮而和樂，斯為盛德矣。」見《二程集‧河南程氏粹言》，卷1，頁1174。

[114] 問：「禮莫是天地之序？樂莫是天地之和？」曰：「固是。」見《二程集‧河南程氏遺書》，卷18，頁225。

[115] 見《二程集‧河南程氏文集‧遺文》，頁668。

[116] 見《二程集‧河南程氏遺書》，卷6，頁86。

[117] 見《二程集‧河南程氏遺書‧附錄‧伊川先生年譜》所引，頁339。

[118] 以上三引文其一、二條見於《二程集‧河南程氏遺書》，卷1，頁3、頁8。其三見《二程集‧河南程氏遺書‧附錄》，胡安國所撰：〈奏狀〉，頁348。

周旋皆中禮，據其所說，乃是為成就盛德，效法古聖的緣故[119]。

2　蘇軾論禮與人情

　　相對於洛學，蘇學對於人生修養的觀點，並不強調以嚴己律身的道德修養為高。在論禮的看法上，蘇軾嘗說：「君子以禮治天下，使尊者習為尊，卑者習為卑。」又說：「夫禮之大意存，明天下之分，嚴君臣、篤父子、形孝悌而顯仁義。」[120]在這些論點上，蘇軾也認為禮是維繫人世間綱常倫理的準則。但在「禮」與「人情」的輕重關係上，蘇軾則更重視「人情」，在〈中庸論〉中，蘇軾論說：「聖人之道，自本而觀之，則皆出於人情。」[121]禮是聖人所定，而原其初始，蘇軾強調禮是適應人情之需要而設的，他說：

> 夫禮之初，緣諸人情，因其所安者而為之節文。凡人情之所安而有節者，舉皆禮也，則是禮未始有定論也；然而不可以出於人情之所不安，則亦未始無定論也。執其無定以為定論，則塗之人皆可以為禮。[122]

這就說明禮的設定，必須立足於人情安否的基礎上，才能順利推行。

　　至於思考到古禮是否適合於今的問題，蘇軾認為：「古人知禮而行之不勞」，是因為當時的禮節儀式，乃取諸古人生活之常習常用，「當此之時，天下之人，惟其習慣而無疑，……是以其人入於其間，

---

[119] 程子云：「昔者顏子之所從事，不出乎視聽言動之閒；而〈鄉黨〉之記孔子，多在於動容周旋之際。」見《二程集·河南程氏文集·遺文·禮序》，頁669。又云：「『動容周旋中禮』者，盛德之至。」見《二程集·河南程氏遺書》，卷11，頁124。

[120] 以上二引文分別見於《蘇軾文集》第1冊，卷2，〈禮義信足以成德論〉，頁47；〈禮以養人為本論〉，頁49。

[121] 見《蘇軾文集》第1冊，卷2，〈中庸論中〉，頁61。

[122] 見《蘇軾文集》第1冊，卷2，〈禮以養人為本論〉，頁49。

耳目聰明，而手足無所忤，其身安於禮之曲折，而其心不亂，以能深
思禮樂之意。故其廉恥退讓之節，睟然見於面而盎然發於其躬。」[123]
蘇軾認為古代之禮，是適應於當時的社會人心，合乎人情，因此民
能安之而無所忤。但是鑑於時代的改變，民情風俗也有所轉化，於是
蘇軾認為禮也應當依據時代變化而有所更易。他說：「有虞氏之禮，
夏、商有所不能行；夏、商之禮，周有所不能用，時不同故也。」[124]
據此，蘇軾批評了後世的復古主義者，他說：

> 至於後世風俗變易，更數千年以至於今，天下之事已大異矣。
> 然天下之人，尚皆記錄三代禮樂之名，詳其節目，而習其俯
> 仰，冠古之冠，服古之服，而御古之器皿。傴僂拳曲勞苦於宗
> 廟朝廷之中，區區而莫得其紀，交錯紛亂而不中節。[125]

> 今儒者之論……以為禮者，聖人之所獨尊，而天下之事最難成
> 者也。牽於繁文，而拘於小說，有毫毛之差，則終身以為不
> 可。[126]

蘇軾向來敏於觀察歷代風俗之變，明於因時制宜，凡此議論，當是針
對拘守古禮、動遵禮節者而發，在蘇軾看來，這是不合時宜的迂腐之
舉。

相對於拘牽禮節，蘇軾所重者為人情，貴乎性情之真，而其思想
根源，也溯源於古之聖賢，如蘇軾所謂：

---

[123] 見《蘇軾文集》第1冊，卷2，〈禮論〉，頁57。
[124] 見《蘇軾文集》第3冊，卷35，〈上圜丘合祭六議劄子〉，頁1005。
[125] 見《蘇軾文集》第1冊，卷2，〈禮論〉，頁57。
[126] 見《蘇軾文集》第1冊，卷2，〈禮以養人為本論〉，頁49。

> 孔子不取微生高，孟子不取於陵仲子，惡其不情也。陶淵明欲
> 仕則仕，不以求之為嫌；欲隱則隱，不以去之為高；飢則扣門
> 而乞食，飽則雞黍以延客，古今賢之，貴其真也。[127]

據此可見蘇軾所重視的，並非世俗所提倡的道德修養，他認為孔孟雖
然重禮，卻也厭棄不近人情的作為；反而是如陶淵明一般，安道苦
節，卻任真適情的崇高人格，因展現性情之真，才更令人欣賞。

（四）程、蘇學術風格的差異

1　程頤重道輕文的學術態度

程頤在論述當代的學風時，往往表現出重道輕文的態度，他說：

> 古之學者一，今之學者三，異端不與焉。一曰文章之學，二曰
> 訓詁之學，三曰儒者之學。欲趨道，舍儒者之學不可。

> 今之學者有三弊：一溺於文章，二牽於訓詁，三惑於異端。苟
> 無此三者，則將何歸？必趨於道矣。[128]

關於程頤重道輕文的治學取向，前文已略作論述，在這兩段引文中，
可更清楚看出程頤的學術旨歸，即是藉由鑽研儒家之學而入於聖人之
道。這在他弱冠時期遊太學，所撰〈顏子所好何學論〉中，已明白
述出心志，即志在「學以至聖人之道也。」至於所學之道如何？程頤
提出「性其情」的主張，亦即：「約其情，使合於中，正其心，養其
性，故曰性其情。」這種「中正」的修養功夫即能達於「誠」，程頤
進而說：「盡其心，則知其性；知其性，反而誠之，聖人也。」如此

---

127 見《蘇軾文集》第5冊，卷68，〈書李簡夫詩集後〉，頁2148。
128 以上二引文，同見於《二程集·河南程氏遺書》，卷18，頁187。

重視心性涵養的功夫，即成為洛學的主體風格。程頤進而據以批評說：「不求諸己而求諸外，以博聞強記巧文麗辭為工，榮華其言，鮮有至於道者。」[129]崇文和崇道，似乎成為對立的兩面，程頤崇道，自然是擯斥「文章之學」。

2 蘇軾對空言性理的批判

自北宋中期以降，士人多有崇尚談論性命天理的學術風氣，對此，蘇軾曾提出許多的批評，如在〈應制舉上兩制書〉中蘇軾說：

> 今之士大夫，……仕者莫不談王道，述禮樂，皆欲復三代，追堯舜，終於不可行，而世務因以不舉。學者莫不論天人，推性命，終於不可究，而世教因以不明。自許太高，而措意太廣。太高則無用，太廣則無功。是故賢人君子布於天下，而事不立。聽其言，則侈大而可樂；責其效，則汗漫而無當。此皆好名之過。[130]

蘇軾在此提出了他觀察士人風尚影響國家政教的深刻見解，指出當時的士大夫不務實際而侈言高論的不良風氣，在他看來，這對國家社會並沒有正面的助益。另外，在〈答劉巨濟書〉中，蘇軾又批評說：「近時士人多學談理空性，以追世好，然不足深取。」[131]神宗熙寧四年（1071），蘇軾在〈議學校貢舉狀〉文中，又再申論相似的意見，他說：「夫性命之說，自子貢不得聞，而今之學者，恥不言性命。……讀其文，浩然無當而不可窮；觀其貌，超然無著而不可挹，豈此真

---

[129] 以上所引俱見《二程集‧河南程氏文集》，卷8，〈顏子所好何學論〉，頁577～578。

[130] 見《蘇軾文集》第4冊，卷48，頁1392。

[131] 見《蘇軾文集》第4冊，卷49，頁1433。

能然哉？」[132] 凡此議論，蘇軾皆在批評當時浮而不實、空談性理的學風。蘇軾的這些言論，大抵反映了對許多「儒者」所呈現「多空文而少實用」[133] 之行為的鄙夷態度。

　　綜合前文的論述來看，程頤治學，主張「欲趨道，舍儒者之學不可。」因而擯斥文章之學、訓詁之學及異端之學。他還認為「年少登高科」、「有高才能文章」是人生的「不幸」。雖然程頤所論僅是泛指之言，然而蘇軾既年少登高科，又高才能文章，甚至學術兼容異端等特質，可說正是程頤所鄙薄的對象。至於從蘇軾的角度來看，洛學崇尚性理之學，又拘執古禮，前文所引蘇軾對此學風的諸多批評，雖然也不是針對程頤而發，但無疑的，程頤的學術風貌，也正是蘇軾所鄙夷的士人形象[134]。

　　由以上所析，可見程、蘇二人在學術觀點上多有不同，進而影響他們的人格傾向與行事作風。而正因為在學術的本質上有明顯的區別，因此兩派之間，難以相容，互為訕訾，而導致黨爭的一大成因。哲宗元祐元年（1086）末及元祐二年（1087）末，蘇軾兩次因撰試館職策題事件，受到洛、朔兩黨臺諫的激烈攻擊，實其來有自也，依據參與黨爭的成員其學術背景來看，大抵分別是崇尚洛學與蜀學者為主。洛黨方面：以程頤為首，涉及黨爭者，如朱光庭，為二

---

[132] 見《蘇軾文集》第 2 冊，卷 25，〈議學校貢舉狀〉，頁 725。

[133] 見《蘇軾文集》第 4 冊，卷 49，〈與王庠書〉，頁 1422。

[134] 本小節論述參考拙著：《朱熹論三蘇之學》（臺北：秀威資訊科技，2005 年 9 月第 1 版），頁 150～174。

程門人[135]；賈易，為程頤門人[136]；楊國寶，為程頤門人[137]；趙挺之，嘗從程頤學[138]。蜀黨方面：以蘇軾、蘇轍為首，涉及黨爭者，如呂陶，為東坡同調；黃庭堅、秦觀、王鞏等，皆為蘇氏門人[139]。至於朔黨成員：則有與洛學淵源深厚者，如王巖叟，為明道同調[140]；劉安世之師司馬光，以及呂公著，則皆為伊川講友[141]。可見洛、朔兩黨成員，也有學術淵源上的關連。此外，元祐六年（1091）十月，御史中丞鄭雍所列朔黨名單中，洛黨的朱光庭、賈易、楊國寶、趙挺之，也名列其中[142]，可見洛、朔兩黨無論在學術或政治上皆關係密切，因此，在

---

[135] 見明·黃宗羲撰、清·全祖望續修、清·王梓材校補：《宋元學案》【見沈善洪主編：《黃宗羲全集》（杭州：浙江古籍出版社，2005年1月），第3冊】，卷13，〈明道學案〉，頁650。又見《宋元學案》第4冊，卷30，〈劉李諸儒學案〉云：「朱光庭……後從二程于洛……其為諫官，奮不顧身，以衛師門，遂名洛黨之魁。」頁333～334。

[136] 《宋史》第16冊，卷427，〈程頤傳〉云：「蘇軾不悅於頤，頤門人賈易、朱光庭不能平，合攻軾。」頁12720。又《續資治通鑑長編》第16冊，卷403，元祐二年七月乙丑條，呂陶上疏言：「賈易為程頤之黨，則士大夫無不知之。」頁9816。

[137] 見《宋元學案》第3冊，卷15，〈伊川學案〉，頁707。又見《宋元學案》第4冊，卷33，〈王張諸儒學案〉載：「伊川曰：『楊應之(國寶)在交遊中，英氣偉度，過絕于人，未見其比，可望以託吾道者矣。』」頁441。

[138] 見《續資治通鑑長編》第16冊，卷403，元祐二年七月乙丑條，呂陶上疏言：「新除臺官趙挺之，乃邢恕妻兄，從程頤學。」頁9818。

[139] 以上蜀黨與蘇氏的關係，皆見《宋元學案》第6冊，卷99，〈蘇氏蜀學略〉，頁834～836。

[140] 見《宋元學案》第3冊，卷13，〈明道學案〉，頁651。又見宋·朱熹編、明·楊廉新增：《伊洛淵源錄新增》（日本京都：中文出版社出版；臺北：廣文書局印行，1972年5月初版），卷14，載：「王端明，名巖叟，字彥霖，……祭明道文，有聞道於先生之語。及伊川造朝，亦有兩疏推說甚力，蓋知尊先生者。」頁441。

[141] 見《宋元學案》第3冊，卷15，〈伊川學案〉，頁709。

[142] 見《續資治通鑑長編》，卷467，元祐六年十月癸酉條，云：「摯黨（即朔黨）人姓名：王巖叟、劉安世、韓川、朱光庭、趙君錫、梁燾、孫升、王覿、曾肇、賈易、楊康國、安鼎、張舜民、田子諒、葉伸、趙挺之、盛陶、龔原、劉槩、楊國寶、杜純、杜紘、詹適、孫諤、朱京、馬傳慶、錢世雄、孫路、王子韶、吳立禮，凡三十

洛、蜀黨爭中，朔黨始終偏向洛黨，共同夾擊蜀黨。以下探討蘇軾策題之謗發生的經過與影響，以呈現洛、蜀、朔三黨交攻的政治現象。

第二節　蘇軾策題之謗的經過

一　元祐元年的策題之謗

（一）洛黨的首發攻擊與蘇軾自辯

關於蘇軾的「策題之謗」，第一場政治紛爭，首先是由洛黨告發引起。元祐元年（1086）八月，蘇軾升任翰林學士、知制誥。十一月，蘇軾在學士院試館職時，曾與鄧溫伯共撰策題三首，蘇軾撰有其一，三首皆由蘇軾親書進入，而御筆點用蘇軾所撰之題。蘇軾策題云：

> 問：《傳》曰：「秦失之強，周失之弱。」昔周公治魯，親親而尊尊，至其後世，有寖微之憂。太公治齊，舉賢而上功，而其末流，亦有爭奪之禍。夫親親而尊尊，舉賢而上功，三代之所共也。而齊魯行之，皆不免於衰亂，其何故哉？國家承平百年，六聖相授，為治不同，同歸於仁。今朝廷欲師仁祖之忠厚，而患百官有司不舉其職，或至於媮；欲法神考之勵精，而恐監司守令不識其意，流入於刻。夫使忠厚而不媮，勵精而不刻，亦必有道矣。昔漢文寬仁長者，至於朝廷之間，恥言人過，而不聞其有怠廢不舉之病。宣帝綜核名實，至於文學理法之士，咸精其能，而不聞其有督責過甚之失。何修何營可以及此？願深明所以然之故，而條具所當行之事，悉著於篇，以備

人。」頁11152。

採擇。[143]

蘇軾具有敏銳的歷史眼光，向來重視風俗之變與因應之道。面對改朝換代的新時代，以史鑑今，該如何確立朝廷之制，以因應當前的政治問題，確實是當時有識之士該深思熟慮的重大課題。然而，時至十二月，程頤門人左司諫朱光庭，卻首先將蘇軾此一嚴肅命題，加以歪曲穿鑿，藉有譏訕先朝皇帝之意，要求朝廷明正其罪，朱光庭上疏彈奏說：

> 學士院試館職策題云：「欲師仁祖之忠厚，而患百官有司不舉其職，或至於媮；欲法神考之勵精，而恐監司守令不識其意，流入於刻。」又稱：「漢文寬大長者，不聞有怠廢不舉之病；宣帝綜核名實，不聞有督察過甚之失。」臣以謂仁祖之深仁厚德，如天之為大，漢文不足以過也；神祖之雄才大略，如神之不測，宣帝不足以過也。後之為人臣者，惟當盛揚其先烈，不當置之議論也。今來學士院考試不識大體，以仁祖難名之盛德、神考有為之善志，反以媮、刻為議論，獨稱漢文、宣帝之全美，以謂仁祖、神考不足以師法，不忠莫大焉。伏望聖慈察臣之言，特奮睿斷，正考試官之罪，以戒人臣之不忠者。[144]

朱光庭首先將仁宗、神宗之地位提高到如天、如神一般，那是歷代君王都難以逾越的的境界；進而指出蘇軾非但不能盛揚先烈，反而不識大體，將祖宗置於「媮」、「刻」之議論間；其次，曲解蘇軾的

---

[143] 見《蘇軾文集》第 1 冊，卷 7，〈試館職策問三首之一·師仁祖之忠厚法神考之勵精〉，頁 210。

[144] 見《續資治通鑑長編》第 16 冊，卷 393，元祐元年十二月壬寅條，頁 9564～9565。（案：據王巖叟《朝論》所載：十二月三日，朱光庭上封事，密論翰林學士撰試館職策題不當，譏諷祖宗。十四日進呈。）

文意，「獨稱漢文、宣帝之全美，以謂仁祖、神考不足以師法」，以此，對蘇軾定下「不忠」的罪名，乞求朝廷明正其罪。在批閱朱光庭的奏章後，朝廷有旨：「詔特放罪」[145]。

朱光庭聽聞朝廷的詔示後，極不以為然，認為此罪不當放，又再上奏論之，言語益加嚴峻；並且引稱蘇軾曾辱罵司馬光及程頤之事，目的在凸顯蘇軾政治品格的輕浮[146]，希望朝廷能加重蘇軾的罪責。朱光庭刻意誣陷的行徑，引發了蘇軾的自辯，他說：

> 竊聞諫官言臣近所撰試館職人策問，有涉諷議先朝之語。臣退伏思念，其略曰：「今朝廷欲師仁祖之忠厚，而患百官有司不舉其職，或至於媮；欲法神考之勵精，而恐監司守令不識其意，流入於刻。」臣之所謂「媮」與「刻」者，專指今之百官有司及監司守令不能奉行，恐致此病，於二帝何與焉？至於前論周公、太公，後論文帝、宣帝，皆是為文引證之常，亦無比擬二帝之意。況此策問，第一、第二首，鄧溫伯之詞，末篇乃臣所撰，三首皆臣親書進入，蒙御筆點用第三首，臣之愚意豈逃聖鑑？若有毫髮諷議先朝，則臣死有餘罪。伏願少回天日之照，使臣孤忠不為眾口所鑠。[147]

蘇軾於此疏中，首先辯明了「媮」、「刻」二字之義，是言百官若不

---

[145] 見《續資治通鑑長編》第16冊，卷393，元祐元年十二月壬寅條，頁9565。

[146] 此據《續資治通鑑長編》第16冊，卷393，元祐元年十二月壬寅條，引《王巖叟朝論》云：「十二月三日，朱光庭上封事，密論翰林學士撰試館職策題不當譏諷祖宗。十四日進呈。有旨放罪，光庭章過門下矣。光庭以謂此罪不當放，遂再論之，語益峻。自此章方明攻蘇軾。又有一貼黃，引軾罵司馬光、程頤事，其意欲以見軾之輕耳。」頁9569～9570。

[147] 見《續資治通鑑長編》第16冊，卷393，元祐元年十二月壬寅條，頁9565。（案：軾自辯箚子稱元年十二月十八日上。）

能奉行聖意，則恐致此病，實無藉以議論二帝；其次說明文中引周公、太公、漢文、漢宣之事，是為文引證之常，亦無比擬二帝之意；而尤為關鍵者，是此一策題乃為與鄧溫伯所撰兩題同時寫進，其後由御筆親自點用，並非私意造作，聖心可鑑。蘇軾清晰的辯白，說服了太皇太后高氏，於是下詔：「追回放罪指揮。」[148]

（二）洛、朔兩黨臺諫之交攻論奏

當朝廷示意追回對蘇軾的放罪指揮，甚至傳出「朝廷謂光庭所言非是，將逐去之。」朱光庭的此一危機，隨即受到休戚相關的同僚們的關注與聲援，尤以御史中丞傅堯俞及侍御史王巖叟為著，他們認為「朝廷命令反覆，是非顛倒，不可不辯；又恐遂逐光庭，則所損益大，因欲於未逐前早救之。乃各上疏，論軾不當置祖宗於議論之間。」但是，「疏入，不報。」[149]

隨後，侍御史王巖叟上疏，義正辭嚴地論奏：

> 臣竊聞初有聖旨，以學士院所撰館職策題，祖宗為不足法而歸全美於異代，用諫官言，將議其罪。陛下寬仁，特恕免之。舉朝之人，方紛然交議，以謂學士深失大體，諫官言之為甚當，朝廷令免罪為太輕。今復聞續有指揮，追回放罪敕旨。物論疑駭，不審陛下知其意不可恕，而遂欲正典刑，以示天下耶？反以無過，而收已行之命耶？欲正典刑則善矣，反以為無過而收之則未安也。伏望陛下虛心平意，照之以至理，格之以大義。豈有本朝策天下之士，欲以求治道，而先自短其祖宗，命辭之

---

148 同前註。

149 以上引述見《續資治通鑑長編》第16冊，卷393，元祐元年十二月壬寅條，頁9565。

人得為無罪耶？不知使陛下何以教天下，何以訓後世？既以祖宗為有弊，又以陛下為可欺，罪在不疑，罰當無赦。或聞蘇軾自辯，謂是陛下點中此題。果然，則軾更因其非，又推過於君父，罪益大矣。此題不緣言者深考而明攻之，泛讀一過，安能遽曉？雖禁中點出，於陛下未為有失。今判然知之，而不正其罪，則失在陛下矣。罪已明而反脫，命既下而復收，乃似朝廷容其如此，臣恐天下之人遂移蘇軾之非，反為吾君之過，臣不可不為陛下惜也。仰乞聖慈早正軾罪，以解中外之惑。

又言：

近者蘇軾撰策題試館職，引漢文、漢宣以方祖宗，語傷大體。諫官論乞正其罪，聞有旨特放罪，是朝廷初以諫官為是，以學士為非也。曾未累日，復聞收還放罪之旨，更反以學士為是，以諫官為非也。一事之間，而乍是乍非，或行或已，於朝廷舉動何如哉！此臣之所以為陛下惜也。臣竊伏思陛下至公至明之初心，必無所惑，應有姦言邪說，顛倒是非，變亂黑白，以移陛下之意者。自古姦人之心，利在人主不納諫而忠臣杜口，則欲以行其私，非有忠於社稷之志也。此理易明，豈終能欺陛下？陛下略加靜思，則得之矣。臣觀漢、唐以來至於本朝，策問不可勝數，無有此體。陛下博覽文史，試取而比類之，軾之罪不難見矣。方兩宮聽政簾下，尤當正是非、公賞罰，使天下無以窺其失臣之心也。苟以非為是，則小人遂將乘隙而進。

貼黃又言：

夫牽制於人以觀是非，則是非惑；據事實以觀是非，則是非

正。願陛下不以牽制之愛，而奪是非之正，天下幸甚！[150]

王巖叟的兩封奏章，主要是指出朝廷詔命的反覆為不當，難以杜天下
悠悠之眾口；而對於蘇軾的辯解，則認為蘇軾是推過於君父，此罪益
大；綜合觀之，臺諫以為蘇軾有罪，即是聚焦於蘇軾「引漢文、漢宣
以方祖宗，語傷大體。」緊抓住這一要害，因而對於蘇軾的辯辭，他
們是不予理解的。

蘇軾在臺諫交相論奏其罪的過程中，除了太皇太后高氏的信任與
支持之外，也並非完全孤立無援，殿中侍御史呂陶，見到朱光庭、傅
堯俞及王巖叟等人對蘇軾的纏繞攻擊，不避與蘇軾有鄉曲之嫌，上疏
為蘇軾辯駁，其言曰：

> 臺諫之職，為天子耳目，要在維持綱紀，分別邪正。凡所彈
> 擊，當徇至公，不可假借以事權，以報私怨。萬一及此，是謂
> 欺君。今蘇軾所撰策題，蓋設此問以觀其答，非謂仁宗不如漢
> 文，神考不如漢宣也。朱光庭指以為非，亦太甚矣。假使光庭
> 直徇己見，不為愛憎而言，則雖不中理義，猶可恕；或為愛
> 憎而發，則於朝廷事體所損不細。今士大夫皆曰：「程頤與朱
> 光庭有親，而蘇軾嘗戲薄程頤，所以光庭為程頤報怨而屢攻蘇
> 軾。」審如所聞，則光庭固已失之，軾亦未為得也。且軾薦王
> 鞏為不知人，戲程頤為不謹言。舉此二者而罪之則當也，若
> 指其策問為譏諷二聖而欲深中之，以報親友之私怨，誠亦過
> 矣。況御史上官均近嘗論奏為政之道有寬猛兩節，大概與蘇
> 軾策題同意，陛下謂其言可取，著於法令，頒於天下。夫上

---

[150] 以上二則引文見《續資治通鑑長編》第16冊，卷393，元祐元年十二月壬寅條，頁
9566～9568。

官均之奏，蘇軾之策題，二人之言皆是講明治道。一則頒以為法，一則指以為罪，何輕重取舍之異哉？此士大夫之意不能無惑也。恭惟陛下聖慮高遠，從諫如流，然臣下之言或至於激，則亦願加審察。昔富弼、韓琦，天下知其忠且賢。弼因除張茂實管軍，中丞韓絳乃言富弼欲謀不軌；韓琦不赴文德殿押班，中丞王陶乃言韓琦反狀已露。尚賴聖主深照情偽，二人者始終安全。以富弼、韓琦之賢，而言者猶如此中傷之，則不逮於琦與弼者又可知矣。今日光庭中傷蘇軾之心，頗類前事，欲使朝廷為之報怨，不可不察也。臣與蘇軾皆蜀人，而不避鄉曲之嫌，極論本末，既備位臺職，而輒糾諫官之失當，二罪皆不勝誅。然喋喋不敢自默者，非獨為一蘇軾，蓋為朝廷救朋黨之弊也。[151]

呂陶上疏為蘇軾辯駁，指出朱光庭之所以構陷蘇軾，實為其師程頤報仇，他認為若以「薦王鞏」、「戲程頤」之過以罪軾，可也；但若指其策問為譏諷仁宗、神宗，則太過矣。呂陶又指出上官均論為政寬猛之道，實與蘇軾之意相似，然則若一褒一貶，則將造成士大夫之疑。此外，呂陶又引富弼、韓琦之例以為說，時兩人為小人誣陷，惟賴明主斷其情偽，乃得以全；今日光庭之中傷蘇軾，亦端賴聖主明鑑其是非。最後，呂陶引出「朋黨」問題，認為諫官有黨，非朝廷之福，願朝廷以之為戒。

　　據《續資治通鑑長編》所載：「先是，（元祐元年十二月二十七日、二十八日）傅堯俞、王巖叟相繼上疏論蘇軾不當置祖宗於議論間，其意欲以救朱光庭也。既皆不報。是日，（辛酉，元祐二年正月八日）堯俞、巖叟又各上疏論之。巖叟言：『近臣以學士蘇軾譔試館

---

151 見《續資治通鑑長編》第 16 冊，卷 393，元祐元年十二月壬寅條，頁 9568。

職策題不當評議祖宗，因言者論之，初令放罪，後復收還，典刑不明，損國大體，乞賜辨正，累上封奏，至今未蒙施行。……或尚有疑，則乞降臣前後章疏，集百官於朝堂定議。」」[152]可知，看到朝廷似乎無意懲處蘇軾，傅堯俞及王巖叟誓不罷休，自元祐元年（1086）十二月末，至元祐二年（1087）正月，累上封奏，並要求朝廷集百官於朝堂定議，欲藉輿論力量，必欲正蘇軾之罪而後已。在議論滔滔之際，屬於朔黨的右正言王覿也加入上疏，其言（壬戌，《編類章疏》：二年正月九日）：

> 臣竊聞近者左司諫朱光庭言，學士院策題輕議仁祖、神宗，以為不可師法者，初有聖旨，學士放罪，及指揮到尚書省，收還不下，光庭繼有章疏論列未已。臣雖未嘗預其事，今既是非曲直久而不決，臣安敢默默，請為陛下一論之。夫學士初有放罪指揮，是朝廷以學士為本有罪也；既而指揮不下，是朝廷以學士為本無罪也。以學士為本有罪，則大臣必有以光庭之言為是者矣；以學士為本無罪，則大臣必有以光庭之言為非者矣。有以為是，有以為非，則大臣之論既不同矣。臣又聞言事官章疏，亦或以光庭之言為然者，亦或以光庭之言為不然者。或以為然，或以為不然，則言事官之論又不同矣。夫大臣與言事官之論皆不同，則陛下將孰從耶？臣願陛下姑置眾說，取學士所譔策題詳察之，則是非立見矣。彼同異之因，不足考也。陛下若悉考異同之因，深究嫌疑之迹，則兩岐遂分，朋黨之論起矣。夫學士命辭有罪無罪，小事也；使士大夫有朋黨之名，大患也。凡小人欲傾害君子者，必以朋黨名之，然後君子可以盡去，而小人可以盡得志焉。今朝廷清明，賢能萃眾，不可因小

---

[152] 見《續資治通鑑長編》第16冊，卷394，元祐二年正月辛酉條，頁9588。

事以生大患，此陛下所當慎也。

貼黃又言：

> 臣竊聞朱光庭之論策題，言者既以謂因蘇軾與光庭之師程頤有
> 隙而發矣；呂陶之言朱光庭，論者又謂陶與蘇軾同是蜀人而遂
> 言光庭也。故今外議藉藉，以謂勢不兩全。臣竊謂二人者皆不
> 避嫌疑而已，陛下若置而不問，惟詳察策題之是非，而有罪無
> 罪，專論蘇軾，即黨名不起矣。若因其嫌疑之迹，而遂成其朋
> 黨之名，此非朝廷美事也。

事隔二日（甲子，元祐二年正月十一日），王覿又上疏言：

> 臣今竊恐陛下終以眾說之不同，未即與奪。緣臣初不預其事，
> 士大夫與臣言者無所嫌疑，獲聞公論最詳，兼軾所譔策題，臣
> 觀之亦熟矣，今更為陛下終其說。臣謂原軾之意，則不過設疑
> 以發問，按軾之言，乃失輕重之體也。軾之策題曰：「欲法仁
> 祖之忠厚，則患百官有司不舉其職，而或至於媮；欲法神考之
> 勵精，則恐監司守令不識其意，而流入於刻。」又引孝文、孝
> 宣，以謂「不聞其有怠廢不舉之患，督責過甚之失，何營可以
> 及此也？」用此以觀軾之本意，則誠出於設疑以發問而已，然
> 孝文、孝宣之治豈無弊者耶？軾舉之既已過當，而又憂我之有
> 弊而慕彼之無弊，則疑若仁祖、神考之政不逮於孝文、孝宣
> 矣，則軾之措辭，豈非失輕重之體哉？臣故曰：「原軾之意，
> 不過設疑以發問，按軾之言，乃失輕重之體也。」臣前疏所
> 謂：「取策題而詳察之，則是非可以立見」者蓋如此，惟聖慈

　　裁酌施行。[153]

王覿的前一封奏章，主要是指出由於朝廷指揮反覆，使得朝臣議論紛紛，不免同類相從，君上亦難以辨其是非，且考其間異同之因，則易凸顯朋黨之區隔，因此建議拋開眾說，而專就策題本身論其是非。在眾說紛紜、莫衷一是之際，王覿之論，似不失為一正本清源之道。事隔二日（甲子，元祐二年正月十一日），在朝廷尚未指揮之前，王覿又再次上疏，以中立之姿，提出主觀判斷，認為蘇軾「設疑以發問」之舉，宜無所過；惟引孝文、孝武之治，言其無「怠廢不舉之患，督責過甚之失」，則稱美太過，此論有「憂我之有弊而慕彼之無弊」，甚至「疑若仁祖、神考之政不逮於孝文、孝宣」，以此而言，則蘇軾有語失輕重之罪。

　　在王覿上奏後，「是日（乙丑，元祐二年正月十二日），詔：傅堯俞、王巖叟、朱光庭以蘇軾讀試策題不當，累有章疏，今看詳得非是譏諷祖宗，只是論百官有司奉行有過。令執政召諸人面諭，更不須彈奏。」[154]朝廷再一次明白表示要平息此事的立場，不願諫官再繼續糾纏彈奏。翌日（丙寅，元祐二年正月十三日），傅堯俞、王巖叟、朱光庭三人赴都堂，右僕射呂公著、門下侍郎韓維、中書侍郎呂大防、左丞李清臣、右丞劉摯諭旨之後，傅堯俞等人認為呂公著等皆知蘇軾為有過，只是奉承上意想兩平之，於是堅持不肯奉詔。翌日（丁卯，元祐二年正月十四日），三人又各上疏，反覆論奏蘇軾將祖宗置於議論之間、有傷大體之罪，認為「陛下既不欲罪軾，又不欲罪臣

---

[153] 以上三則引文，前二則見《續資治通鑑長編》第16冊，卷394，元祐二年正月壬戌條，頁9588～9590；第三則見元祐二年正月甲子條，頁9590。（案：「壬戌」為正月九日；則「甲子」為正月十一日。）

[154] 見《續資治通鑑長編》第16冊，卷394，元祐二年正月乙丑條，頁9592。

等，而擬兩罷其事。」[155]要求朝廷辨明諫官與學士之間，到底孰是孰
非。

元祐二年（1087）正月庚午（正月十七日），蘇軾因眾人交章累
上，而再度上疏自辯，曰：

> 臣近以試館職策問為臺諫所言，臣初不敢深辯，蓋以自辯而求
> 去，是不欲去也。今者竊聞聖明已察其實，而臣四上章四不
> 允，臣子之義，身非己有，詞窮理盡，不敢求去，是以區區復
> 一自言。臣所譔策問，首引周公、太公之治齊、魯，後世皆不
> 免衰亂者，以明子孫不能奉行，則雖大聖大賢之法，不免於
> 有弊也。後有文帝、宣帝仁厚而事不廢，核實而政不苛者，以
> 明臣子若奉行得其理，無觀望希合之心，則雖文帝、宣帝，
> 足以無弊也。中間又言六聖相受，為治不同，同歸於仁，其
> 所謂媮與刻者，專謂今日百官有司及監司守令不識朝廷所以
> 師法先帝之本意，或至於此也。文理甚明，粲若黑白，何嘗有
> 毫髮疑似議及先朝？非獨朝廷知臣無罪可放，臣亦自知無罪可
> 謝也。……臣自聞命以來，一食三歎，一夕九興，心口相謀，
> 未知死所。然臣所譔策問，似實亦有罪，若不盡言，是欺陛下
> 也。臣聞聖人之治天下也，寬猛相資；君臣之間，可否相濟。
> 若上之所可，不問其是非，下亦可之，上之所否，不問曲直，
> 下亦否之，則是晏子所謂「以水濟水，誰能食之」，孔子所謂
> 「惟予言而莫予違，足以喪邦」者也。臣昔於仁宗朝舉制科，
> 所進策問及所答聖問，大抵皆勸仁宗勵精庶政，督察百官，果
> 斷而力行也。及事神宗，蒙召對訪問，退而上書數萬言，大抵

皆勸神宗忠恕仁厚，含垢納汙，屈己以裕人也。臣之區區不自
度量，常欲希慕古賢，可否相濟，蓋如此也。伏覩二聖臨御以
來，聖政日新，一出忠厚，大率多行仁宗故事，天下翕然銜戴
恩德，固無可議者。然臣私憂過計，常恐百官有司矯枉過直，
或至於媮，而神宗勵精核實之政漸致隳壞。深慮數年之後，馭
吏之法漸寬，理財之政漸疎，備邊之計漸弛，而意外之憂有不
可勝言者。雖陛下廣開言路，無所諱忌，而臺諫所擊不過先
朝之人，所非不過先朝之法，正是「以水濟水」，臣竊憂之。
故輒用此意，譔上件策問，實以譏諷今之朝廷及宰相、臺諫之
流，欲陛下覽之，有以感動聖意，庶幾兼行二帝忠厚勵精之政
也。臺諫若以此言臣，朝廷若以此罪臣，則斧鉞之誅，其甘如
薺。今乃以為譏諷先朝，則亦疎而不近矣。[156]

在此封奏章中，蘇軾首先再度申明自己全然無譏諷先帝之意。其次，
更大膽地承認所譔策問，「似實亦有罪」，進而說明譔策問之原始用
意。蘇軾不諱言地陳述自己先前事奉仁宗、神宗時的政治立場，總是
忠肝義膽，不避生死，指陳時弊，正如神宗熙寧年間，蘇軾曾上書向
神宗皇帝諫言，並表白心跡說：「惟當披露腹心，捐棄肝腦，盡力所
至，不知其它。」[157]那是一種以身許國的胸懷。在蘇軾看來，仁宗、
神宗朝各有利弊，而今之朝政，若能兼行二帝之長，則善矣。但蘇軾
認為今之朝政一出忠厚，大率多行仁宗故事；而百官有司之舉，則多
對先朝矯枉過直而已，蘇軾憂心長此以往，恐致法制寬鬆，難有作
為，甚而有不可預測之危。因此蘇軾在奏章中，不避諱言此策問，
「實以譏諷今之朝廷及宰相、臺諫之流」，希望朝廷上下皆能嚴肅正

---

[156] 見《續資治通鑑長編》第16冊，卷394，元祐二年正月庚午條，頁9594～9596。
[157] 見《蘇軾文集》第2冊，卷25，〈上神宗皇帝書〉，頁729。

視此一課題，能寬猛相濟，兼行仁祖、神宗忠厚勵精之政，以謀國家之長治久安。他並指出，今之諫官彈奏其文，實與其意背道而馳。蘇軾此篇辯文，字裡行間，思慮可謂深遠，用心可謂良苦，竟不避諫君犯上，實已將其生死置之度外矣。

（三）臺諫的力爭與朝廷的處置

元祐二年（1087）正月辛未，（正月十八日），傅堯俞、王巖叟同入對於延和殿，再次論奏蘇軾譔策題不當之事，曰：

> 漢、唐以來，多少策題，無有將祖宗與前代帝王比量長短者。策題云：「欲師仁宗之忠厚，則患百官有司不舉其職。」若當時百官有司皆不舉其職，不知仁宗在上卻何所為，乃是全然荒怠，致得百官有司如此。果如此，因何成得四十二年太平，至今耆老言之，猶往往流涕。仁宗何負，卻言不如漢文！[158]

至此，傅堯俞、王巖叟之奏章，依舊是緊抓住蘇軾以為仁宗不如漢文之論點攻擊。

或許太皇太后始終皆認定蘇軾非是譏諷祖宗，並且見傅、王等人不肯罷休地對蘇軾連番彈劾，甚感不解，於是在傅堯俞讀完箚子後，面諭說：「此小事，不消得如此，且休。」然而傅、王等人卻針鋒相對，認為「此雖數句言語，緣繫朝廷大體，不是小事，須合理會。」太皇太后又宣諭曰：「蘇軾不是譏諷祖宗。」傅、王等人又對曰：「若是譏諷祖宗，則罪當死，臣等不止如此論列。既止是出於思慮言詞失輕重，有傷事體，亦合略有行遣。譬如誤入禁門，於法罪亦不可輕，何則？君臣上下之分不可不嚴也。今若不以此事為戒，他日有一人指

---

[158] 見《續資治通鑑長編》第16冊，卷394，元祐二年正月辛未條，頁9598。

斥乘輿，而云本出於誤，亦可恕否？陛下雖欲恕之，七廟威靈在上，豈得容恕！昨執政於都堂對臣等皆言蘇軾不是，既知不是，豈可卻教朝廷做不是底事？又豈有朝廷明知不是，卻抑言事官要休？若尋常人私事則可休，朝廷事則不可如此。臣等為朝廷持風憲，若凡所論奏常指揮令休，要將安用耶？是臣等壞卻風憲，更有何面目居職？真宗朝，知制誥張秉譔一敘用官制辭云：『頃因微累，謫於荒遐。』真宗覽之曰：『如此，則是先帝失政。』遂罷其職。今所論蘇軾，若是臣等分上私事則可休，事干祖宗、干朝廷，臣等如何敢休？朝廷若不行，被書在史冊，後世視朝廷如何哉？傳入四夷，必有輕慢朝廷之心，萬一遼使發問，不知如何為答。」傅堯俞、王巖叟等人，將蘇軾譏謗先帝之事無限上綱，上以「七廟威靈」，下以「書在史冊」、「傳入四夷」作威脅，必欲朝廷對蘇軾作出行遣指揮。傅、王等人纏奏不休，太皇太后對於眾人的小題大作，不免要懷疑，說：「言事官有黨。此朱光庭私意，卿等黨光庭耳。光庭未言時，何故不言？」傅堯俞與王巖叟皆對曰：「有一人論之，且觀朝廷行不行。中間或有差失，方當繼言。昨朱光庭初言，朝廷有放罪指揮，則是朝廷行遣得正，自不須言；後見反汗，又是非顛倒，臣等方各論奏。」此時，王巖叟於袖中取軾所譔策題，欲就簾前指陳，話語未完，簾中忽然厲聲曰：「更不須看文字也！」王巖叟又進讀劄子，「簾中極不以為然。」此時，傅堯俞據理力爭曰：「如此，是太皇太后主張蘇軾。」太后又厲聲曰：「太皇太后何故主張蘇軾，又不是太皇太后親戚也！」王巖叟又進奏曰：「陛下不主張蘇軾，必主張道理，願於道理上斷事。適蒙宣諭，言事官有黨，臣等不知有黨無黨，但只據事之是非論列，陛下亦只合看事如何。若心疑於有黨，則必失事之實，既失事之實，即是非難辯。自古小人欲傾害君子者，君子無過，別無可以奈何，惟是指為朋黨，人主遂疑，人主既疑，因而可擠矣，陛下不可不察也。此

事是蘇軾輕易不思，語傷大體，以致議論。若不正其罪，則此失卻在陛下，陛下何苦力主此人，反自取後世譏誚？臺官之職，只在觸邪指佞，豈當卻為人解紛？此意可察。」針對太皇太后指出「朋黨」問題，王巖叟加以駁之，認為他們的論奏，只是善盡言責，就事論事，無涉「朋黨」。之後，太皇太后又於簾中說：「策題是裏面點去。」他們又對曰：「聞是進入三首策題，其兩首是鄧溫伯譔，最後一首是蘇軾譔。陛下已愛其虛名，故點軾所譔者，必然不曾反覆詳覽，則雖是點中，於陛下何傷？今既分別得事理明白，陛下已知其虛名，不欲加罪，是惑也。陛下今不欲人言軾之短，假令司馬光在，政事或失，不知合論與不合論。臣等所職是言責，所論只據是非，更不敢問其人。問著人，則須生私意。」針對太皇太后自攬責任說策題是朝廷所點選，傅堯俞與王巖叟又辯稱說朝廷是被蘇軾之虛名所蒙蔽，故於選擇策題時，自然不曾詳細審閱，而發其隱蔽，識其微意，因此，過錯仍在蘇軾身上；甚至又引太皇太后所倚重的故相司馬光為說，認為司馬光若在，必能明辨其得失。太皇太后又曰：「今日改先帝事，何故不得問？」對曰：「修改政事，與形於文字不同，兼今日所改政事，皆是復祖宗舊法。況陛下下詔求民間疾苦者力改之，乃所以承祖宗之美，不知策題須得論耶，不須得論耶？陛下如此主張，臣等卻如此力言，違忤陛下，以就罪責，不知臣等是何意，陛下可體察。況臣等與軾皆熟，素無怨讐，只知忠於陛下，要正朝廷事，使天下後世不能指議陛下，故都無所避。陛下只當責臣等不言事，不可戒約臣等令不言，恐天下窺陛下此意，陰相顧望，不肯盡忠於朝廷，更非朝廷之福。前日召臣等去都堂，外庭不知，皆言是奉聖旨召臺諫官戒勵，甚駭聽聞。臣等被摧抑則不足道，卻是損朝廷風憲，且願陛下愛惜朝廷事體。陛下於蘇軾所惜者小，則於言路所損者大，不可不思風憲之地，非臣之私，乃陛下家事，陛下不崇獎，則臣等一匹夫耳。」

此時太皇太后怒益甚，簾中傳出峻語曰：「待降責蘇軾！」傅、王皆曰：「此在陛下。假令暫責，隨即召之，亦是行遣。」太皇太后曰：「正待相度。」堯俞又曰：「愛而知其惡，憎而知其善，乃所以為平。今待軾如此，軾驕，將何以使之？」太皇太后不耐煩地說：「便總由臺諫官。」王巖叟又對曰：「若臺諫所言，陛下能盡聽納，自足以成陛下之美，臺諫何預焉？」太皇太后曰：「但言不妨，行與不行須由宸衷。」王巖叟又對曰：「如此，則是順朝廷意者乃得行，恐非朝廷之福。《尚書》曰：『有言逆於汝心，必求諸道；有言遜於汝志，必求諸非道。』願陛下常如此加察，恐遜順陛下之言有非道之事。」又曰：「小人之欲破壞言路者多，陛下欲求言路則難，欲沮之則易。一沮之，則人將以言為戒，恐陛下不得盡知外事。願加深察。」力爭至此，傅堯俞曰：「臣盡至誠告陛下，陛下不察，亦無可奈何，願為國家更深思遠慮。」遂下至臺，堯俞與巖叟議待罪，乃同奏曰：「臣等今月十八日奏事延和殿，蒙宣諭謂臣等黨附諫官朱光庭，彈奏翰林學士蘇軾撰試館職策題不當事。臣等誤承厚恩，上辜任使，更不敢詣臺供職，伏候譴斥。」自十九日起，各家居待罪。已而卻降出堯俞、巖叟劄子付三省[159]。

由於傅堯俞與王巖叟為蘇軾撰試館職策題之事面爭於簾前，與太皇太后之間一來一往，互不相讓，數度激怒太皇太后，以致太皇太后怒而斥之曰：「言事官有黨，卿等黨光庭耳！」為了避免太皇太后在盛怒下以朋黨之罪治之，殿中侍御史孫升（屬朔黨）即時上奏為傅堯俞與王巖叟緩頰，曰：「御史中丞傅堯俞歷事四朝，白首一節，端方重厚，中外共知，必不黨諫官，以負陛下，自污平生操履也。侍御史

---

[159] 以上敘述參見《續資治通鑑長編》第16冊，卷394，元祐二年正月辛未條，頁9598～9601。

王巖叟剛勁不回，超擢進用，皆出聖知，必不黨諫官，以負陛下，自取棄絕也。」（甲戌，《編類章疏》係二年正月二十一日。）[160] 翌日，（乙亥，正月二十二日），三省進呈傅堯俞、王巖叟論蘇軾箚子，執政有欲降旨明言軾非者，太皇太后不聽，因曰：「軾與堯俞、巖叟、光庭皆逐。」執政爭以為不可。翌日（丙子，正月二十三日），再下詔：「蘇軾所譔策題，本無譏諷祖宗之意。又緣自來官司試人，亦無將祖宗治體評議者，蓋學士院失於檢會，箚子與學士院共知。令蘇軾、傅堯俞、王巖叟、朱光庭各疾速依舊供職。」此一詔書乃是依從右僕射呂公著之議。另外，同知樞密院范純仁也持平而論，曰：「蘇軾止是臨文偶失周慮，本非有罪。聞言者未已，深慮煩瀆聖聰，恐致陛下別有行遣。臣以受恩深厚，雖非職事，而不避僭易之罪，輒敢奏陳。蓋此事或聞因小有言，恐致交相攻訐，流弊漸大。伏望聖慈深察。召來宣諭之意，只乞以朝廷本置諫官，蓋為補朝廷闕失及姦邪害政，今人臣小過，本無邪心，言官不須深論。若其引咎求去，則云朝廷不欲以小事輕去言者，爾等當共成朝廷之美，則必不敢更有他說。」[161] 范純仁以和諧立場欲平此事，亦即不以「邪心」黜學士，亦不以「彈奏」去言官，期能共成朝廷之美。

　　然則，殿中侍御史孫升又提出異議，仍是從蘇軾有罪的觀點出發，對朝廷兩平的處置表示不滿，其奏曰：「臣竊謂蘇軾以命詞之失而自當之，是乃君子改過不吝，則師法成湯之德矣。陛下以蘇軾命詞之過，而降放罪指揮，則是忠厚之至，而宥過無大，躬行堯、舜之仁矣。君臣之德，豈不美哉！朝廷之體，豈不正哉！臣比聞蘇軾居家不出，懇求去位，至於四五。又自辯飾其非，而不自以為過，則乖改

---

[160] 見《續資治通鑑長編》第16冊，卷394，元祐二年正月甲戌條，頁9606。

[161] 以上敘述參見《續資治通鑑長編》第16冊，卷394，元祐二年正月乙亥、丙子條，頁9607。

過不吝之德矣。陛下慈仁愛敬，追還放罪指揮，以明軾之無過，苟以含容於一時則可矣，安能逃天下異時之公議乎？臣愚深為朝廷惜之。……蘇軾以俊敏之過，受言詞之失，亦何害為君子，則臣復何言哉？今則不然，御史中丞傅堯俞、侍御史王巖叟因奏論放罪指揮，而陛下疑以為黨附諫官，而以蘇軾為無過。堯俞、巖叟居家待罪，而元老、大臣曾無骨鯁之論，以別是非，而止降箚子令堯俞、巖叟供職。二人去就，實繫國體，苟放罪指揮留而未下，則二人者何顏以出？而朝廷之體何從而正？」[162]孫升此一奏章，欲凸顯之主旨，即是蘇軾應承當命詞之失，而朝廷亦應明正其罪，降放罪指揮，如此才能成就「君臣之德」；此外，他也為傅堯俞與王巖叟抱屈；更指責元老大臣不能以是非據理力爭，認為朝廷以此處置，實有傷國體，亦難逃天下異時之公議，言語可謂嚴峻。然則，此篇奏章，似乎並沒有改變朝廷的決定，據《續資治通鑑長編》載：「升雖有此奏，堯俞、巖叟既承詔即出就職，至二十七日乃入謝。」[163]傅堯俞與王巖叟終究承詔而返回朝廷供職。這一段對蘇軾糾纏不休的官司，直至元祐二年（1087）二月，「詔左司諫朱光庭，乘傳詣河北路，與監司一員徧視災荒，按累降指揮措置賑濟。」[164]為館職策題事件而展開的紛爭才暫告一段落。

回顧這一段因蘇軾撰試館職策題所引起的風波，首先是由洛黨朱光庭所引發，藉著身居臺諫，秉言官之責，捕風捉影，而羅織蘇軾罪狀，這是洛、蜀黨爭的政治紛爭緣起。隨後，傅堯俞及朔黨人士：王巖叟、王覿、孫升等人，紛紛加入論辯，所持蘇軾的罪狀大抵是：思慮言詞失輕重、有傷大體、置祖宗於議論之間，甚至推過於君父，因此，奏請朝廷明正蘇軾之罪，以戒人臣之不忠。蘇軾方面，則有呂陶

---

[162] 見《續資治通鑑長編》第16冊，卷394，元祐二年正月丙子條，頁9608～9609。
[163] 同前註，頁9609。
[164] 見《續資治通鑑長編》第16冊，卷395，元祐二年二月丁亥條，頁9626。

不避鄉曲之嫌，為之釋說，從而形成洛、朔兩黨夾擊蜀黨的局面。關於執政諸臣的立場又是為何？據朱光庭、傅堯俞、王巖叟所言，當時如右僕射呂公著、門下侍郎韓維、中書侍郎呂大防、左丞李清臣、右丞劉摯等，皆知軾為有過，特欲以上意兩平之耳。因此，當太皇太后在不堪其擾之際，曾憤而作出將蘇軾、朱光庭、傅堯俞、王巖叟四人同逐的決定時，呂公著即曾居中調停。此外，如同知樞密院的范純仁，則偏向於支持蘇軾，認為言官不須深論蘇軾小過。至於居關鍵者的朝廷意向又是為何？在長達一個多月的論辯過程中，可明顯看出太皇太后高氏的態度始終是支持蘇軾的。試觀朱光庭此一行徑的動機，不免有為其師程頤報怨之嫌，這在當時，上自太皇太后，下至朝中諸臣，大抵是心知肚明的，即如《宋元學案》也述曰：「朱光庭……後從二程于洛……其為諫官，奮不顧身，以衛師門，遂名洛黨之魁。」[165] 因此，在朱光庭論奏之初，朝廷雖曾對蘇軾作出「放罪」的懲處，但在蘇軾自辯之後，儘管朱光庭、傅堯俞、王巖叟、王覿、孫升等人連番上疏論奏，甚至當廷論辯，欲明定蘇軾之非，太皇太后高氏卻始終不為所動，堅持蘇軾「非是譏諷祖宗」的信念，並且自攬責任，說：「策題是裏面點去。」對於此事的看法，也認為：「此小事，不消得如此，且休！」面對朱光庭、傅堯俞、王巖叟等人的纏繞不休，甚至面斥說：「言事官有黨！」由於太皇太后高氏的堅定立場，終使此一風波逐漸平息。

---

165 見《宋元學案》第 4 冊，卷 30，〈劉李諸儒學案〉，頁 333～334。

二　元祐二年的策題之謗

（一）臺諫的舉發與攻擊

　　元祐元年（1086）末至元祐二年（1087）二月，蘇軾剛經歷完一場議論喧騰的「試館職策題」之謗。無獨有偶的，蘇軾此一策題之謗方告了結，元祐二年（1087）底，蘇軾以翰林學士撰試館職策問——〈兩漢之政治〉，又招致臺諫官員的紛紛彈奏，此因策題問及：

> 古之君子，見禮而知俗，聞樂而知政，於以論興亡之先後。考古以證今，蓋學士大夫之職，而人主與群臣之所欲聞也。請借漢而論之。西漢十二世，而有道之君六，雖成、哀失德，禍不及民，宜其立國之勢，強固不拔，而王莽以斗筲穿窬之才，談笑而取之。東漢自安、順以降，日趨於衰亂，而桓、靈之虐，甚於三季，其勢宜易動，而董、呂、二袁，皆以絕人之姿，欲取而不敢，曹操功蓋天下，其才百倍王莽，盡其智力，終身莫能得。夫治亂相絕，而安危之效，相反如此。願考其政，察其俗，悉陳其所以然者。[166]

蘇軾的家學特色，向來長於議論古今成敗得失，如蘇轍即曾敘述說：

> 予少而立學，先君，予師也；亡兄子瞻，予師友也。父兄之學，皆以古今成敗得失為議論之要。[167]

---

[166] 見《蘇軾文集》第 1 冊，卷 7，〈試館職策問三首·兩漢之政治〉，頁 211。
[167] 見《蘇轍集·欒城後集》，卷 7，〈歷代論〉引，頁 958。

文中說明了蘇氏父子皆著重經世致用的家學風格，因此，蘇軾此次的
策題，是重在期許學士大夫能有宏觀的歷史眼光，仔細去梳理歷代興
衰變亡之因，即其所謂「考其政，察其俗」，明瞭其所以然之因；而
後藉由「考古以證今」，庶幾以史為鑑，有補於治道也，而此策題則
是藉兩漢政治為例說明。但是此舉隨後又受到洛、朔兩黨官員強烈反
彈，如十二月壬寅，監察御史楊康國（屬朔黨）即奏說：

> 臣昨於朝堂見百官聚首，共議學士院撰到召試廖正一館職策
> 題，問王莽、曹操所以攘奪天下難易，莫不驚駭相視。其時臣
> 未有言責，無緣上達，徒自震恐寒心而不忍聞也。此必無人為
> 陛下言其不可之狀，致朝廷尚稽竄責。臣今幸遇聖恩，擢至言
> 路，豈敢畏避緘默，偷安竊祿，有孤（辜）陛下任使之意哉？
> 且石勒一僭偽之主，猶曰：「終不學曹孟德、司馬仲達狐媚
> 以取天下。」臣為人臣，不忍盡道石勒之語。（康國云云，據
> 《編類章疏》乃二年十二月二十四日所奏也。）[168]

針對蘇軾這一策題內涵，楊康國自認為獨具慧眼，發人之所不見，指
出蘇軾竟以歷史上之篡臣為例，問之以王莽、曹操攘奪天下之難易，
此為僭偽之主石勒亦不屑言者，而蘇軾乃以之為題，可見其居心叵測
也。楊康國奏上之後數日，監察御史趙挺之（兼屬洛、朔兩黨）隨即
又論之於後，同月丙午（十二月二十八日），趙挺之彈劾說：

> 蘇軾專務引納輕薄虛誕，有如市井俳優之人以在門下，取其浮
> 薄之甚者，力加論薦。前日十科，乃薦王鞏；其舉自代，乃薦
> 黃庭堅。二人輕薄無行，少有其比。王鞏雖已斥逐補外，庭堅
> 罪惡尤大，尚列史局。按軾學術本出《戰國策》蘇秦、張儀縱

橫揣摩之說，近日學士院策試廖正一館職，乃以王莽、袁紹、
董卓、曹操篡漢之術為問。王莽於元后臨朝時，陰移漢祚；曹
操欺孤寡，謀取天下；二袁、董卓凶燄熏天。自生民以來，姦
臣毒虐未有過於此數人者，忠臣烈士之所切齒而不忍言，學士
大夫之所諱忌而未嘗道。今二聖在上，軾代王言，專引莽、
卓、袁、曹之事，及求所以篡國遲速之術，此何義也！公然欺
罔二聖之聰明，而無所畏憚，考其設心，罪不可赦。軾設心不
忠不正，辜負聖恩，使軾得志，將無所不為矣。[169]

趙挺之在此奏章中言語益峻，首先凸顯蘇軾為人之輕薄，舉其所引薦
之人如王鞏、黃庭堅等，皆視之如「市井俳優之人」；其次，指斥蘇
軾學術不正，專務之以「縱橫揣摩之說」；而後言及策題之事，則與
楊康國論調相同，認為莽、卓、袁、曹皆是亂臣賊子，而蘇軾以朝廷
立場出題取士，竟以人所不敢言之議題為問，以此對蘇軾定下「不忠
不正」之罪名，認為罪不可赦；更擔憂的是，使軾得志，將無所不
為，此語乃防蘇軾及其蜀黨得勢也。

　　繼楊康國與趙挺之論奏後，元祐三年（1088）正月丁卯，侍御史
王覿（屬朔黨）也加入論奏說：

蘇軾去冬學士院試館職策題，自謂借漢以喻今也。其借而喻今
者，乃是王莽、曹操等篡國之難易，縉紳見之，莫不驚駭。軾
習為輕浮，貪好權利，不通先王性命道德之意，專慕戰國縱橫
捭闔之術，是故見於行事者，多非理義之中，發為文章者，多
出法度之外。此前日策題所以虧損國體而震駭群聽者，非偶
然過失也，軾之意自以為當如此爾。臣見軾胷中頗僻，學術不

---

[169] 見《續資治通鑑長編》第16冊，卷407，元祐二年十二月丙午條，頁9915。

　　正，長於辭華而暗於義理。若使久在朝廷，則必立異妄作，以
　　為進取之資；巧謀害物，以快喜怒之氣。朝廷或未欲深罪軾，
　　即宜且與一郡，稍為輕浮躁競之戒。[170]

在楊康國、趙挺之、王覿等人的眼中，王莽、曹操等人都是歷史上令
人唾棄的篡臣，是學士大夫所諱忌談論的，蘇軾卻以之為例，使士子
因之議論篡國之術，對朝廷來說，此乃大不敬之罪。在他們看來，這
都是蘇軾學術不正、設心不忠的觀點所發，彈劾的目的自然是要求朝
廷對蘇軾降罪，迫使其離開朝廷。但關於此次的策題事件，除以上三
人上疏彈奏之外，似乎並未引發朝廷內的軒然大波。然則，以上臺諫
官員皆指出蘇軾撰此策題的背後心態，是因其「專慕戰國縱橫捭闔之
術」，此乃學術不正的體現，以下試就此議題析論之。

（二）蘇軾的戰國縱橫之學試析

　　在此次策題之謗中，臺諫對蘇軾的控訴，主要是指出蘇軾以戰國
縱橫之學發策，實為學術不正之展現。雖然他們是以指責的語氣批判
蘇軾，但無可否認的，蘇軾之學術思想，確實含有戰國縱橫之學，此
乃家學使然，也是他們所不諱言的。

　　蘇氏一門的家學淵源，基本上是來自於蘇洵所奠立的基礎。蘇
洵「晚學無師」[171]，學術可謂大器晚成，嘗自述說：「洵少年不學，
生二十五歲始知讀書，從士君子遊。」[172]其後，舉進士，又舉茂才
異等，皆不中。其後，「知取士之難，遂絕意於功名，而自託於學

---

[170] 見《續資治通鑑長編》第16冊，卷408，元祐三年正月丁卯條，頁9922～9923。

[171] 見宋・蘇洵撰，曾棗莊、金成禮箋註：《嘉祐集箋註》（上海：上海古籍出版社，
　　1993年3月第1版），卷15，〈送石昌言使北引〉，頁420。

[172] 見《嘉祐集箋註》，卷12，〈上歐陽內翰第一書〉，頁329。

術。」[173]至於治學傾向,則自此大為翻轉,之前為備科舉所習的學識全然推翻,轉而致力於經世致用之學,歐陽修為其所作的墓誌銘,詳細的敘述了蘇洵此後成學的歷程,歐陽修說:

> (洵)退而歎曰:「此不足為吾學也。」悉取所為文數百篇焚之,益閉戶讀書,絕筆不為文辭者五六年。乃大究六經百家之說,以考質古今治亂成敗、聖賢窮達出處之際。得其精粹,涵蓄充溢,抑而不發。久之,慨然曰:「可矣。」由是下筆頃刻數千言,其縱橫上下,出入馳驟,必造於深微而後止。蓋其稟也厚,故發之遲;志之愨,故得之精。[174]

此外,蘇洵在〈上田樞密書〉中,則明言了自己苦心經營多年後的成果,他說:

> 數年來退居山野,自分永棄,與世俗日疏闊,得以大肆其力於文章。詩人之優柔,騷人之精深,孟、韓之溫淳,遷、固之雄剛,孫、吳之簡切,投之所嚮,無不如意。[175]

由此敘述,可知蘇洵所鑽研的學問領域極廣,包含了從先秦到漢、唐的經、史、詩、文及兵法等,蘇洵自此重新展露了獨特的學術眼光,而其學術特色,正如曾鞏所謂:「好為策謀,務一出己見,不肯蹈故迹,頗喜言兵。」[176]蘇洵一出己見的思想核心,乃是傳統儒家學

---

[173] 見《嘉祐集箋註》,卷13,〈上韓丞相書〉,頁353。

[174] 見宋・歐陽修撰、李逸安點校:《歐陽修全集》(北京:中華書局,2001年3月第1版,2009年1月第2次印刷,第2冊),〈居士集〉,卷35,〈故霸州文安縣主簿蘇君墓誌銘〉,頁513。

[175] 見《嘉祐集箋註》,卷11,頁319。

[176] 見宋・曾鞏撰:《曾鞏集》(北京:中華書局,2004年11月第3次印刷),卷41,〈蘇明允哀辭〉,頁561。

者所諱言的「縱橫家」學以及權變思想。蘇洵大膽的提出：「聖人之
道有經、有權、有機。」並且說：「夫使聖人而無權，則無以成天下
之務；無機，則無以濟萬世之功。」又說：「有機也，雖惡亦或濟；
無機也，雖善亦不克。」[177]從蘇洵的觀點來說，經是聖人所作的《六
經》義理，是萬世遵循的不變常則，而「機」、與「權」則是實現
《六經》義理的策略，三者必須相輔相成。因此，在論述《六經》的
形成時，蘇洵便以權變思想參入其說，論《易》，認為是：「聖人用
其機權以持天下之心，而濟其道於無窮也。」[178]論《禮》，認為是：「聖
人以其微權，而使天下尊其君父兄。而權者又不可以告人，故先之
以恥。」[179]論《樂》，認為是：「禮之始作也，難而易行；既行也，易
而難久。……禮之所不及，而樂及焉，正聲入乎耳，而人皆有事君
事父事兄之心，則禮者固吾心之所有也，而聖人之說，又何從而不
信乎？」[180]論《詩》，則認為：「人之嗜欲，好之有甚於生；而憤慨怨
怒，有不顧其死。於是禮之權又窮。……聖人之道，嚴於禮而通於
詩。……嚴以待天下之賢人，通以全天下之中人。……禮之權窮於易
達，而有《易》焉；窮於後世之不信，而有《樂》焉；窮於強人，
而有《詩》焉。」[181]論《書》，認為：「風俗之變，聖人為之也，聖人
因風俗之變而用其權。……權用而風俗成，吾安坐而鎮之。」[182]論《春
秋》，則認為：「賞罰者，天下之公也；是非者，一人之私也。位之
所在，則聖人以其權為天下之公，而天下以懲以勸。道之所在，則聖

---

[177] 以上三引文見《嘉祐集箋註》，卷4，〈遠慮〉，頁80～81。

[178] 見《嘉祐集箋註》，卷6，〈六經論‧易論〉，頁144。

[179] 見《嘉祐集箋註》，卷6，〈六經論‧禮論〉，頁149。

[180] 見《嘉祐集箋註》，卷6，〈六經論‧樂論〉，頁151～152。

[181] 見《嘉祐集箋註》，卷6，〈六經論‧詩論〉，頁155～156。

[182] 見《嘉祐集箋註》，卷6，〈六經論‧書論〉，頁159～160。

人以其權為一人之私，而天下以榮以辱。」[183]據此，可看出蘇洵闡釋
聖人創作《六經》的用心，乃是配合著人情所需而以權變思想為之，
目的在使聖人之道得以完善施行。

在蘇洵看來，「權變」只是一種完成目的時不可或缺的手段，它
本身並無善惡是非之分，關鍵只在於運用者秉持如何的出發心以及操
作的方式。因此，除了論聖人治理天下有「經」、有「權」、有「機」
之外，蘇洵還提出了「心」與「術」的理論，以歷史人物作為比方，
蘇洵分析歷史上「諫論」成敗的原因，他說：

> 龍逢、比干不獲稱良臣，無蘇秦、張儀之術也；蘇秦、張儀不
> 免為游說，無龍逢、比干之心也。是以龍逢、比干，吾取其
> 心，不取其術；蘇秦、張儀，吾取其術，不取其心，以為諫
> 法。[184]

根據《舊唐書·魏徵傳》，魏徵曾分辨良臣與忠臣之不同，他說：
「良臣，稷、契、皋陶是也；忠臣，龍逢、比干是也。良臣使身獲美
名，君受顯號，子孫傳世，福祿無疆。忠臣身受誅夷，君陷大惡，家
國并喪，空有其名。」[185]由蘇洵所謂：「龍逢、比干不獲稱良臣。」顯
然他並不讚賞一腔愚誠的忠臣作為；唯有真正的良臣，才能適切的實
行輔弼之道，並且能明哲保身。在蘇洵看來，龍逢、比干、蘇秦、
張儀，其侍奉君主之心皆有所偏頗，因而有難盡臣道之憾！蘇洵進
而說：「昔之臣，言必從，理必濟，莫如唐魏鄭公。其初實學縱橫

---

[183] 見《嘉祐集箋註》，卷6，〈六經論·春秋論〉，頁162。
[184] 見《嘉祐集箋註》，卷9，〈諫論上〉，頁244。
[185] 見後晉·劉昫等撰：《舊唐書》（臺北：鼎文書局，出版年月不詳），卷71，〈魏徵
傳〉，頁2547～2548。

之說，此所謂得其術者歟？」[186]這說明了魏徵能適當地結合「心」與「術」的運用，才能成功地建立諍臣的歷史形象。從蘇洵的理念中，可看出他並不像墨守儒家之道的儒者那樣蔑視「縱橫家」之學，而能客觀理智地分析「縱橫家」之術，取其機智雄辯的長處，作為達成目的的運作方式。基於深刻衡量現實問題的認知，蘇洵毫不避諱的說：

> 仲尼之說，純乎經者也；吾之說，參乎權而歸乎經者也。如得其術，則人君有少不為桀、紂者，吾百諫而百聽矣，況虛己者乎？不得其術，則人君有少不若堯、舜者，吾百諫而百不聽矣，況逆忠者乎？[187]

以經為主，而以術為輔，突顯了他重於實用濟世的學術觀點。當然，由於他主張「心」、與「術」的結合，亦即兼取忠義之心及機變權術，這是他和戰國策士最大的不同。

至於蘇軾兄弟的為文立論，也頗承父學，具有「縱橫家」學的風格。劉向曾說：

> 戰國之時，君德淺薄，為之謀策者，不得不因勢而為資，據時而為畫。故其謀，扶急持傾，為一切之權，雖不可以臨國教化，兵革救急之勢也。皆高才秀士，度時君之所能行，出奇策異智，轉危為安，運亡為存，亦可喜，皆可觀。[188]

文中指出戰國之文所產生的背景及其特色，亦即許多戰國時期的「高才秀士」，身處於當時紛亂之世，為了「扶急持傾」，因此極盡「權

---

[186] 以上二引文見《嘉祐集箋註》，卷9，〈諫論上〉，頁244。

[187] 同前註，頁243。

[188] 見西漢・劉向集錄、東漢高誘注：《戰國策》（臺南：大孚書局，1993年6月初版），〈序錄〉，頁7。

變」之術，因時審勢，而「出奇笶異智」以說其君，目的是使所輔之
國「轉危為安」、「運亡為存」，因此，從實用的角度來看，戰國之文
亦有可觀之處。蘇軾對戰國之文的觀點也近乎於此，因此他曾說：

> 戰國之際，其言語文章，雖不能盡通於聖人，而皆卓然近於可
> 用，出於其意之所謂誠然者。自漢以來，世之儒者，忘己以徇
> 人，……其言雖不叛於聖人，而皆泛濫於辭章，不適於用。[189]

在此，蘇軾從「有用」與「無用」的角度，重新分判了戰國之文與後
世儒者之文的義涵價值。基於對「縱橫家」學的認知與取捨，於是在
行文立論上，蘇軾充分地發揮了「縱橫家」學的長處，如〈上富丞相
書〉中，他說：「軾聞之，進說於人者，必其人之有間而可入，則其
說易行。戰國之人貪，天下之士，因其貪而說之；危國之人懼，天
下之士，因其懼而說之，是故其說易行。」[190] 這即是效法了戰國之士
「因勢而為資」的敏銳判斷眼光。又如戰國之士善於為所輔之國「出
奇笶異智」，而蘇軾在其史論篇章裏，多是一題一意，甚而設身處地
為謀良策，如〈漢高帝論〉中，闡述叔孫通之徒所宜進說之方[191]；〈晁
錯論〉中，認為晁錯應自為將而擊吳、楚，不當自行留守[192]；〈諸葛亮
論〉中，認為孔明應當發奮智謀，離間曹丕、曹植兄弟，使其相殘
而後伐[193]。凡此，皆發揮了戰國策士深明利害而善識變權的特質。此
外，戰國策士遊說其君時，必須「度時君之所能行」，因此遊說之言
必須因時、因人而窮盡變化，蘇軾為文即頗具此風，南宋・羅大經即

---

[189] 見《蘇軾文集》第1冊，卷8，〈策總敘〉，頁225。
[190] 見《蘇軾文集》第4冊，卷48，〈上富丞相書〉，頁1375。
[191] 見《蘇軾文集》第1冊，卷3，頁81～82。
[192] 見《蘇軾文集》第1冊，卷4，頁107～108。
[193] 見《蘇軾文集》第1冊，卷4，頁112～113。

析評說：

> 《莊子》之文，以無為有；《戰國策》之文，以曲作直。東
> 坡平生熟此二書，故其為文，橫說豎說，惟意所到，俊辯痛
> 快，無復滯礙。其論刑賞……論武王……論范增……論戰國任
> 俠……皆以無為有者也。其論屬法禁……論唐太宗征遼……論
> 從眾……皆以曲作直者也。[194]

指出蘇軾無論是行文風格或思想議論，皆融會《莊子》及《戰國策》
之文而為之，因此極盡變化，博辯無涯。

　　此外，蘇洵嘗鑽研孟子之文；而蘇軾兄弟自年輕時期，亦好讀孟
文，「一見以為可作，引筆書紙，日數千言。」[195]因此，赴京之後，試
於禮部，梅堯臣愛蘇軾之文，「以為有孟軻之風」[196]。而孟子之文，向
來以善設譬喻，議論翻騰，文采氣勢冠於諸子著稱，蘇洵即曾讚說：
「孟子之文，語約而意盡，不為巉刻斬絕之言，而其鋒不可犯。」[197]因
此，蘇氏父子皆愛好孟文，行文風格，亦多所肖似。明朝鍾惺論蘇
文，便指出說：「人但知《國策》為戰國之文，而不知《孟子》亦戰
國之文也。老泉好《孟子》，此蘇家文出戰國之原也。」[198]對蘇文、孟
文及戰國之文其間的聯繫，可謂有獨具慧眼的詮解。

　　蘇氏父子的學術思想內涵，具有「縱橫家」學，究其用心經營，

---

[194] 見宋・羅大經撰，穆公校點：《鶴林玉露》（上海：上海古籍出版社，2001年12月
　　第1版，《宋元筆記小說大觀》第5冊），乙編，卷3，〈東坡文〉，頁5266～5267。
[195] 見《嘉祐集箋註》，卷12，〈上張侍郎第一書〉，頁346。
[196] 見《蘇軾文集》，卷48，〈上梅直講書〉，頁1386。
[197] 見《嘉祐集箋註》，卷12，〈上歐陽內翰第一書〉，頁328。
[198] 見明・鍾惺撰：《隱秀軒集・昃集》（北京：北京出版社，2000年，《四庫禁燬書
　　叢刊・集部》第48冊，明天啟二年沈春澤刻本），〈序一・東坡文選序〉，頁280～
　　281。

實乃為濟實用而發，然而此種學術風格，本非學術正統，自不免毀譽
參半，自北宋時期起，譽之者，如歐陽修即甚為讚賞，在推薦蘇洵的
狀文中，他稱譽說：「其論議精於物理而善識變權，文章不為空言而
期於有用。其所撰〈權書〉、〈衡論〉、〈機策〉二十篇，辭辯閎偉，
博於古而宜於今，實有用之言，非特能文之士也。」[199]歐陽修從實用
的角度，肯定了蘇洵的文辭及其思想價值。此外，據蘇洵於〈答雷
太簡書〉所云：「嚮者，〈權書〉、〈衡論〉、〈機策〉，皆僕閒居之所
為。其間雖多言今世之事，亦不自求出之於世，乃歐陽永叔以為可進
而進之。」[200]說明了歐陽修對其文章思想內涵的肯定。《宋元學案》亦
載：「歐陽兗公得其所著書二十二篇，大愛其文辭，以為賈誼、劉向
不過也。書既出，公卿大夫爭傳之，一時學者競效蘇氏為文章。」[201]
可見蘇氏的議論風格（甚或思想內涵），在當時士林頗具影響。

　　至於毀之者，如《邵氏聞見後錄》即記載王安石所言：「洵機論
衡策文甚美，然大抵兵謀權利機變之言也。」雖肯定蘇洵文辭之美，
卻否定其思想內涵。《邵氏聞見後錄》又載：「東坡中制科，王荊公
問呂申公（公著）：『見蘇軾制策否？』申公稱之。荊公曰：『全類戰
國文章，若安石為考官，必黜之。』」[202]綜上所述，可明顯看出王安石
對蘇氏父子的「戰國」之學，顯示出濃厚的貶抑之意。此外，如哲宗
元祐年間，洛、蜀、朔三黨紛爭時期，政敵對蘇氏蜀黨的學術思想內
涵，也多所攻擊，如此次針對蘇軾所撰試館職策題事件，兼屬洛、
朔兩黨的趙挺之就上疏攻擊說：「軾學術本出《戰國策》蘇秦、張儀

縱橫揣摩之說。」[203]元祐三年（1088）正月侍御史王覿（屬朔黨）也奏稱：「軾……專慕戰國縱橫捭闔之術。」[204]而在策題事件之後，洛、朔兩黨在攻擊蜀黨的言詞中，蘇氏的「戰國縱橫」之學，依然是他們嚴詞批判的焦點。如元祐六年（1091），以蘇轍為尚書右丞，轍除名既下，右司諫楊康國隨即上奏說：「轍之兄弟，……其學乃學為儀、秦者也。……好作為縱橫捭闔，無安靜理。」[205]元祐六年（1091）八月，兼屬洛、朔兩黨的侍御史賈易又上奏：「軾之為人，……其學本於戰國縱橫之術，真傾危之士也。」[206]據上所述，可看出蘇氏的學術思想，因為內涵「縱橫家」之學，在北宋時期已是正反兩面評價，在一般學者的層面上，曾引起正面迴響，競相效法為之；而政敵方面，則是屢以為藉口，必欲去之而後已，因此，在此次的試館職策題事件中，政敵多據此論奏，其來有自也。

至於南宋以後的學者，也多有評議，或從其行文風格、或從其文字技巧、或從其思想內涵上，紛紛有所論議；或主觀論斷、或客觀分析，褒貶不一。近代錢穆的觀點，頗能道出蘇氏的「縱橫家」學特色，他評論「蘇軾、蘇轍」的學術，說：「他們是當時的策士，（此得之於其父蘇洵之遺教），但這是在統一時代，而又是儒學極盛期的策士，所以和戰國策士甚不同。」基於此點認知，錢穆又比喻蘇軾、蘇轍為：「儒門中之蘇、張」。雖然說他們和戰國策士不同，但卻具有和戰國策士相同的機智雄辯的特質，因此，錢穆又稱他們是：「非縱橫，……而亦縱橫。」[207]錢氏撇開褒、貶的價值判斷，頗能指出蘇

---

[203] 見《續資治通鑑長編》第16冊，卷407，哲宗元祐二年十二月丙午條，頁9915。

[204] 見《續資治通鑑長編》第16冊，卷408，元祐三年正月丁卯條，頁9923。

[205] 見《宋史紀事本末》，卷45，〈雒蜀黨議〉，頁352。

[206] 見《續資治通鑑長編》第18冊，卷463，元祐六年八月己丑條，頁11056。

[207] 以上引文俱見錢穆撰：《宋明理學概述》（臺北：臺灣學生書局，1977年4月），〈一〇．蘇軾、蘇轍〉，頁29～30。

氏於特殊的時代背景下，以儒家立場融「縱橫家」學為說的獨特學術面貌[208]。

第三節　蘇軾策題之謗的影響

一　蘇軾對策題事件的反應與淡出之志

關於此次的試館職策題，蘇軾在日後曾撰文追述當時撰題之立意，論〈西漢風俗諂媚〉一文即言：

> 西漢風俗諂媚，不為流俗所移，惟汲長孺耳。司馬遷至伉簡。
> 然作〈衛青傳〉，不名青，但謂之大將軍；賈誼何等人也，而
> 云愛幸於河南太守吳公。此等語甚可鄙，而遷不知，習俗使然
> 也。本朝太宗時，士大夫亦有此風，至今未衰。吾嘗發策學士
> 院，問兩漢所以亡者，難易相反，意在此也。而答者不能盡，
> 吾亦嘗於上前論之。[209]

前文曾引述蘇轍云：「父兄之學，皆以古今成敗得失為議論之要。」因此蘇軾極善於鑑古以論今。此文，蘇軾在評議西漢風俗時，指出其有「諂媚」之弊，即使太史公司馬遷亦受習染，不自覺地表現在文字之中。蘇軾認為風俗之弊，其甚者，足以亡國，故曾以此為策題，希望士子以兩漢為例，「考其政，察其俗」，明其所以亡國之故。而蘇軾亦言明本朝太宗時亦有此弊病，甚至迄今未衰。為謀長治久安，因

---

[208] 關於以上對蘇氏戰國縱橫之學的論述，參考拙著：《朱熹論三蘇之學》，頁100～108。

[209] 見《蘇軾文集》，卷65，〈西漢風俗諂媚〉，頁2009。

此希望士子能考古證今，深明史鑑，而以此取得之人才，方有補於治政。蘇軾有其用心，以之為策題取士，也明言「嘗於上前論之」，可知君上已然知之；沒想到此舉卻受到臺諫之彈劾，言其設心不忠，欲羅織入罪。

蘇軾自神宗駕崩後，承蒙司馬光與呂公著之推薦重回朝廷，然而其仕途並未因此而順遂，由於與司馬光議論不合，又與程頤有隙，因此，哲宗元祐元年（1086）末以及元祐二年（1087）末，蘇軾兩次因試館職策題事件，受到洛、朔兩黨臺諫的告發與攻擊。雖然第二次不如第一次猛烈，朝廷似未因此事件再次議論喧騰，但對蘇軾來說，已經很清楚自己難安於朝的情勢，因此，在王覿上疏後不久，蘇軾即上疏自請外任（時在元祐三年三月二十八日，乙亥），其言曰：

> 臣近因宣召，面奉聖旨：「何故屢入文字乞郡？」臣具以疾病之狀對。又蒙宣諭：「豈以臺諫有言故耶？兄弟孤立，自來進用，皆是皇帝與太皇太后主張，不因他人。今來但安心，勿恤人言，不用更入文字求去。」臣退伏思念，頃自登州召還，至備員中書舍人以前，初無人言。只從參議役法，及蒙擢為學士後，便為朱光庭、王巖叟、賈易、韓川、趙挺之等攻擊不已，以至羅織語言，巧加蘊釀，謂之誹謗；未入試院，先言任意取人。雖蒙聖主知臣無罪，然臣竊自惟，蓋緣臣賦性剛拙，議論不隨，而寵祿過分，地勢侵迫，遂致紛紜，亦理之當然也。臣只欲堅乞一郡，則是孤負聖知，上違恩旨；欲默而不乞，則是與臺諫為敵，不避其鋒，勢必不安。伏念臣多難早衰，無心進取，得歸邱壑以養餘年，其甘如薺。今既未許請郡，臣亦不敢遠去左右，只乞解罷學士，除臣一京師閑慢差遣，如秘書監、國子祭酒之類，或乞只經筵供職，庶免眾臣側目，可以少

安。[210]

從蘇軾的文字中，首先，可知蘇軾在此之前，已屢上文字乞求外任；其次，可知太皇太后亦明瞭蘇軾在朝的處境，希望他不以臺諫之言為意，安心供職，無須求去。然而，回顧還朝以後的遭遇，想想自己的賦性剛拙，不附隨他人議論，而又蒙受朝廷恩寵拔擢，這些因素，都使得他為眾人側目，以至羅織語言，論其誹謗。兩次的策題事件，政敵都認為蘇軾「罪不可赦」，雖然議論紛紛，但是終究未對蘇軾釀成大禍。然則，面對政治環境的艱困，蘇軾是瞭然於胸的，因此，暫避臺諫諸勢力之鋒，或許是蘇軾當時為求明哲保身所能做出的最好選擇。

二　洛、蜀、朔三黨的人事傾軋

元祐初年，兩次有關蘇軾試館職策題所引發的風波雖暫告一段落，然而洛、蜀、朔黨爭並未就此停息，反而在很大的程度上，演變成難以休止的人事傾軋和攻擊。自程、蘇之間產生嫌隙，由於各自有其親善者，於是程、蘇之爭，無可避免地演變成洛、蜀黨爭，致使整個元祐年間，瀰漫著各黨相互詆毀和攻伐的政治氣氛，四庫館臣在《東坡書傳》一書的提要曾說：「洛、閩諸儒，以程子之故，與蘇氏如水火。」[211] 如此的情形，明顯地體現在政治的層面上，相關記載，於史料上屢見不鮮，如《宋史・王覿傳》載：

---

[210] 見《續資治通鑑長編》第17冊，卷409，元祐三年三月乙亥條，頁9961～9962。又見《蘇軾文集》，卷28，〈乞罷學士除閑慢差遣箚子〉，頁816。（案：文字稍有出入。）

[211] 見清・紀昀等纂：《欽定四庫全書總目》（臺北：藝文印書館，1997年7月初版），卷11，〈經部・書類一〉，頁264。

朱光庭訐蘇軾試館職策問，呂陶辯其不然，遂起洛、蜀二黨之
說。

《宋史・程頤傳》亦載：

蘇軾不悅於頤，頤門人賈易、朱光庭不能平，合攻軾。[212]

此外，又如《續資治通鑑長編》元祐二年（1087）八月辛巳條載：

自蘇軾以策題事為臺諫官所言，而言者多與程頤善，軾、頤既
交惡，其黨迭相攻。[213]

元祐二年（1087）九月庚申條，又載侍御史王覿上奏說：

蘇軾、程頤向緣小惡，浸結仇怨，於是頤、軾素相親善之人，
亦為之更相詆訐，以求勝勢，若決不兩立者，乃至臺諫官一年
之內章疏紛紜，多緣頤、軾之故也。[214]

《續資治通鑑長編》於元祐七年（1092）三月丁亥條又記載說：

初頤在經筵，歸其門者甚眾；而蘇軾在翰林，亦多附之者，遂
有洛黨、蜀黨之論。二黨道不同，互相非毀。[215]

以上所述，皆明白指出哲宗元祐年間，洛、蜀兩黨相攻的歷史事實，
以及其發生的原因，各黨相爭，紛紛擾擾，纏鬥多年。前文所引，洛
黨、蜀黨既相攻，而在朝廷中，「言者多與程頤善」，因此從史料所

---

[212] 以上二引文分別見《宋史》第13冊，卷344，頁10943；及《宋史》第16冊，卷
427，頁12720。
[213] 見《續資治通鑑長編》第16冊，卷404，頁9828。
[214] 見《續資治通鑑長編》第16冊，卷405，頁9866。
[215] 見《續資治通鑑長編》第19冊，卷471，頁11240。

見，可明顯看出蜀黨遭受洛黨、朔黨傾軋與訾議的程度，遠勝於蜀黨對他們的反擊。為遏制蜀黨在朝廷勢力的發展，洛、朔兩黨的臺諫官員，無不極盡所能地刻意阻礙著蜀黨官員的政治前途，茲舉數例以明之：

○元祐二年（1087）四月，身為蜀黨的左司諫呂陶上疏言：「（朔黨監察御史）張舜民罷職，臺諫紛然共議營救，亦欲率臣同入文字。臣……既而再思，理有不可。其後全臺具疏，力來強臣，臣乃詳論舜民之言不可從，舜民之罷不當救，面卻其請，不敢雷同。……今韓維之上客、程頤之死黨，猶指舜民之事以攻臣，是朋黨之勢復作。……臺諫……乃汲汲言臣者，意非他也，其一則買易為程頤報怨也，其一則杜純藉此以悅韓維也。……買易為程頤之黨，則士大夫無不知之，……必欲臣廢逐而後已，臣深痛朋黨之弊至於斯也。」呂陶因不附和洛、朔兩黨臺諫，因而受到朔黨的侍御史杜純，及兼屬洛、朔兩黨的右司諫買易的激烈攻擊，買易尤五狀劾陶。呂陶雖上疏自辯，終究還是罷為「京西轉運副使」[216]。

○元祐二年（1087）九月，朔黨的侍御史王覿奏曰：「蘇軾、程頤向緣小惡，浸結仇怨。……前者，頤敗而言者及軾，故軾乞補外，既降詔不允，尋復進職經筵，而又適當執政大臣有闕，士大夫豈得不憂，雖臣亦為朝廷憂也。軾自立朝以來，咎慝不少，臣不復言，但廟堂之上，若使量狹識暗、喜怒任情如軾者，預聞政事，則豈不為聖政之累耶？然軾之文采，後進少及，陛下若欲保全軾，則且勿大用之，庶幾使軾不遭

---

[216] 以上事詳見《續資治通鑑長編》第16冊，卷403，元祐二年七月乙丑條，頁9813〜9817。

及於大悔吝。」貼黃言：「軾乞補外，所上章留中不出。臣料之，彼雖以補外為請，其章中必有自安之謀，以拒公議。果爾，則陛下益當深察其邪正真偽而審處之。」又貼黃言：「頤、軾自擢用以來，皆累有臺諫官論列，若使二人者言行全無玷闕，亦安得致人言如此之多也？近日既察頤而逐之，惟軾尚存，公議未允。臣今日所論，但欲且更無進用軾，徐察其為人。」[217]時值執政大臣有闕，王覿為懼朝廷用軾，於是極力詆毀蘇軾人格；又指出程、蘇相爭之事，認為朝廷不該只罷程頤而存軾，如此未厭公議，因此，亟請朝廷勿進用蘇軾，宜徐察其為人，目的在阻止朝廷大用蘇軾。

○ 元祐三年（1088）正月，侍御史王覿又挾前試館職事論奏蘇軾，認為：「若使（軾）久在朝廷，則必立異妄作，……朝廷或未欲深罪軾，即宜且與一郡，稍為輕浮躁競之戒。」[218]雖然元祐二年（1087）末，關於廖正一試館職策題事並未對蘇軾造成黜降之責，但王覿仍希望藉此彈劾，能將蘇軾逐出朝廷。

自元祐元年（1086）末，蘇軾得罪洛、朔二黨以後，即頻遭彈劾，不安於朝，於是不得不屢入文字，乞郡外補，但朝廷不允。但是，面對政治環境的險惡，為求明哲保身，蘇軾於元祐三年（1088）三月，再上〈乞罷學士除閑慢差遣箚子〉，內容云：「臣退伏思念，頃自登州召還，至備中書舍人以前，初無人言，只從參議役法，及蒙擢為學士後，便為朱光庭、王巖叟、賈易、韓川、趙挺之攻擊不已，以至羅織語言，巧加蘊釀，謂之誹謗。未入試院，先言任意取人，……臣只欲堅乞一郡，則是孤負聖知，上違恩旨；欲默而不乞，

---

217 見《續資治通鑑長編》第16冊，卷405，元祐二年九月庚申條，頁9866～9867。
218 見《續資治通鑑長編》第16冊，卷408，元祐三年正月丁卯條，頁9922～9923。

則是與臺諫為敵，不避其鋒，勢必不安。」[219]文中追述自己近年來的遭遇，更道出了自己身陷政敵脅迫的窘境。而此後，洛、朔兩黨對蜀黨的攻擊，依舊持續進行著，蜀黨成員因而難有升職的機會，如元祐三年（1088）五月丁巳，「詔：新除著作郎黃庭堅依舊著作佐郎。以御史趙挺之論其質性姦回，操行邪穢，罪惡尤大，故有是命。」[220]

另外值得注意的是，洛、朔兩黨對蜀黨的攻擊範圍，也在無形中擴大，一些並不明屬於蜀黨的官員，也往往無端被捲入政治鬥爭的漩渦中，如《續資治通鑑長編》元祐三年（1088）五月癸亥條載：胡宗愈在除尚書右丞時，諫議大夫王覿卻上疏詆訾，說：「宗愈自為御史中丞，論事建言多出私意，與蘇軾、孔文仲各以親舊相為比周，力排不附己者，而深結同於己者，操心頗僻如此，豈可以執政？」[221]正可謂欲加之罪，何患無辭？面對有關、或無關，皆被指為「蜀黨」，而遭受排擠之士的遭遇，蘇軾於元祐三年（1088）十月再上〈乞郡劄子〉，提出辯駁，說：「刑部侍郎范百祿與門下侍郎韓維爭議刑名，欲守祖宗故事，不敢以疑法殺人，而諫官呂陶又論維專權用事。臣本蜀人，與此兩人實是知舊。因此，韓氏之黨一例疾臣，指為川黨。……近日王覿言胡宗愈指臣為黨，孫覺言丁騭云是臣親家。臣與此兩人有何干涉？而於意外巧構曲成，以積臣罪。」在此劄子中，蘇軾一一辯明得罪洛、朔黨員之原委，並歷陳自己的政治遭遇，說：「臣二年之中，四遭口語。發策草麻，皆謂之誹謗；未出省榜，先言其失士；以至臣所薦士，例加誣衊；所言利害，不許相度。」貼黃中，蘇軾更為被誣之士加以申辯，說：「臣所舉自代人黃庭堅、歐陽

---

[219] 見《蘇軾文集》第2冊，卷28，頁816～817。又見《續資治通鑑長編》第17冊，卷409，元祐三年三月乙亥條，頁9961～9962。

[220] 見《續資治通鑑長編》第17冊，卷411，頁10000。

[221] 見《續資治通鑑長編》第17冊，卷411，頁10003。

耒、十科人王鞏、制科人秦觀，皆誣以過惡，了無事實。」面對臺諫
勢力的跋扈，則指出：「臺諫氣焰，震動朝廷，上自執政大臣，次及
侍從百官，外至監司守令，皆畏避其鋒，奉行其意。意所欲去，勢無
復全。」[222]字裡行間，蘇軾道出了自己動輒得咎的窘境，也為朝臣黨
同伐異而不辨是非的行徑深為感慨！對於政敵的脅迫，更是流露著惶
恐不安之情。

　　由於遭遇到洛、朔黨員的不斷攻擊，蜀黨成員往往只能乞求外
任，以避其鋒，蘇軾如此，其他黨員亦復如是，如《續資治通鑑長
編》元祐六年（1091）二月癸巳條載：「龍圖閣學士、御史中丞蘇
轍為中大夫、守尚書右丞，龍圖閣學士、吏部尚書蘇軾為翰林學士
承旨。」而左司諫兼權給事中楊康國則上疏論奏：「必欲安靜，則不
宜用轍，蓋與今執政相睽矣。」貼黃又云：「況轍天資很戾，更事不
久，自長憲臺，前後言事多不中理，若使同參大政，必致乖戾，紊煩
聖聽。更望陛下深思，追寢新命，則天下幸甚。」[223]楊康國指出蘇轍
的政治理念與當時的權力核心人物不相容，又對蘇轍作人身攻擊，致
使蘇轍屢上〈辭尚書右丞劄子〉，言：「今者擢置近班，實為虛授，
若遂靦俛居位，臣既已知非，苟復傳播於人，眾必指為無恥。」[224]對
於除命，為避人言，實感惶恐。又如元祐六年（1091）七月，秦觀任
正字；八月，「詔：秦觀罷正字，依舊校對黃本書籍，以御史賈易言
觀過失，及觀自請也。」[225]此外，元祐六年（1091）八月，侍御史賈
易再次對蘇軾兄弟及其黨人做出了更為猛烈的攻擊，他長篇大論彈

---

[222] 以上引文皆見《蘇軾文集》第3冊，卷29，頁827～829。

[223] 以上引述見《續資治通鑑長編》第18冊，卷455，頁10902～10904。

[224] 見《蘇轍集・欒城集》，卷47，頁830～832。（案：〈辭尚書右丞劄子〉共四首；
　　另有〈免尚書右丞表〉二首。）

[225] 見《續資治通鑑長編》第18冊，卷464，元祐六年八月癸巳條，頁11073。

奏，說：「謹按尚書右丞蘇轍，厚貌深情，險於山川，詖言殄行，甚於蛇豕。……軾之為人，趨向狹促，以沮議為出眾，以自異為不群。趨近利，昧遠圖，效小信，傷大道。……原軾、轍之心，必欲兄弟專國，盡納蜀人，分據要路，復聚群小，俾害忠良，不亦懷險詖、覆邦家之漸乎？」[226]如此不堪的人身攻擊，險惡的巧詞構陷，逆探未形之禍，究其用心，無非是要肅清蜀黨在朝廷的勢力。

　　至於蜀黨對洛、朔兩黨的反擊，亦試舉數例觀之：

○ 趙挺之嘗從程頤學，但列名朔黨，據蘇軾〈乞郡箚子〉文中所說：「御史趙挺之……以大臣薦，召試館職，臣實對眾言：『挺之聚斂小人，學行無取，豈堪此選？』」趙挺之因此而對蘇軾懷恨在心[227]。

○ 元祐六年（1091）正月，左朝散郎、集賢殿修撰、知亳州朱光庭被除為給事中後，遭受御史中丞蘇轍的強烈反對，蘇轍上奏說：「竊見新除給事中朱光庭智昏才短，心很膽薄，不學無術，妒賢害能，本事程頤，聽頤驅使。方為諫官，頤之所惡，光庭明為擊之。……據其人物鄙下，實污流品，況給事中專掌封駁，國論所寄，今朝廷以私光庭，上則污辱國體，下則傷害善類，伏乞追寢成命，別付閒局，以厭公議。」[228]蘇轍藉彈劾朱光庭黨同伐異的行徑，而反對其除命。

○ 元祐七年（1092）三月丁亥，朝廷本欲除程頤以館職、判登聞檢院。當進呈除目時，蘇轍則彈奏說：「頤入朝，恐不肯

226 見《續資治通鑑長編》第18冊，卷463，元祐六年八月己丑條，頁11053～11057。
227 見《蘇軾文集》第3冊，卷29，頁828。蘇軾在文中云：「以此，挺之疾臣，尤出死力。」
228 見《續資治通鑑長編》第18冊，卷454，元祐六年正月丙戌條，頁10889～10890。

靜。」太皇太后採納其言，於是程頤不得復召[229]。

〇〈程氏外書〉載：「朝廷議授游定夫以正言，蘇右丞沮止，毀
及伊川。」[230]蘇轍於元祐六年（1091）拜尚書右丞。由於蘇轍
的反對，因而阻斷了程門弟子游酢的進職。

洛、蜀兩黨在元祐數年間明爭暗鬥不已，除了政治利害的關係
之外，從彼此的攻訐言辭，也可看出是前文所述程、蘇學術思想歧
異的因素使然，程、蘇二人雖然未曾以此針鋒相對，但在兩派不同
學風的影響下，在洛、蜀、朔黨爭中，各黨即引以相互攻伐訾議，
如元祐三年（1088）正月侍御史王覿（屬朔黨）奏稱：「軾……不通
先王性命道德之意，……臣見軾胷中頗僻，學術不正，長於辭華而
暗於義理。若使久在朝廷，則必立異妄作。」[231]又以蘇軾有「文」而
昧於「義理」，建議將蘇軾逐出朝廷。此外，當朝廷有意任蘇軾為執
政時，朔黨的孫升亦曾論奏說：「蘇軾為翰林學士，其任已極，不可
以加。如用文章為執政，則國朝趙普、王旦、韓琦未嘗以文稱。」又
說：「王安石在翰苑為稱職，及居相位，天下多事，以安石止可以為
翰林，則軾不過如此而已。若欲以軾為輔佐，願以安石為戒。」[232]又
如元祐六年（1091），朝廷欲以蘇轍為尚書右丞，朔黨的右司諫楊康
國隨即上奏說：「轍之兄弟，謂其無文學則非也，蹈道則未也……。
其文率務馳騁，……陛下若悅蘇轍文學，而用之不疑，是又用一王安
石也。轍以文學自負，而剛狠好勝，則與安石無異。」[233]凡上所述，
皆認為蘇氏蜀學雖長於文章，卻未必有「道」；又將蘇氏比之為王安

---

229 見《續資治通鑑長編》第19冊，卷471，頁11239～11240。

230 見《二程集‧河南程氏外書》，卷11，頁412。

231 見《續資治通鑑長編》第16冊，卷408，元祐三年正月丁卯條，頁9923。

232 見《孫公談圃》，卷上，頁100。

233 見《宋史紀事本末》，卷45，〈雒蜀黨議〉，頁352。

石，唯恐蘇氏因學術不正而貽禍朝政，因此，無不極盡所能的阻其大用。至於蜀黨也曾以己之長攻訐洛黨之短，如《續資治通鑑長編》元祐六年（1091）正月丙戌條載：時為御史中丞的蘇轍，彈奏兼屬洛、朔兩黨的新除給事中朱光庭，曰：「竊見新除給事中朱光庭，……本事程頤，聽頤驅使，方為諫官。……每月章疏，文理猥謬，士人無不掩口。」[234]以此譏刺朱光庭文理不通，暗於文章。

　　此外，前文曾述及在程門的修養功夫上來說，程頤重視恭敬，其門人亦復如是，而這「敬」的涵義，大陸學者夏露曾分析說：「理學家的敬，不只是修心養性的工夫，更多的意義上是指處世態度。」[235]關於這方面，蘇軾因對程頤在朝言行的不滿，曾有過尖銳的批評，因而不諱言道出：「臣又素疾程頤之姦，未嘗假以色詞」[236]的鄙薄之語，對其言行，視之為虛偽矯情。此外，據《邵氏聞見錄》所載：「正叔多用古禮，子瞻謂其不近人情如王介甫，深疾之，或加抗侮。」[237]蘇軾對程頤既是「素疾」、且「深疾之」，可見非一二事件所致[238]。元祐

---

[234] 見《續資治通鑑長編》第18冊，卷454，頁10890。

[235] 見夏露撰：〈論蘇軾與理學〉，載《河北學刊》，1987年第1期，頁48。

[236] 見《蘇軾文集》，卷32，〈杭州召還乞郡狀〉，頁913。

[237] 見《邵氏聞見錄》，卷13，頁146。

[238] 根據一些文獻的記載，分析程、蘇不合的原因，試舉數例，其一如《續資治通鑑長編》所載呂陶之語曰：「明堂降赦，臣僚稱賀訖，兩省官欲往奠司馬光。是時程頤言曰：『子於是日哭，則不歌。……』蘇軾遂戲程頤云：『此乃枉死市叔孫通所制禮也。』」見《續資治通鑑長編》第16冊，卷393，元祐元年十二月壬寅條，頁9569。其二如朱熹撰伊川年譜載：「國忌行香，伊川令供素饌。子瞻詰之曰：『正叔不好佛，胡為食素？』先生曰：『禮，居喪不飲酒，不食肉。忌日，喪之餘也。』子瞻令具肉食，曰：『為劉氏者左袒。』於是范淳夫輩食素，秦、黃輩食肉。」見《二程集‧河南程氏遺書‧附錄》，〈伊川先生年譜〉，頁343。其三如張端義言：「元祐初，司馬公薨。……伊川以古禮斂，用錦囊囊其屍，東坡見而指之曰：『欠一件物事，當寫作信物一角，送上閻羅大王。』」見《貴耳集》，卷上，頁4271。凡此皆可見程、蘇之間的對立。

年間的宰相蘇頌即曾述說：「頌觀過其（指程頤）門者無不肅也。」[239]
道出了程門肅然為敬的修持風格。其中朱光庭尤為顯例，〈程氏遺
書〉中記載：「公掞昨在洛有書室，兩旁各一牖，牖各三十六隔，一
書天道之要，一書仁義之道，中以一牓，書『毋不敬，思無邪。』」[240]
可知朱光庭以「敬」為進德修業的功夫。而據〈程氏外書〉所載：
「朱公掞為御史，端笏正立，嚴毅不可犯，班列肅然。蘇子瞻語人
曰：『何時打破這敬字？』」[241]可見對於程門的修養方法，蘇軾是甚不
以為然的，因此屢有譏諷。明朝楊廉即據此事而論說：「蘇子之言如
此，其與洛學冰炭可見矣。」[242]這是從修養功夫的角度，指出了洛、
蜀二學的相互對立。

　　基於上述的扞格矛盾，洛、朔兩黨也針對人格修養層面，激烈
的對蜀黨展開極盡醜詆的攻擊，如朔黨的王覿，批評蘇軾「喜怒任
情」、「習為輕浮」[243]。《續資治通鑑長編》元祐三年（1088）五月丁巳
條也載：「詔新除著作郎黃庭堅依舊著作佐郎，以御史趙挺之論其質
性姦回，操行邪穢，罪惡尤大，故有是命。」朔黨的右正言劉安世
續有論章，認為黃庭堅：「虧損名教，絕滅人理，豈可尚居華胄，污
辱薦紳。」[244]至元祐六年（1091）三月，朝廷本欲除黃庭堅為起居舍
人，卻因朔黨的中書舍人韓川彈劾黃庭堅：「輕疏浮豔，素無士行，
邪穢之跡，狼籍道路。」而封還除命[245]。此外，《續資治通鑑長編》元

---

[239] 見《二程集‧河南程氏外書》，卷11，頁412。

[240] 見《二程集‧河南程氏遺書》，卷2上，頁35。

[241] 見《二程集‧河南程氏外書》，卷11，頁414。

[242] 見《伊洛淵源錄新增》，卷7，頁252。

[243] 兩語分別見於《續資治通鑑長編》第16冊，卷405，元祐二年九月庚申條，頁
9867；及卷408，元祐三年正月丁卯條，頁9923。

[244] 見《續資治通鑑長編》第17冊，卷411，元祐三年五月丁巳條，頁10000。

[245] 見《續資治通鑑長編》第18冊，卷456，元祐六年三月丁亥條，頁10930。

祐五年（1090）五月己丑條又載：「右諫議大夫朱光庭言：『新除太
學博士秦觀，素號薄徒，惡行非一，豈可以為人之師？伏望特罷新
命，詔觀別與差遣。』」[246]果然，六月即詔令秦觀充秘書省校對黃本書
籍。元祐六年（1091）八月，兼屬洛、朔兩黨的賈易又彈劾秦觀：
「刻薄無行」、「險薄無行」[247]，以此阻礙了秦觀的升職。由彼此相互詆
訾攻訐的言辭內容來看，在在顯示出洛、蜀兩黨在人格修養上的差
異，以至彼此展開激烈的詆毀攻擊，也因此阻礙了對方的政治前途，
可以看出這是洛、蜀黨爭中，由學養而影響政治的一個側面。

　　綜上所述，可大致掌握哲宗元祐時期，洛、蜀、朔三黨互相詆訐
之梗概。回顧這段歷史，《宋史紀事本末》引張溥之語說：

> 元祐之初，正人登進，程頤以崇政殿說書召，蘇轍（應為軾之
> 誤）以翰林學士召，咸拔擢不次，在帝左右。未幾，以言論不
> 合，賈易、朱光庭等劾軾，胡宗愈、孔文仲、顧臨等劾頤，
> 洛、蜀交攻，遂分二黨，六七年間，廢罷不一，終宣仁清明之
> 世，竟未施用，海內惜之。[248]

這段文字扼要的敘說了哲宗元祐年間洛、蜀相爭的政治局勢。誠然，
隨著各黨政治勢力的消長起伏，而各黨成員也隨之在宦海中載浮載
沉，六、七年間，黜陟不一，這種讓親者痛、仇者快的鬥爭，喪失了
政治的正面意義，徒讓小人有機可乘而已。

---

[246] 見《續資治通鑑長編》第18冊，卷442，元祐五年五月己丑條，頁10641。
[247] 見《續資治通鑑長編》第18冊，卷463，元祐六年八月壬辰條，頁11065。
[248] 見《宋史紀事本末》，卷45，〈雒蜀黨議〉，頁353。

三 元祐舊黨的分裂相攻與新黨的乘隙而入

哲宗元祐時期，先是舊黨內部因觀點不同，而分為洛、蜀、朔三黨；其後，由於蘇軾與朔黨領袖司馬光政見不合，又曾戲謔洛黨之首程頤，於是，元祐元年（1086）末與元祐二年（1087）末，蘇軾兩次因撰試館職策題之事件，被洛、朔兩黨臺諫官員捃摭其語論奏，謂其設心不忠，並有訕上之意，議論紛騰，導致元祐年間各舊黨相互攻擊不已。時至元祐八年（1093）九月，宣仁太后崩逝[249]，哲宗正式親政，復用熙、豐舊臣，紹述神宗之政，政局瞬時大為逆轉，新、舊兩黨再次政黨輪替，新黨得勢後，挾怨報復，致使元祐舊黨大臣紛紛罹禍。

在哲宗親政的紹聖（1094～1097）、元符時期（1098～1100），復用新黨，雖以紹述神宗新法為名，實則專以報復為事，《宋史·安燾傳》即載安燾曾上疏感嘆說：「自紹聖、元符以來，用事之臣，持紹述之名，誑惑君父，上則固寵位而快恩讎，下則希進用而肆朋附。彼自為謀則善矣，未嘗有毫髮為公家計者也。」[250]疏中指出新黨成員的私心、無能與姦邪，但是他們竊居要津，擅執國柄，在朝廷裡形成政權爭奪的黨同伐異之勢，對舊黨期以一網打盡。

關於紹聖之禍的產生，原因雖不一而足，但部分學者認為其重要原因是源自於舊黨相爭，不悟新黨陰伺間隙，乘機報復所致。元祐時期，洛、蜀、朔黨議紛起之際，朔黨領袖劉摯即曾對舊黨內部的紛爭作出反省，元祐六年（1091）八月曾上疏云：「伏見蘇軾、趙君錫、

---

[249] 見《宋史》第 11 冊，卷 242，〈英宗宣仁聖烈高皇后傳〉云：「元祐八年九月，屬疾崩，年六十二。」頁 8627。

[250] 見《宋史》第 13 冊，卷 328，〈安燾傳〉，頁 10568。

賈易、鄭雍輩皆是善人端士，忠於朝廷，陛下擢用至此，他日得力可用之人。今來卻自相攻殘，徒快小人之意，臣深惜之。」[251]遺憾的是，諸舊黨大臣並未深以為意，藉此洞燭新黨小人乘隙而入的憂患，進而加以改善舊黨彼此間的關係，依然纏鬥不已。其後，也有一些學者為元祐諸臣於紹聖、崇寧時期共罹黨禍的遭遇而感到痛惜，紛紛有所評論，如邵伯溫《邵氏聞見錄》說：

> 哲宗即位，宣仁后垂簾同聽政，群賢畢集於朝。……當時有洛黨、川黨、朔黨之語。……諸黨相攻擊不已。……是時，既退元豐大臣於散地，皆銜怨刺骨，深伺間隙，而諸賢者不悟，自分黨相毀。至紹聖初，章惇為相，同以為元祐黨，盡竄嶺海之外，可哀也。呂微仲，秦人，憨直無黨；范醇夫，蜀人，師溫公不立黨，亦不免竄逐以死，尤可哀也。[252]

呂中《宋大事記講義》說：

> 嘗謂自古朋黨多矣，未有若元祐之黨難辨也。蓋以小人而攻君子，此其易辨也；以君子而攻小人，此其黨亦易辨也；惟以君子而攻君子，則知也難。……元祐之所謂黨，何人哉？程曰洛黨，蘇曰蜀黨，劉曰朔黨。彼皆君子也，而互相排軋，此小人得以有辭於君子也。程明道謂新法之行，吾黨有過。愚謂紹聖之禍，吾黨亦有過。然熙寧君子之過小，元祐君子之過大。熙寧之爭新法，猶出於公；元祐之自為黨，皆出於私者也。[253]

---

[251] 見《續資治通鑑長編》第18冊，卷463，元祐六年八月壬辰條，頁11069。

[252] 見《邵氏聞見錄》，卷13，頁1787。

[253] 見宋·呂中撰：《宋大事記講義》（臺北：臺灣商務印書館，1971年，《四庫全書》珍本二集），卷20，頁3。

黃宗羲《宋元學案》說：

> 洛、蜀相持，使小人收漁人之利，只是見不明也。[254]

陳邦瞻《宋史紀事本末》說：

> 頤、軾之爭，不關臧否，而黨議即興。劉摯、梁燾、王巖叟、
> 劉安世等超然評論，亦稱朔黨，與之鼎立。始以相爭者為黨，
> 既則不爭者亦為黨，小人之害君子，張而大之，惟恐其黨名之
> 不著，迫而乘之，又惟恐其黨名之不成也。朱浮有言：凡舉事
> 無為親厚者所痛，而為見讎者所快。洛、蜀之議，呂公著等所
> 痛，章惇等所快也。文章、理學，百代共師，而釁然豆泣，隙
> 生氣類，無黨之凶，反甚於有黨，元祐君子之失，未有大於此
> 者。[255]

錢大昕《潛研堂文集》說：

> 洛、蜀之隙，其端至微，而光庭與賈易首先攻蘇，以致朋黨
> 之說，牢固而不可解，久之為姦臣藉口，遂成一網打盡之
> 局。……其禍乃至如是之烈。吾讀李氏《續通鑑長編》，攷兩
> 家交惡始末，未嘗不三歎息也。[256]

以上所引，由宋至明、清之學者，他們檢視北宋末的這段歷史，釐清
黨禍的原因，莫不以惋惜的筆觸評議這段歷史。蓋舊黨之間的分黨交
惡原出細故，卻從程、蘇之爭，進而演變成洛、蜀、朔三黨之爭，如

---

[254] 見《宋元學案》，第4冊，卷30，〈劉李諸儒學案〉，評朱光庭語，頁335。
[255] 見《宋史紀事本末》，卷45，〈雒蜀黨議〉，頁354。
[256] 見清・錢大昕撰，呂友仁校點：《潛研堂集》（上海：上海古籍出版社，2009年1
月第2版），卷2，頁34。

此日益熾烈的意氣之爭，既無益於宗廟社稷，個人也陷於宦海浮沉，
徒使士君子之間自傷，而讓新黨小人坐收漁利而已，日後更同被指以
為朋黨，終致一網打盡之局，這是洛、蜀、朔等舊黨識見不明，而所
必須共同承擔的禍患結果。

　　無可否認的，元祐諸君子分黨相攻，造成朝議紛然，確實留予新
黨攻擊的藉口，哲宗親政之初，紹聖元年（1094）四月，張商英即曾
上疏論風俗曰：

> 我神考發明道德之意，以作成人材，同一風俗，大志未集，神
> 靈在天，宣仁聖烈太后保祐陛下，託心腹於輔弼，寓視聽於臺
> 諫，而勢利之下，是非蠭起，阿諛附會。一旦烏合，或上叛君
> 親之恩，或下背師友之訓。或小合傳緘，白晝告急；或手扇障
> 面，夜半造門。或苞苴結私第之歡，或伏地修門生之敬。於是
> 浮言競作，鄙諺交興，川洛異黨，秦汾分門……。[257]

張商英在這段奏章中，對於元祐時期的輔弼、臺諫官員們，在勢利之
下，藉由議論是非之名，而形成黨與附會、紛紛擾擾的政治現象，提
出強烈批判，認為他們上負聖恩，下營朋黨，以致議論紛紜。岳珂
《桯史》亦載：

> 東坡先生，元祐中以翰苑發策試館職，……左正言朱光庭首摘
> 其事，以為不恭，御史中丞傅堯俞、侍御史王巖叟交章劾奏，
> 一時朝議嘩然起。……紹聖、崇寧治黨錮言者，屢以藉口，迄

---

[257] 見清·黃以周等輯注，顧吉辰點校：《續資治通鑑長編拾補》（北京：中華書局，
2004年1月第1版，2008年7月第2次印刷，第1冊），卷9，紹聖元年四月甲辰
條，頁399～400。

不少置也。[258]

呂中《宋大事記講義》亦載：

> 元祐之所以為紹聖者，始於朋黨。……夫以君子而攻君子，固
> 必為小人所乘。[259]

岳珂陳述元祐年間舊黨相爭的原因與過程，也指出舊黨的相爭，確實變成哲宗、徽宗親政時釀製元祐黨禍的口實。至於呂中，也認為元祐舊黨大臣，日後在哲宗親政的「紹聖」時期同罹黨禍，實應歸咎於朋黨相爭所致，在他看來，元祐諸臣，是皆君子也，然而君子交攻，徒為小人所乘，竟種下日後罹難的禍根，這是元祐大臣們未曾預料的結果。至於報復的具體情況，詳見下章論述。

---

[258] 見宋‧岳珂撰，黃益元校點：《桯史》（上海：上海古籍出版社，2001年12月第1版，《宋元筆記小說大觀》第4冊），卷4，〈蘇葛策問〉，頁4367。

[259] 見《宋大事記講義》，卷20，〈小人誣君子有調停之說〉，頁5。

第五章

元祐黨禍與元祐學禁

　　北宋神宗之後，其二子：哲宗（趙煦，神宗第六子）、徽宗（趙佶，神宗第十一子）相繼即位。然在親政之前，皆曾有一段太后垂簾聽政時期，哲宗時，為宣仁聖烈高皇后；徽宗時，則為欽聖憲肅向皇后。其間，由於太后與皇帝對朝臣的好惡有異，使得哲宗至徽宗時期，朝廷一直經歷著新、舊兩黨官員更迭執政，並相互排斥的情形。由史籍所載，可見太后攝政時期，皆重用舊黨官員；而在哲宗、徽宗親政時期，則多由新黨官員執政。新、舊兩黨在各自執政時，雖不免在政治上對政敵排擠傾軋；然則，新黨執政階段，尤可注意的是，除了對舊黨進行政治報復之外，更進而將報復的觸角延伸至學術層面上，著稱於史冊的「元祐學禁」，便是起於新舊黨爭的背景下所產生。所謂的「元祐學禁」，起自哲宗親政時期，酷烈於徽宗親政時期，泛指對元祐舊黨的群體學術之禁，而此學術之禍，是伴隨政治之禍而一併產生的。本章將先詳細探討「元祐黨禍」產生的原因與過程，進而嘗試說明當時「黨禍」牽連「文禍」之慘烈概況。

第一節　紹聖之禍產生的原因與經過

一　元祐時期舊黨對新黨的疾惡太甚

　　神宗朝勵精圖治，銳意執行新法，於是當時與新法理念不合之舊黨大臣，大多自乞外補，或貶黜在外，朝廷乃由新黨執政。元豐八年

（1085）三月神宗駕崩，哲宗沖齡即位後的前期（元豐八年三月起至元祐八年九月），乃由宣仁太皇太后高氏同理軍國事[1]。回顧當時的政局，宣仁太后攝政，倚重的是馬光與呂公著等舊黨集團，宣仁太后詢問施政的先務，二人皆「乞開言路」，並「乞備置諫員」[2]，於是，藉由二人的引薦，許多舊黨大臣紛紛重回朝廷，如呂公著所薦：「秘書少監孫覺，方正有學識，可以充諫議大夫或給事中；直龍圖閣范純仁，勁挺有風力，可充諫議大夫或戶部右曹侍郎，使議青苗、免役、市易等法；禮部侍郎李常，清直有守，可備御史中丞；吏部郎中劉摯，資性端厚，可充侍御史；承議郎蘇轍、新授察官王巖叟，並有才氣，可充諫官或言事御史。」高氏將呂公著箚子付與司馬光，要求其「詳所陳更張利害，有無兼濟之才，直書當與未當以聞。」司馬光即上奏說：「公著所陳，與臣所欲言者正相符合。蓋由天下之人皆欲如此，臣與公著但具眾心奏聞耳。」於是除了呂公著所薦者之外，司馬光又額外臚列了許多舊黨成員，如趙彥若、傅堯俞、唐淑問、范祖禹、呂大防、王存、胡宗愈、韓宗道、梁燾、趙君錫、晏知止、范純禮、蘇軾、朱光庭、文彥博、馮京、孫固、韓維等，薦之於朝廷[3]。司馬光與呂公著此舉，即是想藉由掌控臺諫勢力，為廢除新法及打擊新黨，先作人事上的安排。

---

[1] 見元・脫脫等撰：《宋史》（臺北：鼎文書局，1994年6月第8版，第2冊），〈神宗本紀三〉：「（元豐八年三月）戊戌，上崩于福寧殿，年三十有八。皇太子即皇帝位，……太皇太后權同處分軍國事。」頁313。

[2] 《宋史》第13冊，卷336，〈司馬光傳・論〉曰：「（光）一旦起而為政，毅然以天下自任，開言路，進賢才。」頁10771。又《宋史》第13冊，卷336，〈呂公著傳〉曰：「哲宗即位，以侍讀還朝。太皇太后遣使迎，問所欲言。……又乞備置諫員，以開言路。」頁10775。

[3] 以上所述參見宋・李燾撰：《續資治通鑑長編》（北京：中華書局，2004年9月第2版，第14冊），卷357，元豐八年六月戊子條，頁8551～8554。

　　當時，新黨宰執蔡確、韓縝、章惇等，仍以顧命大臣之職而繼續執政，史載：「（元豐八年五月）戊午，以蔡確為尚書左僕射兼門下侍郎，韓縝為尚書右僕射兼中書侍郎，章惇知樞密院。」[4]三人以宰執身份，居於要津。然則，舊黨逐漸在朝廷取得立足之地以後，即視摒斥新黨與廢除新法為首要之事，（關於廢除新法部分，由於章疏眾多，此處從略，以下論述，以言摒斥新黨事為主。）於是隨著主掌言路的優勢，舊黨不分黨派，對新黨皆予以猛烈的撻伐，首當其衝者，即是宰執蔡確、韓縝、章惇三人，如左正言朱光庭論奏：

> 臣聞天人之際，未嘗有間，災祥之應，密若合符，況代天理物之臣，實謨明弼諧之任。考《周官》則有變理陰陽之說，驗漢史則有災異策免之文。臣伏見自冬涉春，時雪未降，儻歲一不稔，則民將何賴？當睿明之在御，方責任於輔臣，若不別白忠邪，何以召迎和氣？竊以蔡確之不恭，章惇之不忠，韓縝之不恥，見於行事已極著明，豈可尚容居位以累聖政？（此據《編類章疏》，光庭以正月十二日奏此。貼黃云：「時雪未降，乞任賢去姦。」）[5]

朱光以當時天候異常，時雪未降，將影響民生，以此歸咎於輔弼大臣，認為朝廷用人不當，以至否德累政，乃招天譴，故以前代故事，乞罷輔臣蔡確、韓縝、章惇等人。其後，又再上疏論「去姦邪，安忠賢」之議，其言曰：

> 臣嘗論姦邪，則指蔡確、章惇、韓縝為之先；論忠賢，則以司馬光、范純仁、韓維為之先。……蔡確既去，乞以司馬光補其

4　見《宋史》第2冊，卷17，〈哲宗本紀一〉，頁319。
5　見《續資治通鑑長編》第15冊，卷364，元祐元年正月辛丑條，頁8709～8710。

闕；韓縝既去，乞以范純仁補其闕；章惇既去，乞以韓維補其
闕。[6]

朱光庭將蔡確、韓縝、章惇三人斥之為「三姦」，而將司馬光、范純
仁、韓維譽之為「三賢」，具體的替代職位也已明確建議。但由於朝
廷一直未下詔指揮，至元祐元年（1086）閏二月，朱光庭又奏稱：
「今日治亂安危之所繫，惟在陛下退三姦，進三賢，一舉錯之間爾。」[7]
除朱光庭累上奏章之外，監察御史王巖叟也藉「自冬不雪，今涉春
矣，旱暵為災，非獨一方，而廣及四遠，……此天道之所以警陛下」
的議題彈奏，認為若能「判忠邪、別是非、除大害、復大利」，如此
「和氣上薄於天，則天自將以膏澤嘉瑞答陛下矣。」進而他指出：「今
天下之大害，莫如青苗、免役之法，陰困民生，莫如茶鹽之法，流毒
數路，陛下固知之矣，且優柔而未斷，以絕其源，此民心之所以猶
鬱，而天意之所以未開也。朝中之大姦，莫如蔡確之陰邪險刻，章惇
之讒賊很戾，相為朋比，以蔽天聰，虐下罔上，不忠之迹，著於兩
朝，天下之人皆願逐而去之以致清平。」貼黃又指出：「害陛下之美
政者，非一二人，然莫如蔡確、章惇為姦臣之傑也。」因此，他建議
先罷新黨首惡蔡確與章惇[8]。侍御史劉摯，更是「累具彈奏宰臣蔡確、
知樞密院章惇，乞行罷黜，章十餘上。」[9]此外，左司諫蘇轍也奏稱：

> 左僕射蔡確，憸佞刻深，以獄吏進；右僕射韓縝，識闇性暴，
> 才疎行污；樞密使章惇，雖有應務之才，而其為人難以獨

6　見《續資治通鑑長編》第15冊，卷365，元祐元年二月庚申朔辛酉條，頁8745～
　　8746。

7　見《續資治通鑑長編》第15冊，卷368，元祐元年閏二月己丑條，頁8852。

8　以上引述王巖叟語，見《續資治通鑑長編》第15冊，卷364，元祐元年正月辛丑
　　條，頁8712～8713。

9　見《續資治通鑑長編》第15冊，卷365，元祐元年二月丙寅條，頁8761。

任。……至若張璪、李清臣、安燾，皆斗筲之人，持祿固位，安能為有，安能為無！陛下必謂此等皆先帝舊臣，不欲罷去，然不知先帝以絕人之資，獨運天下，特使此等行文書、赴期會而已，至於大政事議論，此等何嘗與聞。小有罪犯，輒罰銅謝過，為天下笑。先帝若以股肱待之，不應如此。……陛下新臨天下，人材衰少，此數人者，未可一朝而去也，則願擇其任最重而罪最大者去之，臣以為莫如蔡確、韓縝者也。[10]

蘇轍也嚴詞批判蔡確、韓縝、章惇的人格卑劣，以及其他新黨成員的不堪任用；並指出今日陛下不欲罷黜諸人，是顧念其為先帝舊臣，然而蘇轍說明當時諸人只是備位其間，並未涉及議政，是皆不堪大用之材。且「陛下即位以來，罷市易、堆垜場及鹽、茶、鐵法，此蔡確之所贊成也；放散修城人夫，罷保馬等事，此韓縝與宋用臣、張誠一等所共建也。先帝之所是，確等亦是之；陛下之所否，確等亦否之。隨時翻覆，略無愧恥，天下傳笑，以為口實，而朝廷輕矣。先帝時，有司屢言縝贓罪有狀，先帝隱忍未發，不謂陛下即位，拔擢至此，天下有識所共疑怪。」對於這些為持祿固位而毫無節操的新黨成員，蘇轍鄙薄之至！蘇轍認為今日欲罷諸人，雖未能一朝盡去，則宜先「擇其任最重而罪最大者去之」，所指為蔡確、韓縝二人，希望藉此作為，「上以肅正群臣異同之論，下以彈壓四海姦雄之心。」[11]

　　從以上引述，可見舊黨臺諫們極力彈奏而欲去之者，主要是被視為新黨首惡的蔡確、章惇、韓縝三人。蔡確在眾臺諫連章累疏的論奏下，也不得不上章請辭，終於在元祐元年（1086）閏二月罷相，「依

---

[10]　見《續資治通鑑長編》第15冊，卷367，元祐元年二月丙戌條，頁8819。
[11]　同前註，頁8819～8820。

前官充觀文殿大學士、知陳州（今屬河南）。」[12]而據蘇轍所奏，「自行新法以來，民力困敝，海內愁怨。先帝晚年，寢疾彌留，照知前事之失，親發德音，將洗心自新，以合天意。而此志不遂，奄棄萬國。天下聞之，知前日弊事，皆先帝之所欲改。」於是，「皇帝踐阼，聖母臨政，奉承遺旨，罷導洛，廢市易，捐青苗，止助役，寬保甲，免買馬，放修城池之役，復茶、鹽、鐵之舊；黜吳居厚、呂孝廉、宋用臣、賈青、王子京、張誠一、呂嘉問、蹇周輔等。命令所至，細民鼓舞相賀。」[13]蘇轍認為神宗在彌留之際，已照知前事之失，欲改弊事，關於此說，《邵氏聞見錄》有相關的一段記載，其言：「元豐變法之後，重以大兵大獄，天災數見，盜賊紛起，民不聊生。神宗悔之，欲復祖宗舊制，更用舊人，遽厭代未暇，而德音詔墨具在，可為一時痛惜者也！」[14]若依蘇轍所言，則元祐更化神宗政事，乃是奉遺詔而行；而在蔡確罷相之前，已先貶黜一批新黨成員矣。

所謂「三姦」之中，蔡確雖已罷相，但韓縝、章惇二人卻無避位之意，於是臺諫官員又累上奏章論述二人罪惡，隨後，在元祐元年（1086）閏二月辛亥，詔章惇「宜解機務，可守本官，知汝州（今屬河南）」[15]。而在元祐元年（1086）四月，韓縝亦被罷相，為「光祿大夫、觀文殿大學士、知潁昌府」[16]。此外，新黨的其他重臣，如安燾，也在元祐元年（1086）三月壬申，辭「知樞密院事」[17]；而呂惠卿，也被依「罪惡貫盈」之名，在元祐元年（1086）六月辛亥，「責授建寧

12　見《續資治通鑑長編》第15冊，卷368，元祐元年閏二月庚寅條，頁8854。

13　同前註，頁8849～8850。

14　見宋・邵伯溫撰，王根林校點：《邵氏聞見錄》（上海：上海古籍出版社，2001年12月第1版，《宋元筆記小說大觀》第2冊），卷11，頁1769。

15　見《續資治通鑑長編》第15冊，卷370，元祐元年閏二月辛亥條，頁8934。

16　見《續資治通鑑長編》第15冊，卷374，元祐元年四月己丑條，頁9053。

17　見《續資治通鑑長編》第15冊，卷372，元祐元年三月壬申條，頁9001。

軍節度副使，本州安置，不得簽書公事。」[18]其餘如張璪、李清臣、林希、張商英等新黨成員，也先後被劾罷。在朝廷的支持下，舊黨已完全掌控了元祐之政。

時至元祐四年（1089）四月，吳處厚指摘蔡確貶謫安州（今屬湖北）時，作〈夏中登車蓋亭〉詩，譏訕君親。奏狀一至朝廷，又給予舊黨攻擊新黨的最佳口實。於是蔡確再責授左中散大夫、守光祿卿分司南京。但梁燾、吳安詩、劉安世、朱光庭、傅堯俞、范祖禹等人卻認為蔡確罪重而責輕，請求朝廷「斷在不疑，投之遠裔，以消群慝，以戒天下萬世為臣之不忠者。」於是蔡確再貶英州（今屬廣東）別駕、新州（今屬廣東）安置[19]，元祐八年（1093）正月甲申，蔡確遂卒於新州貶所[20]。自元祐四年（1089）五月，隨著蔡確被貶竄至嶺南，其餘新黨成員也紛紛被捲入蔡確之黨，陸續遭受彈劾，貶謫各地，於是整個元祐時期，新黨幾乎完全失去政治舞台。當年對於蔡確的貶竄嶺南，呂大防、劉摯、范純仁、王存等人皆曾進諫宣仁太后收回成命，但是太皇太后不聽，范純仁退而感慨地向呂大防說：「此路荊棘七八十年矣，奈何開之？吾儕正恐亦不免耳。」[21]彷彿預言著日後新黨的報復，果然一語成讖，哲宗親政後的「紹聖」之禍，竟落實了這條預言。

18　見《續資治通鑑長編》第15冊，卷380，元祐元年六月辛亥條，頁9240。

19　以上罪蔡確事，見《續資治通鑑長編》第17冊，卷425，元祐四年四月辛亥條；至卷427元祐四年五月丁亥條，頁10270～10326。

20　見《續資治通鑑長編》第19冊，卷480，元祐八年正月甲申條，頁11415。

21　見《續資治通鑑長編》第17冊，卷427，元祐四年五月丁亥條，頁10326。

二　哲宗親政後的政治轉向

　　元祐八年（1093）九月，宣仁太后崩逝後，哲宗即開始親政，而其執政團隊的選擇，乃是復用新黨，翌年即改元「紹聖」，由此，哲宗的政治意向已頗為顯明，於是復用熙、豐舊臣，紹述神宗之政[22]。據朱熹所說，其實宣仁太后早已看出哲宗有「紹述」之意，《朱子語類》載：「哲宗常使一舊桌子，不好。宣仁令換之，又只如此在。問之，云：『是爹爹用底。』宣仁大慟，知其有紹述意也。又劉摯嘗進君子小人之名，欲宣仁常常喻哲宗使知之。宣仁曰：『常與孫子說，然未曾了得。』宣仁亦是見其如此，故皆不肯放下，哲宗甚銜之。紹述雖是其本意，亦是激於此也。」[23]可知哲宗紹述父志之意早已萌發，又因宣仁太后遲遲不肯還政，哲宗遂銜恨於心，故於親政之後，即隨其好惡恣意行之。自「元祐」至「紹聖」，政黨又經歷一次輪替，轉由新黨執政，而新、舊黨之間的替換，誠如王夫之所云：「紹聖之所為，反元祐而實效之也。」[24]亦即新黨重掌政權之際，其所作為，一如元祐之始，首先便是確立國策，推翻前朝舊政，並援引同黨，掌控言路。《續資治通鑑長編拾補》載元祐八年（1093）十月：

　　　　（侍御史楊畏上疏）言：「神宗皇帝更法立制以垂萬世，乞賜

---

[22]《宋史》第 17 冊，卷 471，〈姦臣一‧章惇傳〉云：「哲宗親政，有復熙寧、元豐之意，首起惇為尚書左僕射兼門下侍郎，於是專以『紹述』為國是，凡元祐所革一切復之。」頁 13711。

[23] 見宋‧黎靖德編：《朱子語類》（臺北：文津出版社，1986 年 12 月，第 8 冊），卷 127，〈本朝一‧哲宗朝〉，頁 3047。

[24] 見明‧王夫之撰：《宋論》（臺北：臺灣中華書局，1980 年，影印四部備要本），卷 7，〈哲宗〉，頁 8。

講求法制，以成繼述之道。」上即召畏登殿，詢畏以先朝故臣
孰可召，朕皆不能盡知，可詳具姓名密以聞。畏即疏章惇、安
燾、呂惠卿、鄧溫伯、李清臣等行義，各加題品；且密奏書萬
言，具言神宗所以建立法度之意，乞召章惇為宰相。上皆嘉納
焉。[25]

於是紹聖元年（1094）二月，按楊畏所密薦，哲宗即特授李清臣為
「正議大夫、守中書侍郎」，鄧溫伯為「右光祿大夫、守尚書左丞」。
隨後，清臣首倡「紹述」之議，溫伯和之[26]。《宋史・黃履傳・論》
曰：「哲宗親政之初，見慮未定，范、呂諸賢在廷，左右弼諶，俾日
邁忠讜，疏絕回遹，以端其志嚮。元祐之治業，庶可守也。清臣怙才
躁進，陰覦柄用，首發紹述之說，以隙國是，群姦洞之，衝決莫障，
重為薦紳之禍焉。」[27]《宋史・鄧潤甫傳》亦載：「紹聖初，哲宗親政，
潤甫（即鄧溫伯）首陳武王能廣文王之聲，成王能嗣文、武之道，以
開紹述。遂拜尚書左丞。」[28]以此來看，哲宗紹述神宗政事，乃新黨人
士以「子廣父業」之說，契合了哲宗心志，遂進言而成；日後有紹聖
之禍，亦由此啟其端。

為迅速扭轉元祐政局，朝廷的人事很快便進行著新、舊黨官員的
交替，如《續資治通鑑長編拾補》載：

（紹聖元年三月）乙亥，右光祿大夫、守尚書左僕射兼門下侍
郎呂大防為觀文殿大學士、知潁昌府。後二日，改知永興軍。
大防當宣仁聖烈皇后垂簾時，位首相踰六年，上春秋既長，大

25　見《續資治通鑑長編拾補》第1冊，卷8，元祐八年十月庚寅條，頁368。
26　見《續資治通鑑長編拾補》第1冊，卷9，紹聖元年二月丁未條，頁385。
27　見《宋史》第13冊，卷328，〈黃履傳〉，頁10574。
28　見《宋史》第13冊，卷343，〈鄧潤甫傳〉，頁10912。

防第專意輔導，未嘗建議親政，雖宣仁聖烈皇后有復辟之志，
卒不得申，當國日久，群怨交焉。及宣仁聖烈祔廟，殿中侍御
史來之邵乞先逐大防以破大臣朋黨，因疏神宗所簡之人章惇、
安燾、呂惠卿等以備進用。大防亦自求去位，上亟從之。[29]

由上所述，可見呂大防被罷黜，其中一大原因，即是因為哲宗日益年
長後，身為首相的大防，竟未建議請哲宗親政，這不免使得哲宗懷恨
在心，因此新黨臺諫乞逐大防，並大防自求去位時，哲宗絲毫未予慰
留，即從其請。而來之邵臚列神宗朝之新黨大臣以備進用，哲宗也亟
從其請，似乎已預演了政黨輪替的政治局勢。

此外，朝廷取士制度的改變，也凸顯了新黨秉政的企圖心，《續
資治通鑑長編拾補》載：

（紹聖元年三月丁酉），上御集英殿，試進士畢漸以下通禮諸
科經律及第、出身總六百人。時，初考官取管策者，多主元
祐；楊畏覆考，專取熙寧、元豐者，故漸為之首。[30]

針對朝廷恣意驟改科考制度，蘇轍幾度上疏提出異議，主要指出：
「見御試策題，歷詆近歲行事，有欲復熙寧、元豐之意。」又云：「若
輕改九年已行之事，擢用曩歲不用之人，人懷私忿而以先帝為詞，則
大事去矣。」又云：「若聖意誠謂先帝舊政有不合更改，自當宣諭臣
等，令商量措置。今自宰臣以下，未嘗略聞此言，而忽因策問進士，
宣露密旨，中外聞者，莫不驚怪。」又云：「臣非獨私元祐之政也，
蓋知事出匆遽，則民受其病耳。」回顧元祐初，司馬光欲驟改科舉之
法，蘇轍也曾提出異議相駁。可知蘇轍始終秉持相同的理念，認為欲

---

[29] 見《續資治通鑑長編拾補》第1冊，卷9，紹聖元年三月乙亥條，頁392。

[30] 見《續資治通鑑長編拾補》第1冊，卷9，紹聖元年三月丁酉條，頁394。

改法令則須朝廷上下從長計議，不可恣意妄為，更不可驟然改之，否則百姓難以適應，是為病民。然而，一如當年司馬光不接受蘇轍之建議；如今的哲宗見轍箚子，亦甚不悅，尤其，「李清臣、鄧溫伯又先媒孽之。及面論，上益怒。」隨後，即「詔蘇轍除端明殿學士、知汝州。」[31]哲宗支持熙、豐新法及維護新黨，而摒斥元祐之政及舊黨的心態，由哲宗對蘇轍奏疏頗顯怒意的反應，可見一斑。

三　新黨執政後對元祐舊黨的激烈報復

紹聖元年（1094）四月，熙、豐時期的新黨官員漸次召回朝廷，「國子監司業翟思為左司諫，左朝奉郎上官均為左正言，右朝散郎周秩、左朝散郎劉拯並為監察御史，左朝請郎張商英為右正言。」以上新黨成員皆躋身臺諫，主掌言路；尤其張商英在外，「踰五年不復召，於是始擢諫官，故商英攻元祐大臣不遺餘力。」[32]隨後，於紹聖元年（1094）四月癸丑，「御箚改元祐九年為紹聖元年（1094），布誥多方，使咸體朕意。」[33]自此，奠定了哲宗親政後的國策方針，新黨人士，也在朝廷立穩了腳步。

其次，挾怨報復的政治鬥爭，無可避免地陸續展開。元祐時期，舊黨人士視新黨為群邪誤國，曾予以無所不至的彈奏和排擠；如今新黨在哲宗的支持下重掌政權，亦隨即對舊黨進行報復性的傾軋和攻擊，凡在元祐時期論奏過新黨或參與過廢罷新法的元祐黨人，幾乎

---

31 以上蘇轍事參見《續資治通鑑長編拾補》第1冊，卷9，紹聖元年三月丁酉條，頁394～397。

32 以上二則引文見《續資治通鑑長編拾補》第1冊，卷9，紹聖元年三月甲辰條，頁399。

33 見《續資治通鑑長編拾補》第1冊，卷9，紹聖元年四月癸丑條，頁402。

無一倖免。他們進行的手段，也是藉由臺諫具彈劾的言責，刻意製造事端彈奏，以蘇軾的遭遇為例：紹聖元年（1094）四月壬子，侍御史虞策言：「呂惠卿等指陳蘇軾所作誥詞，語涉譏訕，望核實施行。」殿中侍御史來之邵亦言：「軾在先朝，久以罷廢，至元豐擢為中書舍人、翰林學士。軾凡作文字，譏斥先朝，援古況今，多引衰世之事，以快忿怨之私。行呂惠卿制詞，則曰：『始建青苗，次行助役、均輸之政，自同商賈，手實之禍，下及雞豚，苟可蠹國而害民，率皆攘臂而稱首』；行呂大防制詞，則曰：『民亦勞止，願聞休息之期』；撰司馬光神道碑，則曰其：『退於洛，如屈原之在陂澤。』凡此之類，播在人口者非一，當原其所犯，明正典刑。」於是蘇軾「落端明殿學士兼翰林侍讀學士，依前左朝奉郎知英州。」制詞，乃中書舍人蔡卞所撰也[34]，《皇朝編年綱目備要》載制詞曰：「軾行污而醜正，學僻而欺愚。頃在先朝，自取疏斥，肆予纂服，開以自新，弗詁爾心，覆出為惡，輒於書命之職，公肆誣實之辭。凡茲立法造令之大經，皆曰蠹國害民之弊政。顧威靈之如在，豈神理之可容！深惟厥辜，宜竄遠服，祇奪近職，尚臨一邦。」[35]未幾，侍御史虞策又言：「蘇軾既坐譏斥之罪，猶得知州，罪罰未當。」於是，「詔軾降充左丞議郎。」[36]之後，監察御史劉拯又言：「前端明殿學士、知定州蘇軾落職英州。按軾敢以私忿形於制誥中，厚誣醜詆，軾於先帝不臣甚矣。……秦觀浮薄小人，影附於軾，請正軾之罪，褫觀職任，以示天下後世。」於是朝廷又下詔：「蘇軾合敘復日未得與敘復，秦觀落館閣校勘，添差監處州

34　以上引述見《續資治通鑑長編拾補》第1冊，卷9，紹聖元年四月壬子條，頁401。

35　見宋·陳均編：《宋本皇朝編年綱目備要》（臺北：成文出版社，1966年4月臺一版），卷24，〈哲宗皇帝〉，頁1080。

36　見《續資治通鑑長編拾補》第1冊，卷9，紹聖元年四月甲寅條，頁403。

茶鹽酒稅。」[37]從以上引述，可見蘇軾因先前之行事屢受攻擊，一貶再貶，朝廷甚至作出不予敘復的決定。

其他舊黨官員，也一一被冠上許多罪名加以彈奏，如呂大防，左正言上官均言其：「天資強狠，懷邪迷國，嘗與御史中丞蘇轍陰相黨附，同惡相濟。」又言其二人：「擅操國政，不畏公議，引用柔邪之臣。」[38]御史中丞黃履亦彈奏呂大防、劉摯、梁燾等人，曰：「當垂簾日俱為柄臣，燾先鼓倡邪言，吳居厚繼陳詩注，劉安世等遂共攻之，執政既主於中，仍投蔡確嶺外，累遇恩沛，不令生還。」[39]右正言張商英則奏言：「司馬光、呂公著、呂大防、劉摯等援引朋黨，肆行譏議，至如罷免役法，則曰只有『揭簿定差』四字；下詔求直言，則專賞訕謗之人；置訴理所雪罪犯，則盡自熙寧元年（1068）以後。……當垂簾之際，制內臣之得志者，翦除陛下羽翼於內；執政之用事者，擊逐陛下股肱於外，天下之勢殆哉岌岌乎！」[40]侍御史來之邵亦言：「元豐末，光入持政柄，擢摯為侍御史，既而首引凶徒王巖叟、朱光庭俱在言路，結成黨與。宰相自確而下，摯等相與誣毀締構，盡力排逐。由是先帝顧命大臣，去之略盡，而陛下孤立於上矣。」[41]凡此奏章，皆是歷數元祐舊臣的諸多罪狀，尤其凸顯他們排擠先帝顧命大臣，以孤立皇帝之罪，欲藉此激怒哲宗而加以降罪。

在諸臺諫的論奏下，於是，「觀文殿學士、太中大夫、知青州劉摯落觀文殿學士，降授左朝奉大夫、知黃州。」「太中大夫、知汝州

---

37 以上二則引文見《續資治通鑑長編拾補》第1冊，卷9，紹聖元年閏四月乙酉條，頁413。

38 以上二則引文見《續資治通鑑長編拾補》第1冊，卷9，紹聖元年閏四月丁酉條，頁414；及紹聖元年六月甲戌條，頁421。

39 見《續資治通鑑長編拾補》第1冊，卷9，紹聖元年六月甲戌條，頁420～421。

40 見《續資治通鑑長編拾補》第1冊，卷9，紹聖元年六月甲戌條，頁422。

41 見《續資治通鑑長編拾補》第1冊，卷9，紹聖元年六月甲戌條，頁423。

蘇轍降授左朝議大夫、知袁州。」「左承議郎、新知英州蘇軾責授寧
遠軍節度副使，惠州安置。」[42]已黜降至此，然對新黨成員來說，猶未
消其餘恨，於是，左司諫翟思又上疏乞求擴大黜責，其言曰：「呂大
防、劉摯、蘇軾、蘇轍以謗訕先朝，變亂法度，擅作威福，褫職奪
官，謫守方州，安置嶺表，中外聞命，舉皆忻快。然司馬光、呂公著
首發事端，雖已終牖下，贈官美諡，自可追奪。王巖叟與摯，同惡相
濟，若假以年，當竄遠域，則贈官與子孫恩澤亦當追奪。其合志同
事有若文彥博、范純仁，其背公死黨有若梁燾、劉安世、吳安詩、
韓川、孫升等，乞各正典刑。」隨後，依翟思所奏，「資政殿學士、
知鄆州梁燾落資政殿學士，降授左中散大夫、知鄂州；左承議郎充寶
文閣待制、知成德軍劉安世落寶文閣待制，降授左承議郎、南安軍；
左朝奉大夫、直集賢院、管勾西山崇福宮吳安詩落直集賢院，降授朝
請郎，監光州鹽酒稅；左朝散郎充龍圖閣待制、知虢州韓川落龍圖閣
待制，依前左朝請郎知坊州；左朝請郎充集賢學士、權知應天府孫升
落集賢院學士，依前左朝散郎知房州。」[43]元祐黨人，生者一一遭受彈
奏而貶謫流放、遠逐惡地；至於已逝的舊黨官員也無法倖免，遭受奪
其諡號、或追貶官銜的屈辱，如監察御史周秩言：「司馬光以元祐之
政，以母改子，非子改父，失宗廟之計。朝廷之政，必正君臣之義，
以定父子之親，豈有廢君臣父子之道而專以母子為言。」又曰：「遺
詔明白，必以嗣君為主，則光豈不知當循皇家父子之正統？」又曰：
「光之諡曰文正。……今其所為乖戾如此，當正其諡號之美惡，庶以
懲後世。」又曰：「呂公著親為先帝輔弼之臣，……當司馬光釋憾於
先帝，公著不能救正，又輔導之為右僕射，歲餘，遂除司空、平章軍

42　見《續資治通鑑長編拾補》第1冊，卷9，紹聖元年六月甲戌條，頁424。

43　以上二則引文見《續資治通鑑長編拾補》第1冊，卷9，紹聖元年六月乙酉條，頁
　　426～427。

國事。……況垂簾之時，大臣宜謙畏，而公著但為子孫計，急於富貴，不避嫌疑而居之。及大防、劉摯、蘇軾、蘇轍，皆公著所引，為國大奸。」在一一指名數算舊黨之罪惡後，於是，朝廷又下詔：「司馬光、呂公著各追所贈官並謚告及所賜神道碑額，仍下陝州、鄭州各差官計會本縣於逐官墳所拆去官修碑樓，磨毀奉敕所撰碑文訖奏。」此外，「王巖叟所贈官亦行追奪，知隨州、降授右正議大夫呂大防守本官，行秘書監，分司南京，郢州居住；知廣州、降授左朝議大夫劉摯守本官，試光祿卿，分司南京，蘄州居住。知袁州、降授左朝議大夫蘇轍守本官，試少府監，分司南京，筠州居住；梁燾提舉靈仙觀，鄂州居住；劉安世管勾玉隆觀，南安軍居住。」[44]

紹聖三年（1096）八月，認為以上有薄責者，又再加重其罪名，重新行遣，如范祖禹本責授武安軍節度副使、永州安置，劉安世本責授承議郎、試少府少監、分司南京、南安軍居住；而後，范祖禹特責授昭州別駕、賀州安置，劉安世特責新州別駕、英州安置，原因是二人「在元祐中，構造誣謗，靡有不至，迹其用心，宜加誅殛，聊從遠竄，以示寬恩。」[45]至此，元祐舊黨官員可謂黜逐殆盡，各自貶竄遠服，生死難卜。紹聖四年（1097）二月，對於已故之司馬光與呂公著等人，身後也免不了一再被追貶的羞辱，三省奏曰：「司馬光、呂公著倡為奸謀，詆毀先帝，變更法度，罪惡至深。……若謂其已死，一切不問，則使後世亂臣賊子何以創艾？至於告老之人，雖已謝事，亦宜少示懲沮。」因此，朝廷制曰：「故司空、同平章軍國事呂公著，資賦陰險，世濟奸回，盜竊虛名，昧冒休寵，可特追貶建武軍節度副

44　以上引述參見《續資治通鑑長編拾補》第1冊，卷9，紹聖元年七月丁巳條，頁432～434。

45　以上引述參見《續資治通鑑長編拾補》第1冊，卷9，紹聖三年八月庚辰條，頁521。

使。」又制曰：「故正議大夫、守尚書左僕射兼門下侍郎司馬光，資詭激之行以盜虛聲，挾矯誣之言以惑愚眾。可特追貶清海軍節度副使。」又制曰：「故端明殿學士、左朝奉郎王巖叟，資險狡之智而濟以敢為，挾兇邪之權而為之死黨，可追貶雷州（今屬廣東）別駕。」又詔：「趙瞻、傅堯俞奪所贈官，以上除王巖叟已罷遺表恩例外，餘並韓維，並追奪遺表致仕子孫親屬所得蔭補陳乞恩例，孫固、范百祿、胡宗愈遺表子孫親屬蔭補陳乞恩例並各與兩人，餘悉追奪。」[46]

元祐黨人所遭彈奏，罪狀非一，對於先帝，則曰其人「毀訕先帝，誣罔聖德，追忿先朝，於先帝不臣。」對於新法，則曰其人「詆譭先政，肆行譏議，非毀先朝所建立，變亂法度。」對於朝臣結構，則曰其人「結固朋黨，陰相黨附，同惡相濟，唱和姦謀。」對於舊黨為人，則曰其人「資賦陰險，深藏狠戾，趨操回邪，懷邪迷國。」對於治理國政，則曰其人「闇不曉事，妄議國計，惑天下之聽。」對於待遇新黨，則曰其人「於先帝顧命大臣，誣毀締構，盡力排逐，擅作威福，褫職奪官。」其中「朋黨營私」，尤為新黨攻擊的藉口，於是，生者一一遭受彈劾而後竄逐，初議薄責者，甚且一再重貶；並且仿照元祐時期，元祐黨人對新黨人士施以謫守方州、安置嶺表的方式，如今舊黨也同樣遭受到如此的命運，且手段更加殘酷，致使劉摯卒於新州（今屬廣東）貶所；梁燾也卒於化州（今屬廣東）貶所。而劉安世先貶英州（今屬廣東），後移高州；范祖禹歷永州（今屬湖南）、賀州、賓州、而至化州（今屬廣東）；王覿編管全州；秦觀編管雷州（今屬廣東）；鄭俠貶英州（今屬廣東）；呂大防貶循州（今屬廣東），於赴貶所途中病故。至於蘇軾，先貶英州（今屬廣東），

---

46 以上司馬光、呂公著、王巖叟追貶事見《續資治通鑑長編拾補》第2冊，卷14，紹聖四年二月己未條，頁549。

後又責降惠州（今屬廣東），再遠謫海南儋州；蘇轍則歷袁州（今屬江西）、筠州（今屬江西）、再遠謫雷州（今屬廣東）、循州（今屬廣東）；而程頤的政治命運，則是於紹聖年間以黨論放歸田里，而後再送涪州（今屬四川）編管[47]。關於元祐舊臣在哲宗紹聖、元符年間屢遭貶竄的概況，參考本文後之【附錄】，足可見一梗概。哲宗紹聖、元符時期，元祐舊黨成員已承受報復之實；至徽宗親政時期，對待元祐黨人的手段，又更變本加利，置黨籍、設學禁，較之哲宗實有過之而無不及者。

第二節　崇寧黨禁產生的原因與經過

一　向后攝政與徽宗初立時期舊黨的復興

元符三年（1100）正月己卯，哲宗「崩於福寧殿，壽二十有五。」在皇位繼承的問題上，當時朝議紛騰，皇太后（向后）曰：「邦家不幸，太行皇帝無子，天下事須早定。」時相章惇厲聲主張曰：「在禮律，當立同母弟簡王。」皇太后（向后）則對曰：「神宗皇帝諸子，申王雖長，緣有目疾。次即端王當立。」章惇又力爭曰：「論長幼之序，則申王為長；論禮律，則同母之弟簡王當立。」皇太后又以哲宗所嘗言而力主端王為嗣，曰：「俱是神宗之子，豈容如此分別？於次端王當立。兼先帝嘗言端王有福壽，又仁孝，不同諸王。」這時，其他大臣則附和皇太后主張，知樞密院事曾布曰：「章惇未嘗與眾商量，皇太后聖論極當。」尚書左丞蔡卞曰：「當依聖

---

[47] 有關舊黨成員被貶逐之事，參考宋・楊仲良撰：《資治通鑑長編紀事本末》（臺北：文海出版社，1969年），卷102，〈哲宗皇帝・逐元祐黨人下〉，頁3158～3178。

旨。」中書侍郎許將亦曰:「合依聖旨。」於是章惇只好從眾,「默然」以對。隨後,召端王以入,皇太后諭曰:「先帝無子,端王當立。」端王固辭再三,太后再三宣諭,章惇等人也進言:「天命所屬,大王當為宗廟社稷大計,不當辭。」於是,「徽宗乃即皇帝位。」由於在爭議帝位人選時,皇太后(向后)支持了端王趙佶,成為宋徽宗(1100～1125),於是徽宗即位後,乃「命中使宣輔臣面諭,請皇太后權同處分軍國事」[48],於是北宋王朝又出現了一段皇太后垂簾聽政的歷史。

　　徽宗即位後,向太后同聽政時期,許多元祐黨人都得到收斂或牽復的機會,如《皇朝編年綱目備要》載元符二年(1100)二月:「凡二十餘人悉牽復有差,(范)純仁、劉奉世、呂希純、王覿、吳安詩、韓川、唐義問,並分司鄧、光、唐、和、澧、隨、安州居住;呂希哲、希績、呂陶、鄭佑,並宮觀,任便居住;蘇軾、蘇轍、劉安世、秦觀、程頤,移廉、永、衡、英、峽等州;王古、楊畏、王欽臣、范純禮、純粹,知潤、襄、兗、亳、信等州;晁補之、張耒,河中府、黃州通判;劉唐老,武勝軍判官;鄒浩、黃隱、黃庭堅、賈易、王回,並與監當差遣。」至於身後追貶、或禍及子孫的責罰,也陸續獲得改善:「尋詔劉摯、梁燾,許歸葬;摯、燾、王珪、呂大防、范祖禹、王巖叟、劉安世、朱光庭諸子並許敘復。」[49]

　　此外,(元符三年夏四月)「己酉,(徽宗)長子亶生。辛亥,大赦天下。」隨著頒布大赦天下的詔令,許多紹聖、元符年間遭受貶竄的元祐舊臣,也進一步得到牽復和量移的機會。據《宋史·徽宗本紀》載:「(元符三年夏四月)丁巳:詔范純仁等復官宮觀,蘇軾

48　見《續資治通鑑長編》第20冊,卷520,元符三年春正月己卯條,頁12357。

49　以上二則引文見《皇朝編年綱目備要》,卷25,〈哲宗皇帝〉,頁1149。

等徙內郡居住。……（五月）己丑：詔追復文彥博、王珪、司馬光、呂公著、呂大防、劉摯等三十三人官。辛卯，還司馬光等致仕遺表恩。」[50]而朝廷的人事安排也隨即有所異動，如《宋史・神宗欽聖獻肅向皇后傳》所言：「凡紹聖、元符以還，惇所斥逐賢大夫士，稍稍收用之。」[51]於是，（元符三年夏四月）甲辰，「以韓忠彥為尚書右僕射兼中書侍郎」，與章惇並相；臺諫也轉由傾向元祐黨人的官員擔任，如豐稷，史載：「徽宗立，以左諫議大夫召，道除御史中丞。入對，與蔡京遇，京越班揖曰：『天子自外服召公中執法，今日必有高論。』稷正色答曰：『行自知之。』是日，論京姦狀，既而，陳瓘、江公望皆言之，未能動。稷語陳師錫等曰：『京在朝，吾屬何面目居此？』擊之不已，京遂去翰林。又乞辨宣仁誣謗之禍。」[52]又如陳瓘，史載：「徽宗即位，召為右正言，遷左司諫。瓘論議持平，務存大體，不以細故藉口，未嘗及人晻昧之過。……惟極論蔡卞、章惇、安惇、邢恕之罪。」[53]又如任伯雨，史載：「使者上其狀，召為大宗正丞，甫至，擢左正言。時徽宗初政，納用讜論，伯雨首擊章惇。……章八上，貶惇雷州。繼論蔡卞六大罪。」[54]又如陳次升，史載：「徽宗立，召為侍御史。極論惇、卞、曾布、蔡京之惡，竄惇於雷，居卞於池，出京於江寧。遷右諫議大夫。獻體道、稽古、修身、仁民、崇儉、節用六事，言多規切。」[55]又如陳師錫，史載：「徽宗立，召拜殿中侍御史。疏言：『元豐之末，中外洶洶矣。宣仁聖后再安天下，委國而治者，司馬光、呂公著爾。章惇誣其包藏禍心，至於追貶，天相陛下，發潛

50　以上引述參見《宋史》第2冊，卷19，〈徽宗本紀一〉，頁359。

51　見《宋史》第11冊，卷243，〈神宗欽聖獻肅向皇后傳〉，頁8630。

52　見《宋史》第13冊，卷321，〈豐稷傳〉，頁10425。

53　見《宋史》第14冊，卷345，〈陳瓘傳〉，頁10962。

54　見《宋史》第14冊，卷345，〈任伯雨傳〉，頁10965。

55　見《宋史》第14冊，卷346，〈陳次升傳〉，頁10971。

繼統,而惇猶據高位,光等贈諡為還,墓碑未復。願早擴宸略,以慰中外之望。』蔡京為翰林學士,師錫言:『京與弟卞同惡,迷國誤朝。……』俄改考功郎中,師錫抗章言曰:『臣在職數月,所言皆當今急務。若以為非,陛下方開納褒獎;若以為是,則不應遽解言職。如蔡京典刑未正,願受貶竄。』」[56]又如龔夬,史載:「徽宗立,召拜殿中侍御史。始上殿,即抗疏請辨忠邪。……時章惇、蔡卞用事,夬首論其惡。……卞事上不忠,懷姦深阻,凡惇所為,皆卞發之,為力居多。望采之至公,昭示譴黜。」[57]又如張庭堅,史載:「徽宗召對,除著作佐郎,擢右正言。帝方銳意圖治,進延忠鯁,庭堅與鄒浩、龔夬、江公望、常安民、任伯雨皆在諫列,一時翕然稱得人。……庭堅為帝言司馬光、呂公著之賢。……又薦蘇軾、蘇轍可用。」[58]由以上所引諸人之言行表現,或稱譽元祐舊臣、或彈劾新黨官員、或為宣仁太后辯誣,種種行事,可見徽宗初立之時,諸臺諫官員之政治立場乃多偏向元祐舊黨者。

由於豐稷、陳瓘、任伯雨、陳次升、陳師錫、龔夬、張庭堅等偏向舊黨的臺諫官員相繼彈奏,新黨成員遂逐一被貶出朝廷,如章惇,史載:徽宗立後,屢為言者所劾,「罷知越州,尋貶武昌軍節度副使,潭州安置。又正言任伯雨論其欲追廢宣仁后,又貶雷州司戶參軍。」[59]又如蔡京,史載:「徽宗即位,罷為端明、龍圖兩學士,知太原。……諫官陳瓘論其交通近侍,瓘坐斥,京亦出知江寧。……御史陳次升、龔夬、陳師錫交論其惡,奪職,提舉洞霄宮,居杭州。」[60]

56　見《宋史》第14冊,卷346,〈陳師錫傳〉,頁10973。
57　見《宋史》第14冊,卷346,〈龔夬傳〉,頁10982～10983。
58　見《宋史》第14冊,卷346,〈張庭堅傳〉,頁10980～10981。
59　見《宋史》第17冊,卷471,〈章惇傳〉,頁13713。
60　見《宋史》第17冊,卷472,〈蔡京傳〉,頁13722。

又如蔡卞，史載：「徽宗即位，諫官陳瓘、仁伯雨、御史龔夬疏其兄弟姦惡。……詔以資政殿學士知江寧府，連貶少府少監，分司池州。」[61] 又如邢恕，史載：「徽宗初，言者論其矯誣，責為少府少監，分司西京，居均州。」[62] 又如呂嘉問，史載：「專附章惇、蔡卞，多殺不辜。……徽宗時，屢暴其宿惡，至分司南京，光州居住，郢州安置。」[63] 許多在哲宗親政後，極力傾陷元祐舊黨之新黨成員，如今又反遭彈奏，先後遭受黜責，貶出朝廷。皆與之相對的，元祐之黨則又相繼還朝，朝政隨之而有新的氣象，對此，明‧王夫之不禁讚譽：「徽宗之初政，粲然可觀。」[64] 但遺憾的是，榮景難以長在，待徽宗親政之後，一切全都變了樣，王夫之認為：「理亂之樞，存乎向后之存歿。」[65] 以下論述徽宗親政後之政治概況。

二　徽宗親政後對舊黨的排斥

元符三年（1100）七月，向后在垂簾數月之後，即還政於徽宗[66]。翌年改元「建中靖國」[67]，針對如此的年號，蓋當時論者謂元祐、紹聖均為有失，故以此名之。《宋史‧仁伯雨傳》載：「建中靖國改元，當國者欲和調元祐、紹聖之人，故以『中』為名。伯雨言：『人才固

61　見《宋史》第 17 冊，卷 472，〈蔡卞傳〉，頁 13729。

62　見《宋史》第 17 冊，卷 471，〈邢恕傳〉，頁 13704。

63　見《宋史》第 14 冊，卷 355，〈呂嘉問傳〉，頁 11189。

64　見《宋論》，卷 8，〈徽宗〉，頁 1。

65　同前註。

66　《宋史》第 11 冊，卷 243，〈神宗欽聖獻肅向皇后傳〉載：「纔六月，即還政。」頁 8630。又《宋史》第 2 冊，卷 19，〈徽宗本紀一〉載：「秋七月丙寅朔，奉太皇太后詔，罷同聽政。」頁 359。

67　《續資治通鑑長編拾補》第 2 冊，卷 17 載：「春正月壬戌朔，改元。」（辛巳，西元 1101 年。）頁 622。

不當分黨與，然自古未有君子小人雜然並進可以致治者。蓋君子易
退，小人難退，二者並用，終於君子盡去，小人獨留。唐德宗坐此致
播遷之禍，建中乃其紀號，不可以不戒。」」[68]仁伯雨語重心長，提出
前代唐德宗即位之初，亦曾以「建中」為年號，期以朝政致中，然不
悟君子小人不可同處之道，終乃致禍；如今徽宗親政，初亦以「建
中」為號，期以之「靖國」，實不可不以史為鑑。

　　朝廷最初的立意雖好，期許各黨和平共處，但是，這種和平的假
象，卻維持不久，其中徽宗個人的政治向背，是值得注意的關鍵問
題。畢竟徽宗為神宗之子、哲宗之弟，因此，對於宣仁太后攝政的元
祐時期，朝臣對神宗政事的非毀，實為在意。據《續資治通鑑長編
拾補》所載，建中靖國元年（1101）七月壬戌，「上因言：『元祐中
詆毀先朝政事人多不詳姓名，可悉錄來。』又言：『人才在外有可用
者，亦具名進入。』又言：『張商英莫亦可使否？』」[69]可見徽宗甚為
在意「元祐中詆毀先朝政事」者，這種清算舊帳的心意，似乎又預告
著元祐黨人將再次罹禍的前奏。其次，徽宗詢問輔政之才，言及張商
英，似乎也意謂著關於政治人才的任用，徽宗已著眼於張商英等新黨
人士；相對的，徽宗對元祐舊臣似無真心之對待，以一例言之，時
張庭堅除著作佐郎，擢右正言，《宋史》本傳載：「庭堅為帝言司馬
光、呂公著之賢，且曰：『陛下踐阼以來，合人心事甚眾，惟夫邪正
殊未差別。如光、公著甄敘，但用赦恩，初未嘗別其無罪也。』又薦
蘇軾、蘇轍可用，頗忤旨。」[70]由徽宗的怒意表現，已可見徽宗對元祐
舊黨的不悅之情。

　　對於徽宗欲擢用張商英等新黨人士，曾布雖嘗建言：「陛下欲持

---

[68] 見《宋史》第14冊，卷345，〈任伯雨傳〉，頁10965。

[69] 《續資治通鑑長編拾補》第2冊，卷17，建中靖國元年七月壬戌條，頁639。

[70] 見《宋史》第14冊，卷346，〈張庭堅傳〉，頁10980～10981。

平用中，破黨人之論以調一天下，孰敢以為不然？而偏見異論之人各
私其黨，又有報復怨仇之意，紛紛不已，致聖意厭惡，此誠可罪。然
元祐、紹聖兩黨，皆不可偏用。臣竊聞江公望嘗為陛下言：『今日之
事，左不可用軾、轍，右不可用京、卞。』緣此等人在朝，決不免懷
私挾怨，互相仇害，則天下士類為之不安；士類不安，則朝廷亦不安
矣。願陛下深思熟計，無使此兩黨得志，則和平安靜，天下無事，陛
下垂拱而治矣。」曾布與江公望的建議是，為避免各黨得勢後，將對
政敵行報復之實，引發朝廷動亂，最好是斷絕引用新、舊兩黨，以謀
安治。結果，「上頷之而已」[71]，顯然徽宗並不完全悅納曾布的意見。

　　而針對曾布的建議，其弟曾肇是持反對意見的，他寫信給兄長曾
布，言：

> 兄與惇、卞異趨，眾所共知。紹聖、元符間，惇、卞有可以擠
> 兄者，無所不為，亦眾所共知。使其得志，未必肯舍兄，就令
> 兄肯與之解仇，彼必不信，亦必不聽。然則不獨宗社生靈、善
> 人君子罹其患害，曾氏之禍必不在眾人之後矣。兄方當國得
> 君，（正宜）引用善人，扶助正道，使小人道消，邪說不作，
> 以杜絕惇、卞復起之萌。而數月以來，世所謂善人端士者相
> 繼去朝，其在內者亦皆置之閑地，惛惛無氣；而所進用以為輔
> 臣、從官、臺諫者，往往皆前日事惇、卞者。今日兄勢方盛，
> 彼固不敢言及惇、卞，一旦兄勢稍不如今日之盛，彼固不肯引
> 元祐人及世所謂善人端士者，則必首引惇、卞自為固位之計。
> 人主平日所聞，皆毀訾元祐人之言，而世所謂善人端士又未必
> 盡知，則其勢不得不用惇、卞；惇、卞果至，未暇卹其他，曾

71　以上引述參見《續資治通鑑長編拾補》第2冊，卷17，建中靖國元年七月壬戌條，
　　頁639。

氏之禍，其可逃哉！思之可為寒心，可為痛心，可為慟哭，不
知亦曾思之否？[72]

曾肇在信中，詳細對兄分析利害情勢，首先指出曾布與章惇、蔡卞之
間「道不同不相為謀」的關係，及彼此間難以化解的怨仇；其次，指
出當今朝廷的局勢，多是新黨成員掌控朝政，可謂是小人道長，君子
道消，他期許兄長能借勢引用善人端士輔政，以使小人道消，否則一
旦曾布失勢，而小人得勢，則必引章惇、蔡卞等人竊居要津，則上自
國家社稷，中至曾氏家族，下至黎民百姓，皆將蒙受其害。思及小人
報復的殘酷行徑，曾肇不寒而慄，故再三以痛心疾首之心情，乞兄深
思！

收到曾肇的信後，曾布回信言道：

上踐祚之初，深知前日之敝，故盡收元祐竄斥之人，逐紹聖之
挾怨不逞者，欲破朋黨之論，泯異同之迹，以調一士類。而元
祐之人，持偏如故，凡論議於上前，無非譽元祐，而非熙寧、
元豐，欲一切為元祐之政，不顧先朝之逆順，不卹人主之從
違，必欲回奪上意，使舍熙、豐而從元祐，以遂其私志。致
上意憤鬱，日厭元祐之黨，乃復歸咎於布，合謀併力，詭變百
出，必欲逐之而後已，上意益以不平。[73]

信中道出徽宗即位之初，亦對元祐舊黨牽復，而逐紹聖新黨；然則，
元祐黨人還朝後的政治行為，卻持偏如故，一味譽元祐而非熙、豐，
甚至欲復元祐之政，如此的言行，使得徽宗日漸感到不滿，於是轉而
有起用紹聖之人的意圖。而對於弟肇的擔憂，曾布也回信寬慰曰：

---

[72] 同前註，頁639～640。

[73] 同前註，頁640。

布自熙寧立朝，以至今日，時事屢變，惟其不雷同熙寧、元豐
之人，故免元祐之禍；惟其不附會元祐，故免紹聖之中傷，坐
視兩黨之人，反覆受禍，而獨泰然自若。其自處亦必麤有義
理，以至處今日風波之中毅然中立。每自謂存心無愧於天，無
負於人，神之聽之，介爾景福，使此言不足信則已，若果有
此理，元祐及惇、卞之黨亦何能加禍於我哉？恐未至貽家族之
禍，為祖考之辱而累及親友也。[74]

曾布在信中頗富自信，認為自己深諳「明哲保身」之道，故能歷熙
豐、元祐、紹聖而免於禍患；且自謂俯仰無愧，無負於人，即使章
惇、蔡卞得勢，亦將無法加禍其身，乃至其家族親友。然而，自認聰
明一世的曾布，竟不明「欲加之罪，何患無辭」之道，隨後的政治發
展，完全出乎其預料，史載：「明年，又改元崇寧，召蔡京為左丞，
京與布異。」於是曾布乃不安於朝，屢為御史攻之，遂遭罷黜，出
知潤州；然則，「京積憾未已，加布以贓賄，令開封呂嘉問逮捕其諸
子，鍛鍊訊鞫，誘左證使自誣而貸其罪。布落職，提舉太清宮、太平
居住。又降司農卿，分司南京。又以嘗薦學官趙諗而諗叛，責散官，
衡州安置。又以棄湟州，責賀州別駕，又責廉州司戶。凡四年，乃徙
舒州，復太中大夫、提舉崇福宮。大觀元年（1107），卒於潤州，年
七十二。」[75]可見自蔡京用事，曾布則屢遭羅織迫害，且失寵於徽宗，
故而一貶再貶，終究難回朝廷而卒於貶所；其間，也牽連子孫下獄；
至於其弟曾肇也受連累，前日的諫語，言猶在耳，但曾肇的擔憂卻不
幸應驗，《宋史·曾肇傳》載：「兄布在相位，引故事避禁職。……
崇寧初，落職，謫知和州，徙岳州，繼貶濮州團練副使，安置汀州。

74　同前註，頁640～641。
75　以上引述見《宋史》第17冊，卷471，〈姦臣一·曾布傳〉，頁13716～13717。

四年，歸潤而卒，年六十一。」[76]

回顧建中靖國元年（1101）七月的歷史，當時曾布未採納其弟曾肇的勸諫，引用善人端士以使小人道消，反而對徽宗極陳：「元祐、紹聖兩黨姦惡，皆不可令得志。使軾、轍、京、卞在朝，則更相報復，無有窮已，天下無安靜之理。」徽宗深為嘉納；布又言：「貶責之人，但可復職，實之名藩巨鎮，無所不可，但不可在朝廷耳。蓋在下之人不安，則朝廷不安，非持平用中之意也。」上尤稱愜。曾布又「具內外之材可稱者數十輩以聞，並具詆訾先朝紹聖、元符不許敘復人姓名進入。」[77]曾布這些作為，無疑讓徽宗對元祐舊黨的排斥之心日益加深。在這之後，許多元祐舊黨漸次被逐出朝廷，至建中靖國元年（1101）九月，言官陳瓘因「與丞相（曾布）議事多不合」[78]，數上奏章未合徽宗之意，也遭貶黜。據《續資治通鑑長編拾補》所載，陳瓘既黜，上諭蔣之奇、章粢曰：「瓘為李清臣所使，元祐人逐大半，尚敢如此。曾布以一身當眾人擠排，誠不易。卿等且以朕意，再三慰勞之。」是日，布入對，留身面謝，慰勞加勤，且謂布曰：「元祐小人，不可不逐。」布對曰：「陛下初下詔，以為用人無彼時此時之異，若臣下便能將順奉行，則必不至今日如此分別。然偏見之人，終不可率，當更緩治之。」上曰：「卿何所畏？」且曰：「卿多隨順元祐人。」布曰：「臣非畏人者，處眾人洶洶中，獨賴眷屬，有以自立，偏見異論之人誠不少，彼不肯革面，固當去之。然上體陛下仁厚之德，每事不敢過當，故欲從容中節耳。若言臣隨順及畏元祐人，不知

76 　見《宋史》第13冊，卷319，〈曾肇傳〉，頁10395。
77 　以上引述見《續資治通鑑長編拾補》第2冊，卷17，建中靖國元年七月癸未條，頁641。
78 　見《宋史》第14冊，卷345，〈陳瓘傳〉，頁10962。

聖意為如何？」上笑曰：「豈有此，但人言如此，故及之。」[79]從以上曾布與徽宗之對話中，可見徽宗對元祐黨人怒意已深，逐意日堅；而從君臣笑語中，也可見曾布對徽宗表態，凸顯其欲附和徽宗逐元祐黨人之意。此後，「布獨當國，漸進『紹述』之說。」[80]

三　崇寧黨禁與元祐黨籍之設置

據《宋史・鄧洵武傳》所載：

> 徽宗初，（洵武）改秘書少監，既而用蔡京薦，復史職。御史陳次升、陳師錫言：「洵武父綰在熙寧時以曲媚王安石，神宗數其邪僻姦回，今置洵武太史，豈能公心直筆，發揚神考之盛德，而不掩其父之惡乎？且其人材凡近，學問荒繆，不足以污此選。」不聽，遷起居郎。時韓忠彥、曾布為相，洵武因對言：「陛下乃先帝子，今相忠彥乃琦之子。先帝行新法以利民，琦嘗論其非，今忠彥為相，更先帝之法，是忠彥能繼父志，陛下為不能也。必欲繼志述事，非用蔡京不可。」京出居外鎮，帝未有意復用也，洵武為帝言：「陛下方紹述先志，群臣無助者。」乃作〈愛莫助之圖〉以獻。其圖如《史記》年表，列旁行七重，別為左右，左曰元豐，右曰元祐，自宰相、執政、侍從、臺諫、郎官、館閣、學校各為一重。左序助紹述者，執政中唯溫益一人而已，餘不過三四，若趙挺之、范致虛、王能甫，錢遹之屬而已。右序舉朝輔相、公卿、百執事

79　以上引述見《續資治通鑑長編拾補》第2冊，卷18，建中靖國元年九月己未條，頁657。

80　見《宋史》第17冊，卷471，〈姦臣一・曾布傳〉，頁13716。

咸在，以百數。帝出示曾布，而揭去左方一姓名。布請之，帝
曰：「蔡京也。洵武謂非相此人不可，以與卿不同，故去之。」
布曰：「洵武既與臣所見異，臣安敢豫議？」明日，改付溫
益。益欣然奉行，請籍異論者，於是決意相京。進洵武中書舍
人、給事中兼侍講，修撰《哲宗實錄》，遷吏部侍郎。[81]

關於鄧洵武上〈愛莫助之圖〉的始末，宋・岳珂《桯史》有較為詳細
的記述，其言曰：

建中靖國初，韓文定忠彥當國，黨禍稍解，天下吐氣。鄧洵武
為起居郎，乘間以紹述熙、豐政事為言，上意雖不能無動，而
未始堅決也。鄧氏有位中丞者曰綰，成都人，在熙寧初，倅寧
州。嘗上言，陛下得聖臣，行「青苗」良法，臣以寧州民心歡
悅者占之，天下可從知矣，惟陛下堅守勿變，毋惑流俗。王荊
公喜，薦於上，遂階召擢。是時蜀士在朝者，咸唾罵之。綰
有「唾罵從汝，好官須我為之」之語。洵武，蓋其子也。自度
清議必弗貸，且有駟不及舌之慮，懼文定知之，未知所以回天
者，憂形於色。有館客者聞之，獻計曰：「新法者，神考所行
之法也。韓琦實嘗沮之，為條例司所駁，先帝以其勳勞弗之
罪。今忠彥得政而廢新法，是忠彥能紹述琦之志也。忠彥為人
臣，尚不忘其父；上為天子，乃忘其父兄耶！誠能以此為上別
白，上必感動。」洵武喜謝不及，造膝，如其言，玉色愀然，

---

81 見《宋史》第13冊，卷329，〈鄧洵武傳〉，頁10599～10600。〔案：《續資治通鑑
長編拾補》第2冊，卷18，建中靖國元年十一月壬午條，頁660，所述大略相似。
唯不同者，乃載：「（建中靖國元）十一月壬午，三省奏事訖，右僕射曾布獨留，
進呈內降起居郎鄧洵武所進〈愛莫助之圖〉。」鄧洵武既薦蔡京為相，京既與布異
論，曾布似無由為之進圖，待考。〕

亟喻之。於是崇寧改元，天下曉然知其意矣。洵武復進一圖，
曰〈愛莫助之圖〉，以豐、祐人才，分而為二，能紹述者居
左，惟溫益而下一二人；而列於右者皆指為害政，蓋舉朝無遺
焉。於左列之上，密覆一名曰蔡京，謂非相蔡京不可，上覽而
是之。洵武亦馴致政地，卒之成蔡氏二十年擅國之禍，胎靖康
裔夷之酷者，此圖也。初，神宗既用荊公，隨亦厭之，綰薦荊
公之子雱，宸筆中出，以綰操心頗僻，賦性奸回，論事薦人，
不循分守，遂罷中丞，知虢州。夫洵武以左史薦宰相，以庶僚
變國論，可謂不循分守者矣，是以似之者歟！[82]

《桯史》詳細述其始末，首先，溯源神宗時期洵武之父鄧綰獻媚於王
安石，而召擢升之醜事，不僅當時為朝士所不恥，至洵武於徽宗朝為
官之際，猶畏清議；其次，言及神宗朝施行新法，時韓琦曾沮之，而
今其子忠彥為徽宗時相，洵武尤懼忠彥知其父之往事，而憂心忡忡。
其次，即言及有客獻計，欲洵武進言，謂忠彥廢新法，乃紹述其父之
志，何況君上竟不能紹述父兄之志耶？洵武乃以其說亟言之，果然，
翌年即改元「崇寧」，即崇奉神宗熙寧之政，其意不言而喻。而洵武
又進〈愛莫助之圖〉，圖將元祐黨人與助紹述者，分類臚列，並指出
今能尊徽宗而助紹述者少；至於非新法、害新政之元祐黨人則佈滿
朝廷，凸顯徽宗欲紹述父兄之志的孤立無助，藉以密意「非相蔡京不
可」，自此，徽宗決意用蔡京，洵武也驟升政要之地，而後造成蔡氏
擅權二十年的國禍，甚至靖康之難亦以此啟其端，為孽深矣！

　　綜合《宋史・鄧洵武傳》與《桯史》所述來看，所謂〈愛莫助之
圖〉，其所以作之者，實為剷除異己所謀，指出「非相蔡京不可」，
即欲傾韓忠彥與曾布二相；而臚列百官莫助徽宗紹述者，即欲藉此激

82　見《桯史》，卷15，〈愛莫助之圖〉，頁4463。

怒徽宗，以達其攻伐異己之目的；至於溫益提出「請籍異論者」之說，實為日後之「崇寧黨禁」揭開序幕。

徽宗接受鄧洵武之建議後，翌年改元「崇寧」（1102～1106），自此，更清楚地呈現出紹述神宗政事的政治立場。隨後，蔡京一再擢升，隨著蔡京的返朝，黨同伐異的政治鬥爭又陸續展開，史載：「崇寧元年，（蔡京）徙大名府。韓忠彥與曾布交惡，謀引京自助，復用為學士承旨。徽宗有意修熙、豐政事，起居舍人鄧洵武黨京，撰〈愛莫助之圖〉以獻，徽宗遂決意用京。忠彥罷，拜尚書左丞，俄代曾布為右僕射。制下之日，賜坐延和殿，命之曰：『神宗創法立制，先帝繼之，兩遭變更，國是未定。朕欲上述父兄之志，卿何以教之？』京頓首謝，願盡死。二年，進左僕射。」[83]由上所述，可知徽宗已明白表示其國策方針，所欲倚重者即為蔡京；而蔡京傾韓忠彥與曾布二相，終於獨攬大權，遂肆意妄行，無所忌憚，史載：「京起於逐臣，一旦得志，天下拭目所為，而京陰託『紹述』之柄，箝制天子，⋯⋯祖宗之法蕩然無餘矣。⋯⋯威福在手，中外莫敢議。」[84]字裡行間，莫不描繪著蔡京小人得志、禍國殃民的姦臣形象。

蔡京在朝廷立穩腳步後，遂與其黨傾陷善良端士，首先是劃除朝廷異己，如史載：「崇寧元年（1102）四月乙未，蔡京入對。」其黨溫益留對，「乞因事削劉奉世、張舜民、劉安世、呂希純、王覿等職名，至是安世、希純、舜民落職。」[85]其次，傾軋的對象即是元祐黨人。崇寧元年（1102）五月，即有臣僚上言：

> 臣聞天下之罪，其名不正，則天下之善無自而明。神考在位凡

---

83 見《宋史》第17冊，卷472，〈姦臣二・蔡京傳〉，頁13722～13723。
84 同前註，頁13723～13724。
85 見《續資治通鑑長編拾補》第2冊，卷19，崇寧元年四月乙未條，頁676。

十有九年，所作法度，皆本先王。元祐黨臣秉政，紊亂殆盡，
朋姦罔上，更唱迭和。氣焰薰炙，不可嚮邇者，皆神考之罪人
也。紹聖追復，雖以竄逐；陛下即位，仁德涵養，使之自新，
黨類實繁，所在連結，罪廢者一旦牽復，不以其漸，所與過
當，又復紛然，莫之能禦，內外相應，寖以滋蔓，為害彌甚。
今皆坐享榮名顯職，厚祿大郡，以至分居要路，疑若昔未嘗有
罪者，非所以正名也。

又言：

今姦黨姓名具在，文案甚明，有議法者、有行法者、有為之唱
者、有從而和者，罪有輕重，情有淺深，使有司條析區別行
遣，使各當其罪，數日可畢。庶幾得罪名者，無所致怨，不憂
後禍。觀望者消於冥冥之中，天下忠臣良士，各得自盡以悉心
於上，不疑復有害之者，以顯神考盛德大業，以成陛下繼志述
事之孝，而天下可以無為而治矣。伏望早賜施行。[86]

首篇奏章中，強烈抨擊元祐黨人的亂政誤國，認為他們雖經紹聖的貶
竄，然徽宗即位後予以牽復，凡此元祐黨人卻故態復萌，朋比為奸，
為害益甚，而坐享榮祿，彷彿未嘗罪者。進而，次篇奏章則具體建
議，宜針對所謂「元祐姦黨」之罪愆，依其情節之輕重深淺，明正其
刑，以使各當其罪，也令觀望者引以為戒，如此肅清異議者，方能使
徽宗紹述之政順利施行。於是，朝廷首先即下詔貶責了安燾、王覿、
豐稷、陳次升、呂仲甫、李清臣等人，「詔：觀文殿學士、知河南府
安燾降充端明殿學士，龍圖閣學士、知潤州王覿降充龍圖閣學士，

86　以上二則引文見《續資治通鑑長編拾補》第2冊，卷19，崇寧元年五月乙丑條，頁
677。

樞密直學士、知越州豐稷降充寶文閣待制，顯謨閣待制、知潁昌府陳次升降充集賢殿修撰，左朝議大夫、集賢殿修撰、知應天府呂仲甫落職；故資政殿大學士、贈金紫光祿大夫李清臣奪職，追所贈官，並例外所得恩例指揮更不施行。」事隔二、三日，「劉奉世落端明殿學士、知徐州。」[87]可謂生者予以貶竄、奪職，亡者則追奪所贈官與恩例。

隨後，又有臣僚上疏，否定向后垂簾時對元祐舊臣敘復的措施，其言：

> 伏見先朝貶斥司馬光等異意害政，大臣論列，布告中外，天下共知。方陛下即位之初，未及專攬萬機之際，當國之臣，不能公心平意，檢會事狀，詳具進呈，以次牽復，今日再招人言，遂至煩紊。臣愚，伏望陛下明諭執政大臣，使公共參議，詳酌事體，原輕重之情，定大小之罪，上稟聖裁，特賜行遣。如顯有欺君負國之實迹，自宜放棄，不足收卹。其間亦有干連牽掛，偏執愚見，情非姦誣者，乞依近年普博之恩，使有自新之路，則天下之氣平，而紛紛之論息矣。

又言：

> 蘇轍坐窮兵黷武之謗，如此之類有實迹者，宜行放棄。

又言：

> 曾經責降人、見今任監司藩部者，必不肯公心奉行法度，亦乞朝廷契勘，改授閑慢差遣。

---

[87] 以上二則引文見《續資治通鑑長編拾補》第2冊，卷19，崇寧元年五月乙丑條，頁677～678；及戊辰條，頁678。

又言：

> 竊見元符之末，簾帷同聽政之日，元祐大臣乘間用事，盡復紹
> 聖間負罪責降之人，或盡復舊官，或超授職任，不問其得罪之
> 因，惟務合黨，扶同異論。賴陛下察見弊端，力持正道，保全
> 神考法度，紹復祖宗基業，萬世之治，自此而定。然前後得罪
> 之人所授官職過當，與援引之姦不治，未厭公論云云。伏望聖
> 慈令所屬取上件合該行遣之人，或削奪官職，或旋行懲戒，各
> 以類舉，必當其罪，即號令簡重，刑罰肅清。[88]

上疏臣僚所上之奏文，主要即針對元祐黨人而發，否定向后垂簾時期
對他們不問罪責的牽復；如今聖君親政，明察弊端，即須重新核實其
罪，依罪行遣，或追奪贈官；並以蘇轍為例，即屬察有實迹者，宜行
放棄。總之，原明其罪，即當各以類舉，依其輕重，施以削官奪職，
或進行懲戒，以肅清政風。

　　朝廷接受了上疏臣僚的建議，五日後下詔：包括司馬光、呂公
著、文彥博、呂大防、劉摯、梁燾、王巖叟、蘇軾、王存、鄭雍、
傅堯俞、趙瞻、趙卨、孫升、孔文仲、朱光庭、秦觀、張茂則、范
純仁、韓維、孫固、蘇轍、范純粹、吳安詩、范純禮、陳次升、韓
川、張耒、呂希哲、劉唐老、歐陽棐、孔平仲、畢仲游、徐常、黃庭
堅、晁補之、韓跂、王鞏、劉當時、常安民、王隱、張保源、汪衍、
余爽、湯戫、鄭俠、常立、程頤、張巽、仁伯雨、陳祐、張庭堅、
商倚、陳瓘、龔夬等五十餘人，其中包含了元祐舊臣，及徽宗時期
傾向元祐之朝臣。其中已故者，皆再次責降並追奪所贈官與恩例；至

88　以上四則引文俱見續資治通鑑長編拾補》第2冊，卷19，崇寧元年五月庚午條，頁
　　678～679。

於仍在世者，則遭受降黜之責，「制詞皆右僕射曾布所草定」。其中
尤其針對「元祐舊臣」來說，現今朝廷視元符末向后垂簾時對他們的
牽復是一種「誤恩」，如今推原罪愆，仍然是「在所當誅」，因而再
次「追削故官，置之冗散，庶其黨類，知所創懲。」[89]此外，朝廷又下
詔：「應元祐併元符末今來責降人除韓忠彥曾任宰臣，安燾係前任執
政官，王覿、豐稷見任侍從官外，蘇轍、范純禮、劉奉世、范純粹、
劉安世、賈易、呂希純、張舜民、陳次升、韓川、呂仲甫、張耒、歐
陽棐、呂希哲、劉唐老、吳安詩、黃庭堅、黃隱、畢仲游、常安民、
劉當時、孔平仲、徐常、王鞏、張保源、晁補之、商倚、張庭堅、謝
良佐、韓跂、馬琮、陳彥默、李祉、陳祐、仁伯雨、陳郛、朱光裔、
蘇嘉、鄭俠、劉昱、魯君貺、陳瓘、龔夬、汪衍、余爽、湯戫、程
頤、朱光庭、張異、張士良、曾燾、趙約、譚扆、楊偁、陳恂、張
琳、裴彥臣凡五十餘人，並令三省籍記，不得與在京差遣。」[90]朝廷將
以上諸人逐出京城，目的是藉此斷絕這些所謂「黨人」參與政事的機
會。隨後，朝廷再次正式下詔，對以上懲處黨人之事作一公開之說
明，曰：

> 昔在元祐，權臣擅邦，倡率朋邪，詆訨先烈，善政良法，肆為
> 紛更。紹聖躬攬政機，灼見群慝，斥逐流竄，具正典刑。肆朕
> 纘承，與之洗滌，悉復收召，寘諸朝廷。而締交合謀，彌復膠
> 固，惟以沮壞事功，報復仇怨，為事翕翕訛訿，必一變熙寧、
> 元豐之法度，為元祐之政而後已。凡所論列，深駭朕聽，至其
> 黨與，則遷敘不次，無復舊章。或繇冗散之中登殿閣而滿方

---

[89] 以上所述，詳見《續資治通鑑長編拾補》第2冊，卷19，崇寧元年五月乙亥條，頁
679～681。

[90] 以上所引見《續資治通鑑長編拾補》第2冊，卷19，崇寧元年五月乙亥條，頁682。

面，或既狙謝之後還舊職而加橫恩，玩法肆姦，鮮不類此。稍後屏遠，姑務含容。而言路交攻，義不可遏，乃擇其尤者，第加裁削，以適厥中。尚慮中外註慄之人未免反側，宜詳示訓諭，以慰安群情。應元祐以來及元符末嘗以朋比附黨得罪者，除已施行外，自今以往，一切釋而不問，在言責者亦勿復輕言。朕言不渝，群聽毋惑。宜令御史臺出榜朝堂。（詔詞曾布所草定也。）[91]

詔書中，歷數元祐黨人之罪愆，認為他們在宣仁太后垂簾聽政的元祐時期，擅權禍國，毀新法，訕先烈，罪無可赦；故至哲宗親政之紹聖時期，乃明正其罪，斥逐流竄；至徽宗、向后同聽政之元符末，乃至建中靖國時期，予以牽復量移，甚至使其回朝供職，然則，諸元祐黨人，一則以朋黨報復仇怨為事，一則以毀熙豐、譽元祐為務，不念朝廷恩澤，玩法肆姦，紊亂朝政，此罪益深，故朝廷乃擇其尤甚者加以懲戒，自此以往，不加追問，此為朝廷定議，出榜朝堂。總之，認為一切罪過乃元祐黨人咎由自取。

　　為了杜絕政局的反覆，並確立元祐及元符末「不忠之臣」的罪名，崇寧年間，在蔡京的主持下，甚且三立黨人碑，期以為萬世臣子之戒，以下述之：

（一）首次立碑於崇寧元年（1102）九月己亥

　　據《續資治通鑑長編拾補》載，崇寧元年（1102）九月己亥：「御批付中書省：應係元祐責籍並元符末敘復過當之人，各具元籍定姓名人數進入，仍常切契勘不得與在京差遣。」於是蔡京籍「文臣曾任執政官」：文彥博等二十二人；「曾任待制以上官」：蘇軾等三十五

---

[91] 見《續資治通鑑長編拾補》第2冊，卷19，崇寧元年五月丙子條，頁682～683。

人；「餘官」：秦觀等四十八人；「內臣」：張士良等八人；「武臣」：
王獻可等四人，等其罪狀，謂之姦黨，請御書刻石於端禮門[92]，以下
據《續資治通鑑長編拾補》所載敘列之：

類別	黨人姓名	備註
〈文臣曾任執政官〉二十二人	文彥博、呂公著、司馬光、安燾、呂大防、劉摯、梁燾、王巖叟、范純仁、王珪、王存、傅堯俞、趙瞻、韓維、孫固、范百祿、胡宗愈、李清臣、蘇轍、劉奉世、范純禮、陸佃	案：《宋編年通鑑》及《通鑑續編》又有「韓忠彥、鄭雍」二人。《紀事本末》載御史臺抄錄到姓名，亦有「韓忠彥、鄭雍」；《宋元學案·元祐黨案》亦言：「文臣任宰執文潞公等二十四人。」則此文有奪也。
〈曾任待制以上官〉三十五人	蘇軾、范祖禹、王欽臣、姚勔、顧臨、趙君錫、馬默、孔武仲、王汾、孔文仲、朱光庭、吳安持、錢勰、李之純、孫覺、鮮于侁、趙彥若、趙卨、孫升、李周、劉安世、韓川、賈易、呂希純、曾肇、王覿、范純粹、楊畏、呂陶、王古、陳次升、豐稷、謝文瓘、鄒浩、張舜民	

〈餘官〉四十八人	秦觀、湯戫、杜純、司馬康、宋保國、吳安詩、張耒、黃隱、歐陽棐、呂希哲、劉唐老、晁補之、黃庭堅、畢仲游、常安民、汪衍、孔平仲、王鞏、張遷保（張保源）、余爽、鄭俠、常立、程頤、余卞、唐義問、李格非、商倚、張庭堅、李祉、仁伯雨、陳郛、朱光裔、蘇嘉、陳瓘、龔夬、呂希績、歐陽中立、吳儔、呂仲甫、徐常、劉當時、馬琮、謝良佐、陳彥默、劉昱、魯君貺、韓跂（跂）	
〈內臣〉八人	張士良、魯濤、趙約、譚宸、楊偁、陳詢、張琳、裴彥	
〈武臣〉四人	王獻可、張遜、李備、胡田	

（二）第二次立碑於崇寧二年（1103）九月辛丑

是日，根據某臣僚上言：「近出使府界，陳州士人有以端禮門石刻元祐姦黨姓名問臣者，其姓名朝廷雖嘗行下，至於御筆刻石，則未盡知也。陛下孚明賞罰，姦臣異黨，無問存沒，皆第其罪惡，親灑宸翰，紀名刊石，以為天下臣子不忠之戒。而近在畿內輔郡猶有不知者，況四遠乎？欲乞特降睿旨，具列姦黨，以御書刻石端禮門姓名下；外路州軍，於監司長吏廳立石刊記，以示萬世。」於是朝廷下詔從之[93]。從京城至外路州軍，由此擴大了其政治影響。以下據《續資治通鑑長編拾補》所載敘列之：

---

[93] 見《續資治通鑑長編拾補》第2冊，卷22，崇寧二年九月辛丑條，頁773～774。此所頒石刻，即元年九月己亥徽宗手書之碑，而此所籍記姓名，通計祇九十八人。

類別	黨人姓名	備註
〈元祐姦黨曾任宰臣〉八人	文彥博、呂公著、司馬光、呂大防、劉摯、范純仁、韓忠彥、王珪	
〈曾任執政官〉十六人	梁燾、王巖叟、王存、鄭雍、傅堯俞、趙瞻、韓維、孫固、范百祿、胡宗愈、李清臣、蘇轍、劉奉世、范純禮、陸佃、安燾	
〈曾任待制以上官〉三十五人	蘇軾、范祖禹、王欽臣、姚勔、顧臨、趙君錫、馬默、孔武仲、王汾、孔文仲、朱光庭、吳安持、錢勰、李之純、孫覺、鮮于侁、趙彥若、趙卨、孫升、李周、劉安世、韓川、賈易、呂希純、曾肇、王覿、范純粹、楊畏、呂陶、王古、陳次升、豐稷、謝文瓘、鄒浩、張舜民	

〈餘官〉三十九人	秦觀、湯戫、杜純、司馬康、宋保國、吳安詩、張耒、歐陽棐、呂希哲、劉唐老、晁補之、黃庭堅、黃隱、畢仲游、常安民、孔平仲、王鞏、張保源、汪衍、余爽、鄭俠、常立、程頤、唐義問、余卞、李格非、商倚、張庭堅、李祉、陳祐、仁伯雨、陳郛、朱光裔、蘇嘉、陳瓘、龔夬、呂希續、歐陽中立、吳儔	案：據臣僚上言云云，則此所頒石刻，即元年九月己亥徽宗手書之碑，而此所籍記姓名，通計祇九十八人，與元年九月碑人數不同者，以此從元年七月乙酉所出籍記，因截去其碑尾呂仲甫、徐常、劉當時、馬琮、謝良佐、陳彥默、劉昱、魯君貺、韓跋（跂）九人，遂不及武臣、內臣等姓名，故祇九十八人。其所列姓名次序有不同者，傳寫有顛倒也。

（三）第三次立碑於崇寧三年（1104）六月甲辰

是日，朝廷又下詔：「元符末姦黨並通入元祐籍，更不分三等，應係籍姦黨已責降人，並各依舊，除今來入籍人數外，餘並出籍。今後臣僚，更不得彈劾奏陳。」令學士院降詔。其中包括了「文臣曾任宰臣執政官」：司馬光等二十七人；「待制以上官」：蘇軾等四十九人；「餘官」：秦觀等一百七十六人；「武臣」：張巽等二十五人；「內臣」：梁惟簡等二十九人；「為臣不忠曾任宰臣」：王珪、章惇二人。詔：「重定元祐、元符黨人及上書邪等事者，合為一籍，通三百九人，刻石朝堂，餘並出籍，自今毋得復彈奏。」[94]根據蔡京所奏，此次的黨碑，乃是由皇帝書而刊之石，置於文德殿門東壁，永為萬世子孫之戒；而後由蔡京書之，頒於天下，令各州縣皆刻石為記。以下據

94　以上事俱見《續資治通鑑長編拾補》第2冊，卷24，頁810～815。又見《宋史》第2冊，卷19，〈徽宗本紀一〉，頁369。

《續資治通鑑長編拾補》所載敘列之：

類別	黨人姓名	備註
〈文臣曾任宰臣執政官〉二十七人	司馬光、文彥博、呂公著、呂大防、劉摯、范純仁、韓忠彥、曾布、梁燾、王巖叟、蘇轍、王存、鄭雍、傅堯俞、趙瞻、韓維、孫固、范百祿、胡宗愈、李清臣、劉奉世、范純禮、安燾、陸佃、黃履、張商英、蔣之奇	案：海瑞《元祐黨籍考》云凡二十七人。（以上並元符人。）
〈曾任待制以上官〉四十九人	蘇軾、劉安世、范祖禹、朱光庭、姚勔、趙君錫、馬默、孔武仲、孔文仲、吳安持、錢勰、李之純、孫覺、鮮于侁、趙彥若、趙卨、王欽臣、孫升、李周、王汾、韓川、顧臨、賈易、呂希純、曾肇、王覿、范純粹、楊畏、呂陶、王古、豐稷、張舜民、張問、楊畏、鄒浩、陳次升、謝文瓘（《元祐黨籍考》云：以上元祐人。）岑象求、周鼎、徐勣、路昌衡、董敦逸、上官均、葉濤、郭知章、楊康國、龔原、朱紱、葉祖洽、朱師服（《元祐黨籍考》云：以上並元符人。）	

| 〈餘官〉
一百七十七人 | 秦觀、黃庭堅、晁補之、張耒、吳安詩、歐陽棐、劉唐老、王鞏、呂希哲、杜純、司馬康、宋保國、張保源、孔平仲、湯戫、黃隱、畢仲游、常安民、汪衍、余爽、鄭俠、常立、程頤、唐義問、余卞、李格非、陳瓘、仁伯雨、張庭堅、馬涓、孫諤、陳郛、朱光裔、蘇嘉、龔夬、王回、呂希績、歐陽中立、吳儔（《元祐黨籍考》云：以上並元祐人。）尹材、葉伸、李茂直、吳處厚、李積中、商倚、陳祐、虞防、李祉、李深、李之儀、范正平、曹蓋、楊琳、蘇昺、葛茂宗、劉謂、柴袞、洪羽、趙天佐、李新、衡鈞、裦公適、馮百藥、周誼、孫宗、范柔中、鄧考甫、王察、趙峋、封覺民、胡端修、李傑、趙令時、郭執中、石芳、李賁、金極、高公應、安信之、張集、黃策、吳安遜、周永徽、高漸、張夙、鮮于綽、呂諒卿、王貫、朱紘、吳朋、梁安國、王古、蘇迥、檀固、何大受、王箴、鹿敏求、江公望、曾紆、高士育、鄧忠臣、种師極、韓治、都既、秦希甫、錢景祥、周綍、何大正、呂彥祖、梁寬、沈千、曹興宗、羅鼎臣、劉勃、王極、黃安期、陳師錫、于肇、黃遷、王挾正、許堯輔、楊朏、胡良、梅君俞、寇宗顏、張居、李修、逢純熙、高遵裕、黃才、曹盥、侯顯道、周遵道、林膚、葛輝、宋壽岳、王公彥、王交、張溥、許安修、劉吉甫、胡潛、董祥、楊璟寶、倪直孺、蔣津、王守、鄧允中、梁俊民、王陽、張裕、陸表民、葉世英、謝潛、陳唐、劉經國、扈充、張恕、蕭刓、趙越、滕友、江洵、方适、陳并、洪芻、周鍔（諤）、許端卿、李昭玘、向訓、陳察、鍾正甫、高茂華、楊彥璋、廖正一、李夷行、彭醢、梁士能。（《元祐黨籍考》云：以上元符人。） | |

〈武臣〉 二十五人	張巽、李備、王獻可、胡田、馬諗、王履、趙希夷、任濬、郭子旂、錢盛、趙希德、王長民、李永、王庭臣、吉師雄、李愚、吳休復、崔昌符、潘滋、高士權、李嘉亮、王琉、劉延肇、姚雄、李基	
〈內臣〉 二十九人	梁惟簡、陳衍、張士良、梁知新、李倬、譚扆、竇鉞、趙約、黃卿從、馮說、曾燾、蘇舜民、楊偁、梁弼、陳恂、張茂則、張琳、裴彥臣、李偁、閻守懃、王紱、李穆、蔡克明、王化基、王道、鄧世昌、鄭居簡、張祐、王化臣（《元祐黨籍考》云：以上並元符人。）	
〈為臣不忠，曾任宰臣〉二人	王珪、章惇	

據《宋元學案・元祐黨案》載全謝山〈又跋元祐黨人碑〉云：「張章簡公綱在紹興中〈奉詔看詳元祐黨人名籍狀〉云：『臣等看詳黨人碑刻共有二本，一本計九十八人，一本計三百九人，雖皆出於蔡京私意，而九十八者，係是崇寧初年所定，多得其真。其後蔡京再將上書人及己所不喜者作附麗人，添入黨籍，冗雜至三百九人。看詳九十八人內，除王珪一名不合在籍，自餘九十七人多是名德之臣，曾任宰相者司馬光、文彥博、呂公著、呂大防、劉摯、范純仁、韓忠彥七人，曾任執政者梁燾、王巖叟、王存、鄭雍、傅堯俞、趙瞻、韓維、孫固、范百祿、胡宗愈、李清臣、蘇轍、劉奉世、范純禮、陸佃、安燾十六人，曾任待制以上者蘇軾、范祖禹、王欽臣、姚勔、顧臨、趙君錫、馬默、孔武仲、王汾、孔文仲、朱光庭、吳安持、錢勰、李之純、孫覺、鮮于侁、趙彥若、趙卨、孫升、李周、劉安世、韓川、賈易、呂希純、曾肇、王覿、范純粹、楊畏、呂陶、王古、陳次升、豐稷、謝文瓘、鄒浩、張舜民三十五人，庶官秦觀、湯馘、杜

純、司馬康、宋保國、吳安詩、張耒、歐陽棐、呂希哲、劉唐老、晁補之、黃庭堅、黃隱、畢仲游、常安民、孔平仲、王鞏、張保源、汪衍、余爽、鄭俠、常立、程頤、唐義問、余卞、李格非、商倚、張庭堅、李祉、陳祐、仁伯雨、陳郛、朱光裔、蘇嘉、陳瓛、龔夬、呂希績、歐陽中立、吳儔三十九人。所有三百九人，豁除九十七人。其餘更有侍從官上官均、岑象求及餘官江公望、范柔中、鄧考甫、孫諤等六人，名德亦顯然可見。此外二百餘人，姓名有不顯者，及當時議論是非，年遠別無文字考究，難以雷同開具，是後推恩指揮。且此一百三家，以章簡之奏也。』予讀《元城語錄》云：『元祐黨人只七十八人。所謂九十七人者，已附益十九人矣。』其中以予所知，如李清臣豈應在元祐之內？鄭雍亦附章惇，而陸佃雖在荊公弟子中為較勝，然要不得云元祐之人也。楊畏之惡，當駕李清臣而上之。至庶官中，亦多庸人厠其間。然則章簡以前碑為定者，亦非不易之論也。後碑正自多賢人，特混入者亦不可不考耳。」[95] 從以上所述，可知張章簡公綱在高宗紹興年間所看到的元祐黨人碑刻有二本，分別是崇寧二年（1103）以及崇寧三年（1104）的兩次碑刻，而在他的認知當中，真正的元祐黨人碑，應是刻於崇寧二年（1103）者，其中除去王珪之外的九十七人；至於崇寧三年（1104）所刻的三百九人，雜有元符末上疏人，以及蔡京「所不喜者」，因此嚴格來說，不能稱之為「元祐黨人」。但謝山認為，若據《元城語錄》所載，元祐黨人只七十八人，其餘十九人皆是附益；並且認為如李清臣等輩亦不得歸於其中。可見，關於「元祐黨人」之說，實眾說紛紜，莫衷一是，各自有其主觀認知與見解，皆非不易之論也。

　　針對立黨建碑之事，宋·王明清《玉照新志》曾有一段論述，

---

[95] 見《宋元學案》第6冊，卷96，〈元祐黨案〉，頁715～717。

曰：

> 元祐黨人，天下後世莫不推尊之。紹聖所定止七十三人，至
> 蔡元長（京）當國，凡所背己者皆著其間，殆至三百九人，
> 皆石刻姓名頒行天下。其中愚智溷淆，不可分別，至于前日
> 詆訾元祐之政者，亦獲厠名矣。唯有識講論之熟者，始能辨
> 之。然而禍根實基于元祐嫉惡太甚焉。呂汲公（大防）、梁況
> 之（燾）、劉器之（安世）定王介甫（安石）親黨呂吉甫（惠
> 卿）、章子厚（惇）而下三十人，蔡持正（確）親黨安厚卿
> （燾）、曾子宣（布）而下六十人，榜之朝堂。范淳父（祖禹）
> 上疏以為：「殲厥渠魁，脅從罔治。」范忠宣（純仁）太息語
> 同列曰：「吾輩將不免矣！」後來時事既變，章子厚建元祐
> 黨，果如忠宣之言。大抵皆出于士大夫報復，而卒使國家受其
> 咎，悲夫！[96]

在舊黨執政時期，曾經貶逐熙寧、元豐新黨，並且開列王安石、蔡確
親黨名單，立於朝堂，這實質上是元祐黨人認為君子小人不可並處的
觀念反映[97]，然而這一行為，即種下日後新黨反撲的禍因，紹聖之遠
逐舊黨，及崇寧年間的元祐黨人碑，其對付政敵的手段不僅如出一
轍，甚至實有過之而無不及。

行之數年的元祐姦黨碑，時至崇寧五年（1106）正月乙巳，由於
星變才下詔除毀。《續資治通鑑長編拾補》載：「詔：以星文變見，
避正殿，損常膳，中外臣僚等並許直言朝廷闕失。」又詔：「應元祐

96　見宋・王明清撰，汪新森、朱菊如校點：《玉照新志》（上海：上海古籍出版社，
　　2001年12月第1版，《宋元筆記小說大觀》第4冊），卷1，頁3897。
97　此論參考蕭慶偉：《北宋新舊黨爭與文學》（北京：人民文學出版社，2001年6月
　　第1版），第一章第三節，〈元祐更化與北宋黨爭的蛻化〉，頁41。

及元符末係籍人等，今既遷謫累年，已足懲戒，可復仕籍，許其自
新。朝堂刻石，已令除毀，如外處有姦黨石刻，亦令除毀，今後更不
許以前事彈糾，常令御史臺覺察，違者劾奏。」同月庚戌日，三省同
奉旨敘復元祐黨籍曾任宰臣、執政官劉摯等十一人，待制以上官蘇軾
等十九人，文臣餘官任伯雨等五十五人，選人呂諒卿等六十七人[98]。
徽宗雖畏於星變而下詔毀黨碑、復元祐黨人官職，然則元祐黨人污
名仍在，《朱子語類》載：「徽宗因見星變，即令衛士仆黨碑，云：
『莫待明日，引得蔡京又來炒。』明日，蔡以為言，又下詔云：『今雖
仆碑，而黨籍卻仍舊。』」[99]可見毀碑之舉，只是一個形式，元祐、元
符黨人及上書邪等者，所被烙下「姦黨」的歷史印記，並未真正消
除；直至欽宗靖康元年（1126）二月壬寅下詔：「除元祐黨籍、學術
之禁」[100]，至此，元祐黨籍才正式由朝廷下詔消除，然則，北宋國勢已
沉淪不堪。隨後，朝廷南渡，高宗立朝，建炎元年（1127）六月大赦
後，朝廷下詔：「還元祐黨籍及上書人恩數」[101]，此時，元祐黨人所承
受的歷史污名才終於獲得平反。

　　以上為元祐黨人在哲宗、徽宗親政後，在政治層面上受到報復打
擊的實際概況。然則，元祐黨人的災禍尚不只如此，哲宗、徽宗朝對
付元祐舊黨的方式，皆由政治之禍，進而更延伸至學術之禍，以下分
別述之。

---

[98] 以上事俱見《續資治通鑑長編拾補》第 2 冊，卷 26，頁 868。又見《宋史》第 2
　　冊，卷 20，〈徽宗本紀二〉，頁 375。
[99] 見《朱子語類》第 8 冊，卷 127，〈本朝一・徽宗朝〉，頁 3048。
[100] 見《宋史》第 2 冊，卷 23，〈欽宗本紀〉，頁 424。
[101] 見《宋史》第 2 冊，卷 24，〈高宗本紀一〉，頁 446。

第三節　關於「元祐學術」之禁

一　哲宗時期對「元祐」文字的相關舉措

（一）禁毀元祐學術文字

　　自哲宗至徽宗時期，經歷了數次的政黨輪替。在新黨執政期間，為了徹底顛覆元祐政局，除了在政治層面貶竄元祐舊臣，斷絕其政治勢力，並施予無所不至的打擊之外；更因人而廢其文字，將報復的觸角延伸至學術思想層面，這種學術文化之禍，可說是隨同政治之禍而一併產生的。據史料所載，在哲宗親政時期的紹聖年間，即已開始禁止元祐學術，如宋·何薳《春渚紀聞》所載：

> 紹聖間（1094～1097），朝廷貶責元祐大臣及禁毀元祐學術文字。[102]

其中所載「禁毀元祐學術文字」，是一個比較籠統的說法。至於個例上的記載，試舉數例以見之，如宋·楊仲良《資治通鑑長編紀事本末》載：

> ○（紹聖元年七月丁巳）詔：「司馬光、呂公著各追所贈官，并謚告，及追所賜神道碑額，仍下陝州、鄭州，各差官計會本縣于逐官墳所，拆去官修碑樓，磨毀奉敕所撰碑文訖奏。」
>
> ○（紹聖元年七月丁巳）詔：「（內臣）陳衍追毀出身以來文

---

[102] 見宋·何薳撰，鍾振振校點：《春渚紀聞》（上海：上海古籍出版社，2001年12月第1版，《宋元筆記小說大觀》第3冊），卷5，〈張山人謔〉，頁2412。

字，除名勒停，送白州編管。」[103]

○（紹聖四年二月庚辰）程頤追毀出身以來文字，放歸田
里。[104]

○（紹聖四年閏二月丁亥）詔：「上清儲祥宮御篆碑文蘇軾所
撰，已令毀棄，宜差蔡京撰文並書。」[105]

○（元符元年九月壬戌）詔：「元祐指揮更不施行，並令改
正。鄭俠追毀出身以來文字，除名勒停，依舊送英州編
管，永不量移。」

○（元符元年十一月癸丑）三省言元豐末王鞏累上書議論朝
政，表裏奸臣，欲盡變更先朝法度。……詔：「朝散郎王鞏
特追毀出身以來告敕文字，除名勒停，送全州編管。」[106]

此外，據《皇朝編年綱目備要》所載：「（元符二年九月），毀元祐碑
刻。」[107]由以上資料，可知大約從哲宗親政的紹聖元年（1094）起，

---

[103] 以上二則引文見《資治通鑑長編紀事本末》第5冊，卷101，〈哲宗皇帝‧逐元祐黨
人上〉，頁3135、3137。

[104] 見《資治通鑑長編紀事本末》第5冊，卷102，〈哲宗皇帝‧逐元祐黨人下〉，頁
3163。

[105] 見《資治通鑑長編紀事本末》第5冊，卷102，〈哲宗皇帝‧逐元祐黨人下〉，頁
3166。【案：關於上清儲祥碑文事，宋‧蔡絛《鐵圍山叢談》有相關記載，其言：
「上清儲祥宮者，乃太宗出藩邸時藝祖所賜予而建也。中遭焚毀，神廟時召方士募
人將成之，未就。及宣仁高后垂簾，乃損其服御而考落焉，因詔東坡公為之記，而
哲廟自為書其額。後泰陵親政，元祐用事臣得罪，遂毀其碑，又改命魯公改更其
辭，魯公時為翰林學士承旨也。」是知碑文實乃蘇軾奉命而撰，然哲宗親政，猶令
毀棄，可知哲宗疾元祐之甚也。見宋‧蔡絛撰，李夢生校點：《鐵圍山叢談》（上
海：上海古籍出版社，2001年12月第1版，《宋元筆記小說大觀》第3冊），卷2，
頁3063。】

[106] 以上二則引文見《資治通鑑長編紀事本末》第5冊，卷102，〈哲宗皇帝‧逐元祐黨
人下〉，頁3181、3183。

[107] 見《皇朝編年綱目備要》，卷25，〈哲宗皇帝〉，卷1137～1138。

便開始了禁毀元祐學術文字的相關舉措，至元符元年（1098）末，仍有朝臣被詔以特別毀文及黜降的責罰。

（二）編類元祐臣僚章疏

哲宗於親政的紹聖年間，一心紹述神宗政事，對元祐舊臣可謂厭惡已極，因此，對於新黨朝臣所提出對付元祐舊黨的相關措施，哲宗幾乎都深以為然，頗為支持。從文字迫害的層面來說，除了前文所說的「禁毀元祐學術文字」之外，另一種極端的作法，即是編類元祐臣僚章疏，使元祐舊臣「訕訾」先朝的罪證更加確鑿，欲藉此明正其刑。以下針對施行的過程及情況略作梳理：

1 成立時間

據《宋史・哲宗本紀》所載：「（紹聖元年五月癸丑），詔：編類元祐群臣章疏及更改事條。」[108]又據《宋元學案・元祐黨案》載：「紹聖元年（1094）五月，從張商英言，編類元祐群臣章疏及更改事條。」[109]可知在哲宗親政伊始，大約在紹聖元年（1094）五月，即開始了編類元祐群臣章疏之舉。至於正式置局，據曾肇於元符三年（1100）四月的上奏所說：「自紹聖二年（1095）冬置局至今，已及五年。」[110]可知置局時間約在紹聖二年（1095）冬天。至哲宗駕崩，徽宗即位，廢罷元祐章疏局，前後時間也約有五年之久。

2 建議及主持者

徽宗建中靖國元年（1101）正月，左正言任伯雨曾上疏論奏

---

[108] 見《宋史》第2冊，卷18，〈哲宗本紀二〉，頁340。
[109] 見《宋元學案》第6冊，〈元祐黨案〉，頁709。
[110] 見《續資治通鑑長編拾補》第2冊，卷15，元符三年四月辛酉條，頁587。

章惇、蔡卞等人的罪惡，具六大事件，其四即言：「編排元祐臣僚章疏，乃蔡卞議與蹇序辰自編排，惇即奉行。」[111]此外，元符三年（1100）四月辛酉，韓忠彥亦曾上奏言：「哲宗即位，嘗詔天下實封言事，獻言者以千百計；章惇既相，乃置局編類，摘取語言近似者，指為謗訕，前日應詔者大抵得罪。」[112]又《宋史・徐鐸傳》云：「蹇序辰建議編類元祐諸臣章牘事狀，詔鐸同主之。」[113]又《宋元學案・元祐黨案》載：「紹聖元年（1094）五月，從張商英言，編類元祐群臣章疏及更改事條。」[114]據以上史料所示，大抵可知編類元祐群臣章疏之事，首先是由蔡卞與蹇序辰相議，抑或張商英亦曾奏言，建議朝廷施行，而後章惇置局編類，朝廷並詔蹇序辰與徐鐸同主其事。至於蹇序辰具體的建議意見，據《宋史・蹇序辰傳》所載：「紹聖中，（蹇序辰）遷左司員外郎，進起居郎、中書舍人、同修國史。疏言：『朝廷前日正司馬光等姦惡，明其罪罰，以告中外。惟變亂典刑，改廢法度，訕謗宗廟，睥睨兩宮，觀事考言，實狀彰著。然蹤跡深秘，包藏禍心，相去八年之間，蓋已不可究質。其章疏案牘，散在有司，若不彙緝而藏之，歲久必致淪棄。願悉討姦臣所言所行，選官編類，入為一帙，置之一府，以示天下後世大戒。』遂命序辰及徐鐸編類。由是縉紳之禍，無一得脫者。」[115]蹇序辰認為元祐舊臣詆先帝、毀先法，

---

[111] 見《續資治通鑑長編拾補》第2冊，卷15，建中靖國元年正月丁巳條，頁629～630。

[112] 見《通鑑長編紀事本末》第5冊，卷102，〈哲宗皇帝・逐元祐黨人下〉，頁3187。

[113] 見《宋史》第13冊，卷329，〈徐鐸傳〉，頁10607。

[114] 見《宋元學案》第6冊，〈元祐黨案〉，頁709。

[115] 見《宋史》第13冊，卷329，〈蹇序辰傳〉，頁10606。（案：根據《續資治通鑑長編拾補》及《資治通鑑長編紀事本末》所載，蹇序辰此奏書乃繫於紹聖四年三月壬午條；《續資治通鑑長編拾補》元符三年四月癸亥條也載：「吏部侍郎徐鐸奏：『準紹聖四年三月二十八日朝旨節文，蹇序辰奏……。』」依以上資料，則蹇序辰此奏書似於紹聖四年三月上疏，如此則與〈哲宗本紀二〉所言成立之時間有所牴觸，未

其當時所上章疏即是最佳罪證，但時過歲久，恐怕當時文字存留不易，因此建議將其彙集編類，一方面可使先帝罪臣無所遁形，一方面也可作為天下後世之大戒，其心可謂狠毒也！以至於「縉紳之禍，無一得脫者。」

3 懲首惡人等，餘則不問

哲宗對元祐黨人的疾惡之心已極，亟欲將之一網打盡，然則，為避免造成朝廷上下騷動，於是曾下一封長詔，文中除了歷數元祐舊臣之罪惡以外，也示出了網開一面的善意，其詔曰：

> 送往事居，是必責全於臣子；藏怒宿怨，豈宜上及於君親？朕繼體之初，宣仁聖烈皇后以太母之尊，權同聽覽，仁心誠意，專在保祐朕躬。自以簾帷之閒，聞見不能周及，故不次以用大臣，推心以委政事，非獨待任，耆艾所冀，恢明聖躬。司馬光、呂公著，忘累朝之大恩，懷平時之觖望，幸國家之變故，逞朋黨之姦邪。引呂大防、劉摯等，或並立要途，繼司宰事；或迭居言路，代掌訓詞；或封駁東臺，或勸講經筵，顧予左右前後，皆爾所親。於時賞罰威恩，惟其所出。周旋欺蔽，表裏符同。宗廟神靈，恣行訕讟；朝廷號令，輒肆紛更。輕改役法，開訴理之局，使有罪者僥倖；下疾苦之詔，誘群小之謗言。誣橫斂則淫蠲苟免之逋，誣厚藏則妄耗常平之積。崇聲律而薄經術，任穿鑿而紊官儀。棄境土則謬謂和戎，弛兵備則歸過黷武。城隍保民而罷增濬，器械資用而撤繕完。凡屬經綸，一皆廢黜。人材淆混，莫辨於流品。黨與縱橫，迭分於勝負。務快乘時之憤，都忘託國之謀。方利亮陰之不言，殊非慈闈之

詳孰是，待考。然則此事交與蔡序辰及徐鐸負責，應無誤。）

本意。十年同惡，四海吞聲。虜計得行，邊方受害。昔先王受命，召公惟闢國之聞；江左雖微，興宗有易代之歎，天下後世，其謂朕何？臨朝弗怡，視古有愧，況復疏遠賤士昧死而獻言，忠義舊臣交章而抗論，迹著明甚，法安可私？其司馬光、呂公著、呂大防、劉摯等，各已等第行遣責降訖。噫！優禮近司，朕欲曲全于體貌；自干明憲，爾今復遄于誅夷。至于射利之徒，脅肩成市，盍從申微，俾革回邪。惟予不忍之仁，開爾自新之路，除已行遣責降人數外，其餘一切不問，議者亦復勿言。惟有見行取會實錄修撰官已下及廢棄渠陽寨人，自依別敕處分。咨爾群工，明聽朕命。宜令御史臺出榜朝堂，進奏院遍牒。」時司馬光等既貶，上謂刑惟厥中，故有是詔[116]。

在這詔書中，指出司馬光與呂公著實為首惡，擅國肆權，朋比為奸，更亂法度，妄議國計，睥睨兩宮，自作威福；尤其誘群小以出謗言，實罪不可赦。然則，朝廷推不忍之仁，除降責首惡人等之外，其餘一切不問，給予自新之路。對人人自危的元祐舊臣來說，此封詔書，無疑是對他們開闢一條生路。

4　文網加密之再議

據《續資治通鑑長編拾補》所載：「（紹聖二年）十二月乙酉，曾布言：『文彥博、劉摯、王存、王巖叟等，先詆訾先朝，去年施

---

116 見《續資治通鑑長編拾補》第1冊，卷10，紹聖元年七月戊午條，頁436～437。
　　（案《續資治通鑑長編拾補》引清‧畢沅撰：《續資治通鑑》云：「初，李清臣冀為相，首倡紹述之說，以計去蘇轍、范純仁，亟復青苗、免役法。及相章惇，心甚不悅，復與為異。惇貶司馬光等，又籍文彥博以下三十人，將悉竄嶺表。清臣進曰：『更先帝法度，不能無過，然皆累朝元老；若從惇言，必駭物聽。』帝然之。戊午，乃降是詔。」）

行，元祐之人多漏網者。」章惇即奏曰：「三省已得旨編類元祐以來臣寮章疏及申請文字，密院亦合編類。」上以為然。許將再奏曰：「密院已得指揮編修文字，乞便施行。」上從之[117]。據《皇朝編年綱目備要》所載：「尋詔崇政說書沈銖赴樞密院編類。銖以進講在近求免，宰執進呈，曾布曰：『此事外議多不以為然，故銖亦不願。且元祐中妄論者非一，此令一行，則人不安，豈有朝廷行一令而使天下之人皆不自安之理？然業已行，則止於兩府、侍從、臺諫可也，其他且已。』上以為然。布又言銖恐難強，遂命考功郎中余中代之。」[118]可見當時此一舉措，外議多不以為然，也使得天下惶惶不安；然曾布認為既已執行，無由停之，於是僅取曾任兩府、侍從及臺諫官員之章疏加以編類，其他則不予深究。

5　元祐章疏編錄初成

　　時至紹聖三年（1096）正月，據《續資治通鑑長編拾補》所載：「禮部員外郎徐君平詳定樞密院承旨元豐八年（1085）至元祐九年（1094）四月終臣寮章疏及陳請事，逐名編類，申納樞密院中。」[119]可知此時，樞密院已編錄相當的成果申納樞密院中。

6　朝廷政令之反覆

　　前文曾述，紹聖元年（1094）七月戊午，朝廷曾出榜朝堂，明示僅懲首惡，其餘一切不問，令有自新之機會；此外，紹聖二年（1095）十二月乙酉，編錄之際，曾布與哲宗的建議，也曾將編類範

---

[117] 以上引述參見《續資治通鑑長編拾補》第2冊，卷12，紹聖二年十二月乙酉條，頁492。

[118] 見《皇朝編年綱目備要》，卷24，〈哲宗皇帝〉，頁1100。

[119] 見《續資治通鑑長編拾補》第2冊，卷13，紹聖三年正月庚子條，頁498。

圍限於「曾任兩府、侍從及臺諫官員」者，「其他且已」；然則，未幾，朝廷卻命令反覆，依然降罪元祐上疏之臣僚，殿中侍御史陳次升為此不平，紹聖三年（1096）正月戊申，乃上奏曰：

> 紹聖元年七月十九日，責降呂大防等敕牒榜節次云：「至於射利之徒，脅肩成市，盡從申儆，俾革回邪，推予不忍之仁，開爾自新之路。除已行責降外人，其餘一切不問，議者亦勿復行。」當是之時，詔命初下，萬口一詞，歡呼鼓舞。近者切見汪浹、李仲等送吏部，與合入差遣，錄黃行下，以元祐所獻文字得罷。則前件敕榜有「其餘一切不問議」語，殆成虛文，將何以取信天下！況夫揭榜朝堂，遍牒中外，明示臣庶，俾懷悛革自新之心，行之未幾，今乃錄浹、仲等得罪之由又如此，臣恐虧朝廷號令之信，有傷國體。伏望睿旨檢會前件敕榜，宣諭大臣，自今以始，同共遵守。若人材委不可用，所見背理，以今日其罪罪之，既往之咎，置而不問，庶無反側之心，亦所以彰朝廷忠厚之德。

又言：

> 臣近奏乞宣諭大臣，遵守敕榜「其餘一切不問」之語，未見施行。今聞差官編排元祐聞臣僚章疏，仍厚賞以購藏匿，採之輿論，實有未安。恭惟陛下執政之初，詔令天下言事，親政以來，揭榜許其自新，是亦光武安反側之意。今又考人一言之失，實於有過之地，是前之詔令，適所以誤天下也，後之敕榜，又所以誑天下也，命令如此，何以示信於人乎！所有編排

章疏指揮，乞行寢罷。[120]

陳次升忠言讜論，直指哲宗言行不一，朝廷政令反覆，實難以昭信天下；也揭露朝廷編類元祐章疏中的一些惡劣行徑，為達目的，竟不惜以厚賞購所藏匿而羅織入罪，針對朝廷的種種舉措，陳次升痛批此為「誤天下」、「誑天下」的行為，請求朝廷詔罷此事。

7　元祐言官不得參與編類之事：

陳次升對朝廷言而失信的行為，不惜進犯君顏，直言極諫，然而其奏疏並沒有得到朝廷的善意回應，甚至朝廷的作為有變本加利的情況產生，如陳次升上疏數日後，紹聖三年（1096）正月癸丑，右司諫劉拯即上奏言：「伏覩近降朝旨，委給、舍、左右司郎官編錄元祐章疏，而所委官在元祐中嘗為言官者相半。伏望別契勘無妨嫌者使領。」蓋劉拯認為參與其事者，多有曾任元祐言官者，為避免護短之嫌，或有所遺漏，乞求朝廷以無妨嫌者領其事。針對劉拯的建議，朝廷竟從其所奏，「詔：內有元祐中曾任臺諫官，令更不干預。」而劉拯所言者，「蓋指徐君平也。」[121]排除元祐朝臣的干預，則元祐上疏之臣，更加陷入「人為刀俎，我為魚肉」的窘境中。

8　哲宗罪元祐舊臣的心態

在編類元祐章疏的事件上，固然有佞臣屢上讒言的成因在，但哲宗本身對元祐舊臣厭惡至極的心態，也是促成此事的主要原因，據《續資治通鑑長編拾補》紹聖三年（1096）二月丙戌所載：曾布嘗

---

[120] 以上二則引文見《續資治通鑑長編拾補》第 2 冊，卷 13，紹聖三年正月戊申條，頁 499～500。

[121] 以上引述見《續資治通鑑長編拾補》第 2 冊，卷 13，紹聖三年正月癸丑條，頁 501。

言：「三省編排自前歲累曾奏陳，以謂施行。元祐之人，殊無倫理，今亦盡矣。兼降敕榜，更不施行。今方編排章疏，中外人情不安，恐難施行，在朝廷知之足矣。」上曰：「若有罪，如何只為有敕榜更不可行？」布曰：「此事亦更在聖斷，但恐詔令失信耳。兼如劉摯等已皆施行，恐難再行。」上曰：「只是本輕。」布曰：「如文彥博輩未經施行，將來致仕遺表之類，若一以宰執例推恩，則似太過。」上深以為然[122]。從以上曾布與哲宗的對話，可知曾布首先作意指出以元祐章疏罪人之事恐難施行，蓋前有敕榜，恐有失信之虞；且如劉摯等人，在此之前皆已黜降，若再以此加重罪責，恐人情不安。曾布此語，引出哲宗的怒意，認為雖有敕榜，為何更不可明正其罪？且如劉摯等人雖已行遣，但只是輕責，為何又不可加重其刑？曾布於是又以文彥博恩例太過之事附和哲宗，而哲宗「深以為然」的態度，可看出他對元祐舊黨的厭惡至極，認為他們罪不可輕赦，至於曾經敕榜昭示天下之事，似已不甚在意。

9　詳勘變亂先政者姓名與罪狀

為使元祐舊臣各當其罪，哲宗元符二年（1099），權禮部尚書蹇序辰又再上疏言：「請將六曹諸司元豐八年（1085）四月以來，應更改法度，言涉附會譏訕文書，盡數檢閱，隨事編類，並著所任官姓名，具冊申納三省。」宣德郎李積中亦言：「請選官應先帝法度政事遭元祐變毀者，取會某事因何人申請而廢，因何人勘當而罷，各開當職官姓名及謗訕之語。若情不可恕，即重加貶責。」對此建議，哲宗欣然同意，於是下詔：「六曹諸司編類，並著所任官姓名，具冊申納三省。如有盜匿棄毀、增減隱落及漏泄者，罪、賞並依編類章疏已得

---

[122] 以上引述見《續資治通鑑長編拾補》第2冊，卷13，紹聖三年二月丙戌條，頁504。

朝旨。」[123] 蹇序辰與李積中論調一致，認為除了形式上的編類元祐章疏之外，更應進一步將變亂先政者的具體意見及當職姓名詳勘論罪，使其人為其非毀新法的罪行承當罪責，而如此加碼的論罪標準，勢必將使元祐罪臣初議薄責者，再度加重刑罰。

10　詔罷元祐章疏局

自哲宗親政的紹聖元年（1094）起，即開始了編類元祐章疏之舉，終其親政年間——紹聖至元符（1094～1099），哲宗與新黨朝臣，一直都在進行著報復元祐舊臣之事。時至元符三年（1100）正月，哲宗即有疾不視朝，「己卯，帝崩。皇太后諭遺制，立弟端王（徽宗）即位於柩前，皇太后（向后）權同處分君國事。」[124] 在向太后同聽政的短短數月間，藉著大赦天下的機會，許多被黜降的元祐舊臣得到了牽復和量移，自哲宗親政後的五、六年間，所受到的打擊壓迫和惶恐不安，在此暫時得到了短時間的緩衝。以編類元祐章疏的事件來說，元符三年（1100）四月，徽宗與向太后同聽政之時，韓忠彥即上奏為此事發聲，曰：

> 哲宗即位，嘗詔天下實封言事，憲言者以千百計。章惇既相，乃置局編類，摘取語言近似者指為謗訕，前日應詔者大抵得辜。今陛下又詔中外直言朝政闕失，若復編類之，則敢言之士必懷疑懼。臣願陛下亟詔罷局，盡裒所編類文書，納之禁中。[125]

韓忠彥指斥哲宗即位後，章惇等人置局編類章疏之事，是乃羅織文字

---

[123] 以上引述見《續資治通鑑長編》第20冊，卷513，元符二年七月癸丑條，頁12195。

[124] 見《宋史》第2冊，卷18，〈哲宗本紀二〉，頁354。

[125] 見《續資治通鑑長編拾補》第2冊，卷15，元符三年四辛酉條，頁587。

以入人於罪；而如今徽宗新政又詔直言，恐人心疑懼，不敢直言上疏，因此乞罷章疏局，並將已編成之文書納入禁中，不再深究上疏之人。針對韓忠彥的建議，朝廷立即給予正面回應：「詔取以入。」此外，中書舍人曾肇更詳陳此事，奏曰：

> 臣待罪右省，伏見置局編類，元豐八年（1085）五月以後至元祐九年（1094）四月十一日終，應干臣僚章疏及申請事件，以給、舍、都司郎官兼領。自紹聖二年（1095）冬置局至今，已及五年，據本局人吏已編寫一千九百冊投進，又各寫淨冊，納尚書、門下省。乞見今進寫樞密院、中書省淨冊，未嘗申納，續準中書送下章疏約五百餘件，見行編類次，臣以職事，須至論列。竊見祖宗以來，臣僚所上章疏，未嘗置局編寫。蓋緣人臣指斥朝政，彈劾臣下，皆是忘身為國，不顧後禍。朝廷若有施行，往往刊去姓名，只作臣僚上言，行出文字；所以愛惜言事之人，不欲暴露使招怨咎。若一一編錄，傳之無窮，萬一其人子孫見之，必結深隙。祖宗以來，未嘗編錄，意恐在此。今編錄已非祖宗故事，又有限定年月，且元豐八年（1085）四月以前上至國初，元祐九年（1094）四月十二日後下至今日，章疏何為皆不編類，而獨編此十年章疏？臣所未喻。臣欲乞指揮，將見寫樞密院、中書省淨冊，量留書吏，立限催修寫了當外，其續送到章疏，更不編錄，只送中書省上簿收管，其餘手分書寫人等並各放罷。所貴朝廷事體均一，不至多留吏人，枉費諸給。[126]

曾肇奏書中，主要指出編類元祐章疏中的兩大不合理之處，其一，此

---

[126] 見《續資治通鑑長編拾補》第2冊，卷15，元符三年四辛酉條，頁587～588。

舉有悖祖宗之法；其二，指定年限編錄實不合理。因此請求朝廷停止
此一措施，並遣散書吏。針對曾肇情理兼具的意見，「上嘉納之，乃
詔罷編類臣僚章疏局。」[127]而根據《宋史・徽宗本紀》所載：「（元符
三年四月）癸亥，罷編類臣僚章疏局。」[128]又《續資治通鑑長編拾補》
案語曰：「二十五日，癸亥也。」[129]韓忠彥、曾肇上疏在辛酉日，則是
二十三日；亦即二人上疏後二日（元符三年四月二十五日），朝廷即
下詔罷編類臣僚章疏局。行之五年，使元祐舊臣身心俱創的元祐章疏
局，終於在此時畫下句點，對元祐舊臣來說，數年來的精神枷鎖也終
於得到解脫。然則，焉知日後的發展，又大大出乎人所預料。

二　徽宗時期的「元祐學術」之禁

（一）徽宗初期的鼓勵敢言之風

徽宗即位之初，尤其是向后同聽政時期，朝廷對元祐舊黨釋出極
大的善意，首先，藉著大赦天下，使得紹聖、元符間遭受貶竄遠服的
元祐朝臣得到了牽復和量移，甚至重回朝廷供職，朝廷人事，隨即又
呈現出新面貌，以偏向元祐之士居多。其次，為一掃哲宗紹聖、元符
間所興發文字之禍的陰霾，因此，徽宗即位後，元符三年（1100）三
月，中書舍人曾肇入對，即建言：

> 以舜繼堯，所守一道，然猶明四目，達四聰。及禹繼舜，亦拜
> 昌言。在漢，宣帝始親政事，詔臣民上書，去其副封，以防壅

---

[127] 見《續資治通鑑長編拾補》第2冊，卷15，元符三年四辛酉條，頁588。

[128] 見《宋史》第2冊，卷19，〈徽宗本紀一〉，頁359。

[129] 見《續資治通鑑長編拾補》第2冊，卷15，元符三年四辛酉條，頁588。

蔽。唐太宗初即位，孫伏伽以小事諫，太宗厚賜勉之，以誘言
者，至於本朝，可謂平治，而祖宗以來，數詔百官，使以次
對。神宗舉而行之，於熙寧之初，以興起事功為後世法。臣願
陛下遠觀舜、禹、漢、唐之所行，近迹神考之故事，修轉對之
制，下不諱之令，明詔百官，下及民庶，使得直言時政，無
有所隱，然後陛下擇其善者而從之。且報之以賞，大則加之爵
秩，小則賜之金帛，其言不足采，若狂詆牴牾者，一切置之，
不以為罪，庶以鼓動天下敢言之氣，紓發鬱抑堙塞之情。當今
先務無易此者，惟陛下急行之。[130]

曾肇在入對的建言中，歷數前代聖王引賢納諫的懿德善行，期許朝廷
效法前代故事，也能以言者無罪而得賞的誘因，廣納朝野諫言，目的
是為紹聖以來箝制言論的作為解套。蓋經過紹聖以來的一場撲天蓋地
的文字之禍，朝廷上下恐怕早已人人自危，噤若寒蟬、三緘其口，該
是為官最好的明哲保身之道。曾肇可能意識到此非朝廷之福，故而有
此建言，更視此為朝政之先務，庶幾朝廷呈現一番新氣象，實立意甚
佳。對此，朝廷也有正面回應，是日，即「詔送三省。」隨後，朝廷
即依曾肇所建言下詔，內容以徽宗立場詔言，由中書舍人曾肇制詞，
其文曰：

朕以眇身，始承天序，任大責重，罔知攸濟。永惟四海之遠，
萬幾之煩，豈予一人所能徧察！必賴百辟卿士，下及庶民，敷
奏以言，輔余不逮。矧太史前告，天將動威，日有食之，期在
正陽之月，變異甚鉅，殆不虛生。夙夜以思，未燭厥理，將以
彌綸初政，消弭天災，自非藥石之規，孰開朕聽？況今周行之

內，人有所懷；芻蕘之中，言亦可采。凡朕躬之闕失，若左右
之忠邪，政令之否臧，風俗之美惡，朝廷之德澤有不下究，閭
閻之疾苦有不上聞，咸聽直言，毋有忌諱。朕方開讜正之路，
消壅蔽之風，其於鯁論嘉謀，惟恐不聞；聞而行之，惟恐不
及。其言可用，朕則有賞；言而失中，朕不加罪。朕言惟信，
非事空文，尚悉乃心，毋悼後害。應中外臣僚，以至民庶，各
許實封言事，在京於合屬處投進，在外於所在州軍附遞以聞。
布告遐邇，咸知朕意。[131]

詔書內容極富納諫理政之誠意，頗有〈詩序〉「言之者無罪，聞之者
足以戒」[132]的寬懷大度，目的是為了激勵敢言之風，及確保言者無後
顧之慮，故而次月，朝廷也接受韓忠彥及曾肇的建議，「詔罷編類臣
僚章疏局」[133]。這是徽宗即位之初，所呈現的君主風範。

（二）徽宗親政後的「元祐學術」之禁

　　徽宗初繼位，即與向后同聽政，在此期間，可說是元祐舊臣稍得
喘息的時段，孰知好景不常，向后在垂簾聽政後數月即還政於徽宗，
徽宗親政後，竟又是元祐舊臣另一場惡夢的開始。據前文所述，徽宗
親政之初，改元「建中靖國」，原本期許新、舊兩黨相互制衡，甚至
和平共處，卻不明自古以來君子與小人難以共處的常道。隨著新黨逐
漸滲透，於是他們又重新竊居要津，掌控言路，進而又開始傾陷元祐

---

131 見《續資治通鑑長編拾補》第2冊，卷15，元符三年三月辛卯條，頁581。

132 見漢・毛亨傳、漢・鄭玄箋、唐・孔穎達等正義：《十三經注疏・毛詩正義》（臺
　　北：藝文印書館，1993年9月），卷1，〈周南・關雎詁訓傳第一・序〉，頁16。

133 事詳見《續資治通鑑長編拾補》第2冊，卷15，元符三年三月辛酉條，頁587～
　　588。【案：據《宋史》，卷19，〈徽宗本紀一〉：「（元符三年四月癸亥，即二十五
　　日）罷編類臣僚章疏局。」頁359。】

舊黨。然則，據徽宗所言，是因為元祐黨人回朝後，多以譽元祐、毀熙豐為務，身為神宗之子、哲宗之弟，徽宗胸中的怒火逐漸被點燃，終於步上哲宗之後塵，一切以紹述父兄之志為事，進而逐步竄逐元祐黨人，最終在蔡京等人的讒言挑撥下，對元祐黨人做出更為瘋狂的報復舉動。

關於政治層面的迫害，前文已述。至於文字迫害方面，元符末年朝廷嘗接受曾肇的建議，出榜詔求直言，並曾給予言者無罪的保證；但是，崇寧元年（1102）九月，朝廷卻政策反覆，「詔中書省開具元符臣僚章疏姓名」，分正、邪，各列等級。於是中書奏：正上：鍾世美等六人；正中：耿毅等十三人；正下：許奉世等二十二人；邪上尤甚：范柔中等三十九人；邪上：梁寬等四十一人；邪中：趙越等一百五十人；邪下，王革（案：《十朝綱要》作「王華」）等三百一十二人[134]。按七個等次，其中，「鍾世美以下四十一人為『正等』，悉加旌擢；范柔中以下五百餘人為『邪等』，降責有差。」[135]當時相信朝廷的誠意，元符末年上疏直言極諫者，因朝廷人事已非，如今竟又成為文字罪犯；至於徽宗如此反覆的舉措，正猶如哲宗當年視「敕榜」如無物的作為一般，朝廷再度糟蹋其威信，失信於臣民。

更令人覺得諷刺的是，徽宗即位之初，接受了韓忠彥與曾肇的建議，在元符三年（1100）四月廢罷了元祐臣僚章疏局，使元祐舊臣暫時免除了文字之禍的威脅。然而，時至崇寧三年（1104）二月，朝廷竟然又惡計重施，下詔：「詔翰林學士張康國編類元祐臣僚章疏」[136]，此番舉措，無疑又將使得元祐舊臣再度陷入無盡的惶恐之中。據《宋

---

[134] 見《續資治通鑑長編拾補》第 2 冊，卷 20，崇寧元年九月乙未條，頁 708～713。又見《宋史》第 2 冊，卷 19，〈徽宗本紀一〉，頁 365。

[135] 參見《宋史》第 2 冊，卷 19，〈徽宗本紀一〉，頁 365。

[136] 見《續資治通鑑長編拾補》第 2 冊，卷 23，崇寧三年二月己酉條，頁 791。

史・張康國傳》所載:「張康國,……崇寧元年,入為吏部、左司員外郎,起居郎。二年,為中書舍人。徽宗知其能詞章,不試而命。遷翰林學士。……始因蔡京進,京定元祐黨籍,看詳講議司,編彙章牘,皆預密議,故汲汲引援之,帝亦器重焉。」[137]可見負責此事之張康國,以其文才而使得徽宗對其不次拔擢,官運亨通;而在朝廷中,可謂與蔡京沆瀣一氣,凡對付元祐舊黨的種種措施,皆參與密議,進而負責編類元祐章疏之事。

由上所述,徽宗親政後,隨著對付元祐黨人的手段日益酷烈,除了將元祐舊臣列名姦黨、立碑懲戒之外;也在思想層面上,大興文字之禍,除了上述「詔中書省開具元符臣僚章疏姓名」,藉以旌擢或黜降群臣之外,又重新下詔編類元祐章疏,此外,更擴大文字之禍的層面,全面禁止了元祐學術的施行與傳授。據《宋史・徽宗本紀》所載,朝廷曾一再下令申禁元祐學術,重要政令茲述如下:

◎ 崇寧元年(1102)十二月丁丑「詔:諸邪說詖行,非先聖賢之書,及元祐學術政事,並勿施用。」[138]

◎ 崇寧二年(1103)四月乙亥「詔毀刊行《唐鑑》并三蘇、秦、黃等文集。[139]

◎ 崇寧二年(1103)十一月庚辰:「以元祐學術政事聚徒傳授者,委監司察舉,必罰無赦。」[140]

◎ 大觀元年(1107)五月癸卯:「詔:自今凡總一路及監司之任,勿以元祐學術及異議人充選。」[141]

---

[137] 見《宋史》第14冊,卷351,〈張康國傳〉,頁11107。

[138] 見《宋史》第2冊,卷19,〈徽宗本紀一〉,頁366。

[139] 同前註,頁367。

[140] 同前註,頁368。

[141] 見《宋史》第2冊,卷20,〈徽宗本紀二〉,頁378。

◎ 宣和五年（1123）七月庚午：「禁元祐學術。」[142]

◎ 宣和六年（1124）十月庚午：「詔：有收藏習用蘇、黃之文者，並令焚毀，犯者以大不恭論。」[143]

從時間上來看，自崇寧元年（1102）歷大觀至宣和六年（1124），禁毀元祐學術的政令陸陸續續綿延了二十餘年。此外，據《續資治通鑑長編拾補》所載，相關的政令尚有以下：

○ 崇寧元年（1102）七月己丑，「詔：元祐《詳定編敕令式》並行毀棄。」（案：《宋編年通鑑》云：「七月，焚元祐法。即指此也。」）[144]

○ 崇寧元年（1102）十二月丁丑，「詔：諸邪說詖行，非先聖賢之書，並元祐學術政事，不得教授學生，犯者屏出。」[145]

○ 崇寧二年（1103）四月丁巳，「詔：焚毀蘇軾東坡集并後集印板。」[146]

○ 崇寧二年（1103）四月乙亥，「詔：三蘇集及蘇門學士黃庭堅、張耒、晁補之、秦觀及馬涓文集，范祖禹《唐鑑》、范鎮《東齋記事》、劉攽《詩話》、僧文瑩《湘山野錄》等印板，悉行焚毀。」[147]

○ 崇寧二年（1103）四月戊寅，臣僚上言：「謹案通直郎致仕程頤學術頗僻，素行譎怪，專以詭異聾瞽愚俗。頃在元祐中因姦黨薦引，朝廷遂命以官，勸講經筵，則進迁闊不經

---

[142] 見《宋史》第2冊，卷22，〈徽宗本紀四〉，頁412。

[143] 見《宋史》第2冊，卷22，〈徽宗本紀四〉，頁414。

[144] 見《續資治通鑑長編拾補》第2冊，卷20，頁700。

[145] 見《續資治通鑑長編拾補》第2冊，卷20，頁725。

[146] 見《續資治通鑑長編拾補》第2冊，卷21，頁739。

[147] 見《續資治通鑑長編拾補》第2冊，卷21，頁741。

之論，有輕視人主之意；議法太學，則專出私見，以變亂
神考成憲為事。」詔：「程頤追毀出身以來文字，除名，其
入山所著書，令本路監司常切覺察。」[148]

○崇寧二年（1103）七月庚寅，講議司言：「知泗州姚孳乞天
下之士皆不得在外私聚生徒，使學說詖行，無自流行看詳；
若不許在外私聚生徒，即不係置學之處，子弟無從聽講，難
以施行外，其邪說詖行、非先聖賢之書及元祐政事學術，不
許教授條禁，欲遍行曉諭，應私下聚學之家，並仰遵依上
條。」從之。[149]

○崇寧二年（1103）九月丙申，詔：「建中靖國元年及元符末
姦黨並合焚毀文字等，並依元祐。」[150]

又據《皇朝編年綱目備要》載宣和五年（1123）秋七月載：「禁元祐
學術」，其言：

> 中書省言：「福建路印造蘇軾、司馬光文集。」詔令毀板，今
> 後舉人傳習元祐學術者，以違制論。明年（宣和六年），又申
> 嚴之。冬又詔曰：「朕自初服，廢元祐學術，比歲，至復尊事
> 蘇軾、黃庭堅。軾、庭堅獲罪宗廟，義不戴天，片紙隻字，並
> 令焚毀勿存，違者以大不恭論。」[151]

由以上所引史料可知，徽宗親政後所禁者，在於廣義概念的元祐學
術、元祐政事[152]及特別被指名的個人著作等。其中私人著作特別被指

---

[148] 見《續資治通鑑長編拾補》第 2 冊，卷 21，頁 742。

[149] 見《續資治通鑑長編拾補》第 2 冊，卷 22，頁 762。

[150] 見《續資治通鑑長編拾補》第 2 冊，卷 22，頁 772。

[151] 見《續資治通鑑長編拾補》第 4 冊，卷 47，頁 1455〜1456。

[152] 所謂禁「元祐政事」，如《宋史》第 2 冊，〈徽宗本紀一〉即載：「（崇寧元年秋

名禁毀者，以下試析之：

　　馬涓文集與范祖禹《唐鑑》被禁毀，主要原因該是二人皆籍於元祐黨人碑之故，故其集遭受焚毀。至於范鎮的《東齋記事》之所以被毀，據《四庫全書總目》提要所說，是因為「特以所記諸事皆與熙寧新法隱然相反，殆有寓意於其閒，故鎮入黨籍（案：此處恐誤，范鎮未入黨籍），而是書亦與蘇、黃文字同時禁絕；迨南渡以後，黨禁既解，其書復行。是直蔡京以王安石之故，惡其異議耳，非真得罪於朝廷也。」[153]至於劉攽，亦不入元祐黨籍，然其《中山詩話》之所以被毀，原因之一，恐與王安石之間曾經扞格衝突有關，據《宋史》本傳所載：「（攽）嘗詒安石書，論新法不便。安石怒摭前過，斥通判泰州，以集賢校理、判登聞檢院、戶部判官知曹州。曹為盜區，重法不能止。」原因之二，則可能與舊黨人士友好有關，據《宋史》本傳所載：哲宗初，舊黨大臣給事中孫覺、胡宗愈，中書舍人蘇軾、范百祿，同以「攽博記能文章，政事侔古循吏，身兼數器，守道不回，宜優賜之告，使留京師。」薦之於朝廷。此外，又因劉攽尤邃史學，因此嘗「預司馬光修《資治通鑑》，專職漢史。」[154]以此推論，劉攽既反對新法，又與舊黨相善，因此崇寧禁書，劉攽亦名列其中，實其來有自也。至於僧文瑩的《湘山野錄》被禁毀，也疑其與元祐黨人交游有

　　七月）己丑，禁元祐法。」頁364。又〈徽宗本紀四〉（宣和元年）：「冬十月甲戌朔，以《紹述熙豐政事書》布告天下。」頁404。又〈徽宗本紀四〉（宣和二年六月癸酉）：「諸司總轄、提點之類，非元豐法並罷。」頁406。凡此皆是禁「元祐政事」之意。

153　見清・紀昀等纂：《欽定四庫全書總目》（臺北：藝文印書館，1997年7月初版），卷140，〈子部・小說家類一〉，頁2754。

154　以上言劉攽事，所引俱見《宋史》第13冊，卷319，〈劉敞傳・劉攽附傳〉，頁10388。

關，尤其與朔黨首領劉摯「相與周旋二十年之間」[155]，時相唱和，可見交情甚篤，崇寧的文字之禍，疑與此有關。而程頤被追毀出身以來文字，是早在哲宗紹聖年間即已施行，此度再禁，原因如所引臣僚所言；此外，據《皇朝編年綱目備要》所載，有更詳細的論述，曰：「言者謂頤學術頗僻，素行譎誕。專以詭異聲瞽愚俗。頃在元祐中，因姦黨薦引，朝廷遂命以官，勸講經筵，則進迂闊不經之論，有輕視人主之意；議法太學，則專出私見以變亂神考成憲為事。紹聖中雖嘗明正罪罰，而元符之末敘復過優，尚以通籍致仕，田野出處自如。朝廷有大政令，則其徒更唱迭和，指而議之，毀壞風俗，莫此之甚。訪聞本人，日近以入山著書為名，未委所著書是何等文字。竊意如野史小說之類，妄及朝政，欺惑天下，後世不可不察。」於是朝廷下詔除名，所著書令監司嚴切覺察[156]。至於司馬光，堪稱元祐黨人之首，其集之被禁毀，似屬必然，如其所撰《資治通鑑》一書，即險遭禁毀命運，據宋・周煇《清波雜志》所載：

> 了齋陳瑩中（瓘）為太學博士。薛昂、林自之徒為正、錄，皆蔡京之黨也。競尊王荊公而擠排元祐，禁戒士人不得習元祐學術。下方議毀《資治通鑑》板，陳聞之，因策士題特引序文，以明神宗有訓。于是林自駭異，而謂陳曰：「此豈神宗親制耶？」陳曰：「誰言其非也？」自又曰：「亦神宗少年之文耳。」陳曰：「聖人之學，得于天性，有始有卒，豈有少長之異乎？」自辭屈愧嘆，遽以告下。下乃密令學中散高閣，不復

---

[155] 見宋・劉摯撰：《忠肅集》（北京：中華書局，2002年9月第1版），卷10，〈文瑩詩集序〉，頁213。

[156] 見《皇朝編年綱目備要》，卷26，〈徽宗皇帝〉，頁1224～1225。

敢議毀矣。[157]

文中所載，薛昂、林自皆為蔡京黨人。當時禁毀元祐學術之議紛騰，蔡卞亦議毀司馬光所撰的《資治通鑑》，唯其孤陋，竟不知書中有神宗賜序，陳瓘告之林自，而林自竟又以此乃神宗少年之作為由而不以為然，似仍執意毀之，唯義不敵陳瓘，辭屈乃已，足見當時排斥元祐之嚴酷，而司馬光之《資治通鑑》一書，幸因有神宗之文護庇，方免於禁毀。至於其文集之被毀，則遲至徽宗宣和年間之詔令，蓋崇寧年間，其集尚未梓行於世；宣和間，福建印造司馬光文集，朝廷得知，遂難免禁毀之禍[158]。

　　至於三蘇集，蘇軾、蘇轍皆被籍為元祐黨人，故其集被禁毀，良有以也；然則蘇洵實不為元祐黨人，其集之遇禁，疑為受子牽連所致。而黃庭堅、張耒、晁補之、秦觀四人，為著稱的「蘇門四學士」，元祐初年期間，蘇門師友俱在館閣[159]，彼此聲氣相求，而後卻同罹黨禍，名列黨籍，個人著作也隨之同在禁毀之列。而值得注意的是，相較於其他元祐學者的著作而言，蘇氏之學（尤其是蘇軾文字），似乎更為執政者所注目，朝廷不僅再三下詔禁毀蘇軾文集，即如隻字片語，亦必毀之無存而後已，除以上所引之外，宋人筆記小說也多有記載，如宋・何薳《春渚紀聞》載：

---

[157] 見宋・周輝撰，秦克校點：《清波雜志》（上海：上海古籍出版社，2001年12月第1版，《宋元筆記小說大觀》第5冊），卷9，〈毀通鑑〉，頁5111。

[158] 以上有關私人著作遭禁毀之論述，部分參考蕭慶偉：《北宋新舊黨爭與文學》，頁71～76。

[159] 宋・釋惠洪撰：《石門文字禪》（臺北：臺灣商務印書館，1965年，影印上海商務印書館縮印江南圖書館藏明徑山寺本，《四部叢刊》本），卷27，〈跋三學士帖〉云：「秦少游、張文潛、晁無咎，元祐間俱在館中，與黃魯直居四學士。而東坡方為翰林，一時文物之盛，自漢、唐已來未有也。」頁307。

紹聖間，朝廷貶責元祐大臣，及禁毀元祐學術文字。有言〈司馬溫公神道碑〉乃蘇軾撰述，合行除毀，於是州牒巡尉毀折碑樓。[160]

宋・陳巖肖《庚溪詩話》載：

崇、觀間，蔡京、蔡卞等用事，拘以黨籍，禁其（指蘇軾）文辭墨跡而毀之。[161]

宋・吳曾《能改齋漫錄》載：

崇寧二年（1103），有旨：應天下碑碣牓額，係東坡書撰者，並一例除毀。[162]

宋・張世南《游宦紀聞》載：

長橋，元豐元年火。四年，邑宰褚理復立榜曰欣濟。東坡過之，為書曰：晉周孝侯斬蛟之橋。刻石道傍。崇寧禁錮，沉石水中，不知所在。[163]

宋・樓鑰《攻媿集》載：

當崇寧中，方諱言蘇氏，但言為守者，至不言坡之姓字。[164]

---

160 見《春渚紀聞》，卷5，〈張山人謔〉，頁78。

161 見宋・陳巖肖撰：《庚溪詩話》（臺北：新文豐出版社，1985年，《叢書集成新編》，百川叢書），卷上，總頁702。

162 見宋・吳曾撰：《能改齋漫錄》（臺北：木鐸出版社，1982年5月初版），卷11，〈除東坡書撰碑額〉，頁327。

163 見宋・張世南撰，張茂鵬點校：《游宦紀聞》（北京：中華書局，1981年1月第1版，1997年12月第2次印刷，《唐宋史料筆記叢刊》本），卷7，頁61。

164 見宋・樓鑰撰：《攻媿集》（臺北：臺灣商務印書館，1979年，影印上海商務印書館縮印武英殿聚珍版本，《四部叢刊》本），卷77，〈跋袁光祿轂與東坡同官事

宋‧費袞《梁溪漫志》載：

　　宣和間，申禁東坡文字甚嚴。[165]

由上述諸條引文，可見蘇氏文字在哲宗紹聖以後至徽宗時期，其禁毀之嚴酷，徽宗甚至罪之為「獲罪宗廟，義不戴天」，可謂讎恨之甚也！是故，大至文集，小至碑碣牓額，舉凡蘇氏（尤指蘇軾）文字，皆令焚毀勿存，禁令之嚴峻，可謂無以復加矣！

　　自哲宗至徽宗時期，朝廷禁錮元祐學術長達二十餘年，視之如「邪說詖行、非先聖賢之書」一般，遭受嚴禁，在這期間，士人不得傳習，學校老師亦不得以之教授學生[166]，違者必罰無赦。從朝廷的這些舉措來看，無非是想徹底否定元祐時期的一切思想學問和政事，避免其繼續影響人心。宋廷如此的禁錮措施，直至欽宗即位才有所轉變，據《宋史‧崔鷗傳》所載，欽宗即位後，崔鷗授右正言，隨後即上疏針對蔡京禁元祐學術之舉提出批評，他說：「京又以學校之法馭士人，如軍法之馭卒伍，一有異論，累及學官。若蘇軾、黃庭堅之文，范鎮、沈括之雜說，悉以嚴刑重賞，禁其收藏，其苛錮多士，亦已密矣。」[167]於是，欽宗靖康元年（1126）二月壬寅下詔：「除元祐黨籍、學術之禁」[168]。自此，元祐學術才解脫禁錮，得以自由習讀及傳

跡〉，總頁713。

[165] 見宋‧費袞撰，金圓校點：《梁溪漫志》（上海：上海古籍出版社，2001年12月第1版，《宋元筆記小說大觀》第3冊），卷7，頁3412。

[166] 見宋‧李心傳編：《道命錄》（臺北：文海出版社，1981年6月第1版），卷2，〈元祐學術政事不許教授指揮〉，云：「先是元年七月，蔡京拜右僕射，創講議司自領之，至是頒學制於天下，首有元祐學術政事之禁，凡二十有四年，至金人圍京師乃罷。」頁60～61。

[167] 見《宋史》第14冊，卷356，〈崔鷗傳〉，頁11216。

[168] 見《宋史》第2冊，卷23，〈欽宗本紀〉，頁424。

授。

北宋中後期開始，新、舊黨爭綿延了五十餘年，兩黨勢力在此長彼消的局勢中，莫不向對立的一方進行無情的打擊，乃至勢不兩全的地步。在激烈的黨爭中，兩黨為固守各自的政治立場，堅持各自的政治理念，以至相互排擠傾軋，原屬自然的政爭情況，然而，自北宋哲宗紹聖時期起，新黨秉政，除了對元祐舊臣進行了殘酷的人身攻擊和政治報復之外；另有前後長達二十餘年「元祐學禁」的施行，更標示了一場學術文化的浩劫，使得無數士人的文學創作、學說思想等智慧結晶，就此湮滅於歷史的洪流之中[169]。

而對於哲宗首開元祐黨禍並學術之禁，殘害多士，歷史也給予評價，《宋史·哲宗本紀·贊》曰：「哲宗以沖幼踐阼，宣仁同政。初年召用馬、呂諸賢，罷青苗、復常平，登俊良，闢言路，天下人心，翕然向治。而元祐之政，庶幾仁宗。奈何熙、豐舊姦梗去未盡，已而媒蘗復用，卒假紹述之言，務反前政，報復善良，馴致黨籍禍興，君子盡斥，而宋政益弊矣。吁，可惜哉！」[170]史官評議，在宣仁太后同聽政的元祐時期，政風猶如仁宗之治；然則新黨姦邪弄權，哲宗又對元祐舊臣疾惡太甚，遂以紹述為名而殘害忠良。至於徽宗即位，則又繼踵而來，朱熹批判：「今看著徽宗朝事，更無一著下得是。古之大國之君猶有一二著下得是，而大勢不可支吾。那時更無一小著下得是，使無虜人之猖獗，亦不能安。」[171]文中痛斥了徽宗的無能與昏聵，即使無外患，內亂也足以亡國。清·全祖望於《宋元學案·元祐黨案·序錄》說：「元祐之學，二蔡、二惇禁之。中興而豐國趙公弛

---

[169] 以上關於元祐學禁之部分內容，參考拙著：〈從元祐黨爭看蘇軾學禁及其發展〉一文，載《東吳中文學報》第19期，2000年5月，頁196～202。

[170] 見《宋史》第2冊，卷18，〈哲宗本紀二〉，頁354。

[171] 見《朱子語類》第8冊，卷127，〈本朝一·徽宗朝〉，頁3048。

之。和議起，秦檜又禁之，紹興之末又弛之。鄭丙、陳賈忌晦翁又啟之，而一變為慶元之錮籍矣。此兩宋治亂存亡之所關。」[172] 其言元祐學禁，實關乎北宋存亡之關鍵。誠然，哲宗、徽宗興黨禍、置黨籍、設學禁，君子擯斥殆盡，而小人擅權，紊亂國是，宋政乃至弊不可救也！二帝識見之不明，乃致縉紳之禍綿延不已，國勢益窮，有君如此，可不嘆乎！

---

[172] 見《宋元學案》第 6 冊，卷 96，〈元祐黨案・序錄〉，頁 706。

【附錄】

〔元祐舊臣在哲宗、徽宗時期黜降概況簡表〕

姓名	時代	黜降情況	資料出處	備註
蘇軾	元祐八年九月戊子	端明殿學士兼翰林侍讀學士、禮部尚書知定州	《續資治通鑑長編拾補》，卷8	
	紹聖元年四月壬子	落端明殿學士兼翰林侍讀學士，依前左朝奉郎知英州	同上，卷9	因於先朝行制詞之故
	紹聖元年四月甲寅	降充左丞議郎	同上，卷9	虞策奏其罪罰未當
	紹聖元年六月丙戌	詔蘇軾合敘復日未得敘復	同上，卷10	
	紹聖元年六月甲戌	責授寧遠軍節度副使，惠州安置	同上，卷10	
	紹聖四年閏二月甲辰	責授瓊州別駕，移送昌化軍安置	同上，卷14	
	崇寧元年五月乙亥	朝奉郎蘇軾降復崇信軍節度行軍司馬，其元追復官並繳納	同上，卷19	
蘇轍	紹聖元年三月丁酉	除端明殿學士、知汝州	同上，卷9	上書議科考忤哲宗
	紹聖元年六月甲戌	降授左朝議大夫、知袁州	同上，卷10	

（續）

姓名	時代	黜降情況	資料出處	備註
	紹聖元年七月丁巳	守本官，試少府監，分司南京，筠州居住	同上，卷10	
	紹聖四年二月庚辰	責授化州別駕，雷州安置	同上，卷14	
	元符元年三月癸酉	詔蘇轍移循州安置	《續資治通鑑長編》，卷496	
	崇寧元年五月乙亥	太中大夫蘇轍，更不敘復職名	《續資治通鑑長編拾補》，卷19	
秦觀	紹聖元年閏四月丙戌	秦觀落館閣校勘，添差監處州茶鹽酒稅	同上，卷10	劉拯奏：「秦觀浮薄小人，影附於軾，請正軾之罪，褫觀職任，以示天下後世。」
	紹聖元年七月丁巳	降授左宣議郎，依舊處州監當	同上，卷10	周秩奏觀：「罪罰種輕，人言未允。」
	紹聖四年二月庚辰	郴州編管秦觀，移橫州編管	同上，卷14	
	崇寧元年五月乙亥	宣德郎秦觀，追所復贈官	同上，卷19	

（續）

姓名	時代	黜降情況	資料出處	備註
黃庭堅	紹聖元年六月丁亥	提舉明道宮、左朝奉郎充集賢院校理、新知鄂州黃庭堅，管勾明道宮，於開封府界居住，就近報應，國史院取會文字	同上，卷10	
	紹聖初	貶涪州別駕，黔州安置	《宋史·黃庭堅傳》，卷444	（哲宗）凡有問，皆直辭以對，聞者壯之。是以忤哲宗受貶
	紹聖四年十二月甲辰	責授黔州別駕，涪州安置黃庭堅，移戎州安置	《續資治通鑑長編》，卷493	以避部使者親嫌也
	崇寧元年五月乙亥	知太平州黃庭堅，送吏部與合入差遣	《續資治通鑑長編拾補》，卷19	
張耒	紹聖四年二月庚辰	落直龍圖閣，依前官添差監黃州酒稅	同上，卷14	
	崇寧元年七月庚戌	責授房州別駕，黃州安置	同上，卷20	臣僚奏言：「朝散郎、管勾明道宮張耒，在潁州聞蘇軾身亡，出己俸於薦福禪院為軾僧飯，縞素而哭。」

（續）

姓名	時代	黜降情況	資料出處	備註
	崇寧元年五月乙亥	知汝州張耒落直龍圖閣，管勾明道宮	同上，卷19	
晁補之	紹聖四年二月庚辰	落秘閣校理，依前官添差監處州鹽酒稅	同上，卷14	
	崇寧元年五月乙亥	朝散郎、知密州晁補之，送吏部與合入差遣	同上，卷19	
李之純	紹聖元年閏四月乙酉	詔李之純寶文閣直學士降授寶文閣待制，差知單州	同上，卷10	
	紹聖四年二月庚辰	追職及遺表恩澤	同上，卷14	
呂大防	紹聖元年三月乙亥	右光祿大夫、守尚書左僕射兼門下侍郎呂大防為觀文殿大學士、知潁昌府	同上，卷9	
	（後二日）	改知永興軍	同上，卷9	
	紹聖元年六月甲戌	落觀文殿大學士，降授右正議大夫、知隨州	同上，卷10	
	紹聖元年七月丁巳	守本官，行祕書監，分司南京，郢州居住	同上，卷10	
		徙安州	《宋史·呂大防傳》，卷340	言者又以修《神宗實錄》直書其事為誣詆

（續）

姓名	時代	黜降情況	資料出處	備註
	紹聖四年二月庚辰	責授舒州團練副史，循州安置	《續資治通鑑長編拾補》，卷14	
	紹聖四年四月己亥	授舒州團練副史，循州安置呂大防卒於虔州	《續資治通鑑長編》，卷485	呂大防卒
	元符元年九月辛酉	詔大防諸子並勒停，永不收敘	同上，卷502	
	崇寧元年五月乙亥	光錄大夫呂大防降復太中大夫	《續資治通鑑長編拾補》，卷19	
呂大忠	紹聖三年七月己亥	除寶文閣直學士、知秦州	同上，卷13	
	紹聖三年十一月丁酉	寶文閣直學士呂大忠改知同州	同上，卷13	
	紹聖三年十二月己未	寶文閣直學士呂大忠除寶文閣待制	同上，卷13	
范祖禹	紹聖元年四月癸丑	翰林學士兼侍讀范祖禹為龍圖閣學士，知陝州	《續資治通鑑長編拾補》，卷9	
	（五月）	由陝改鄂	《續資治通鑑長編拾補》案語，卷13	
	（十二月）	永州安置	《續資治通鑑長編拾補》案語，卷13	

（續）

姓名	時代	黜降情況	資料出處	備註
	紹聖三年八月庚辰	責授昭州別駕，賀州安置	《續資治通鑑長編拾補》，卷13	坐（元祐）四年十二月內（與劉安世）同上疏論禁中覓乳母事也
	紹聖四年閏二月甲辰	移送賓州安置	同上，卷14	
	元符元年七月乙丑	移化州安置，諸子並勒停，永不收敍	《資治通鑑長編紀事本末》，卷102	
	元符元年十月甲午	責授昭州別駕、化州安置范祖禹卒	《續資治通鑑長編》，卷503	范祖禹卒
范純仁	紹聖元年四月壬戌	兼中書侍郎范純仁為右正議大夫，充觀文殿大學士、知潁昌府	《續資治通鑑長編拾補》，卷9	
	紹聖二年九月癸卯	落觀文殿大學士、知隨州	同上，卷12	
	紹聖四年二月庚辰	責授武安軍節度副使，永州安置	同上，卷14	
	崇寧元年五月乙亥	贈開府儀同三司范純仁追例外所推恩數	同上，卷19	
范純禮	紹聖四年二月庚辰	落天章閣待制，依前官管勾亳州明道宮，蔡州居住	同上，卷14	

（續）

姓名	時代	黜降情況	資料出處	備註
	崇寧元年五月乙亥	太中大夫范純禮落端明殿學士，提舉崇福宮	同上，卷19	
范純粹	紹聖三年正月壬子	詔純粹差知鄧州	同上，卷13	
	紹聖四年二月庚辰	落寶文閣待制，依前官管勾洪州玉隆觀，池州居住	同上，卷14	
	崇寧元年五月乙亥	朝散大夫范純粹，更不敘復職名	同上，卷19	
劉摯	紹聖元年六月甲戌	觀文殿學士、太中大夫知青州劉摯，落觀文殿學士，降授左朝奉大夫、知黃州	同上，卷10	
	紹聖元年七月丁巳	守本官，試光祿卿，分司南京，蘄州居住	同上，卷10	
	紹聖四年二月庚辰	責授鼎州團練副使，新州安置	同上，卷14	
	紹聖四年十二月癸未	鼎州團練使、新州安置劉摯卒	《續資治通鑑長編》，卷493	劉摯卒
	元符元年五月辛亥	諸子並勒停，永不收敘，仍各於原指定處居住	同上，卷498	《資治通鑑長編紀事本末》，卷102，此事繫於「九月己酉」

（續）

姓名	時代	黜降情況	資料出處	備註
	崇寧元年五月乙亥	太中大夫劉摯降復右朝議大夫；又，葬事依前宰相例，指揮勿行	《續資治通鑑長編拾補》，卷19	
梁燾	紹聖元年六月乙酉	資政殿學士、之鄆州梁燾落資政殿學士，降授左中散大夫、知鄂州	同上，卷10	
	紹聖元年七月丁巳	梁燾提舉靈仙觀，鄂州居住	同上，卷10	
	紹聖三年八月丙子	守本官、少府監，分司南京，依舊鄂州居住	同上，卷13	
	紹聖四年二月庚辰	責授雷州別駕，化州安置	同上，卷14	
	紹聖四年十一月丁丑	雷州別駕、化州安置梁燾卒	《續資治通鑑長編》，卷493	梁燾卒
	元符元年夏四月丙戌	詔化州安置梁燾卒，不許歸葬，家屬令昭州居住	同上，卷497	
	元符元年五月辛亥	諸子並勒停，永不收敘，仍各于原指定處居住	同上，卷498	《資治通鑑長編紀事本末》，卷102，此事繫於「九月己酉」
	崇寧元年五月乙亥	右中散大夫梁燾降復朝請大夫	《續資治通鑑長編拾補》，卷19	

（續）

姓名	時代	黜降情況	資料出處	備註
劉安世	紹聖元年六月乙酉	左承議郎充寶文閣待制、知成德軍劉安世落寶文閣待制,降授左承議郎、南安軍	同上,卷10	
	紹聖元年七月丁巳	劉安世管勾玉隆觀,南安軍居住	同上,卷10	
	紹聖三年八月丙子	守本官、試少府少監,分司南京,依舊南安軍居住	同上,卷13	
	紹聖三年八月庚辰	責授新州別駕,英州安置	同上,卷13	坐(元祐)四年十二月內(與范祖禹)同上疏論禁中覓乳母事也
	紹聖四年閏二月甲辰	移送高州安置	同上,卷14	
	元符元年七月乙丑	移梅州安置,諸子勒停,永不收敘	《資治通鑑長編紀事本末》,卷102	《續資治通鑑長編》,卷500,此事繫於「七月庚午」
	崇寧元年四月乙未	劉安世落職	《續資治通鑑長編拾補》,卷19	以溫益奏之故

（續）

姓名	時代	黜降情況	資料出處	備註
韓川	紹聖元年六月乙酉	左朝散郎充龍圖閣待制、知虢州韓川落龍圖閣待制，依前左朝請郎知坊州	同上，卷10	
	紹聖四年二月庚辰	授依前官屯田員外郎，分司南京，隨州居住	同上，卷14	
	紹聖四年閏二月丁亥	責授岷州團練使副使，道州安置	同上，卷14	
	崇寧元年五月乙亥	朝請郎、集賢殿修撰韓川落集賢殿修撰，管勾崇福宮	同上，卷19	
孫升	紹聖元年六月乙酉	左朝請郎充集賢學士、權知應天府孫升落集賢院學士，依前左朝散郎知房州	同上，卷10	
	紹聖四年二月庚辰	授依前官水部員外郎，分司南京，峽州居住	同上，卷14	
	紹聖四年閏二月丁亥	責授果州團練副使，汀州安置	同上，卷14	
	崇寧元年五月乙亥	朝請郎、集賢殿學士孫升追所復職	同上，卷19	

（續）

姓名	時代	黜降情況	資料出處	備註
吳安詩	紹聖元年四月甲辰	罷起居郎	同上，卷9	因吳安詩行蘇轍語，重輕止徇私於情，褒貶不歸於公議
	紹聖元年六月乙酉	左朝奉大夫、直集賢院、管勾西山崇福宮吳安詩落直集賢院，降授朝請郎，監光州鹽稅	同上，卷10	
	紹聖四年二月庚辰	責授濮州團練副使，連州安置	同上，卷14	
	崇寧元年五月乙亥	朝奉大夫吳安詩，更不敘復職名	同上，卷19	
呂希純	紹聖元年七月丙辰	奪希純寶文閣待制，知亳州如故	同上，卷10	
	紹聖四年二月庚辰	降授朝請郎，差遣依舊	同上，卷14	因父呂公著「當元祐初竊據宰司，毀黷先烈，變亂法度。」
	元符二年十月甲子	責授舒州團練副使，道州安置	《續資治通鑑長編》，卷517	
	崇寧元年四月乙未	呂希純落職	《續資治通鑑長編拾補》，卷19	以溫益奏之故

（續）

姓名	時代	黜降情況	資料出處	備註
呂希哲	紹聖元年六月乙酉	崇政殿說書呂希哲守本官，差知懷州	同上，卷10	
	紹聖四年二月庚辰	降授朝奉郎、虞部員外郎，分司南京，和州居住	同上，卷14	因父呂公著「當元祐初竊據宰司，毀黷先烈，變亂法度。」
	崇寧元年五月乙亥	直秘閣、朝請大夫、知曹州呂希哲，落直秘閣，差遣依舊	同上，卷19	
呂希績	紹聖四年二月庚辰	光州居住	同上，卷14	因父呂公著「當元祐初竊據宰司，毀黷先烈，變亂法度。」
程頤	紹聖四年二月庚辰	通直郎，尋醫程頤追毀出身以來文字，放歸田里	同上，卷14	
	紹聖四年十一月丁丑	詔放歸田里人程頤送涪州編管	《續資治通鑑長編》，卷493	
	崇寧元年五月乙亥	參議郎程頤追所復官，依舊致仕	《續資治通鑑長編拾補》，卷19	
朱光庭	紹聖四年二月庚辰	追貶柳州別駕	同上，卷14	
	元符元年七月乙丑	諸子竝勒停，永不收敘	《資治通鑑長編紀事本末》，卷102	《續資治通鑑長編》，卷500，此事繫於「七月庚午」

（續）

姓名	時代	黜降情況	資料出處	備註
	崇寧元年五月乙亥	追所復贈官	《續資治通鑑長編拾補》，卷19	
賈易	紹聖四年二月庚辰	賈易添差監海州酒稅務	同上，卷14	
	元符二年閏九月庚午	朝請郎賈易特授保靜軍司馬，邵州安置	《資治通鑑長編紀事本末》，卷102	
胡宗愈	紹聖元年四月甲寅	資政殿學士、中奉大夫、吏部尚書胡宗愈為通議大夫、知定州	《續資治通鑑長編拾補》，卷9	
	紹聖四年二月己未	遺表子孫親屬蔭補陳乞恩例並各與兩人，餘悉追奪	同上，卷14	
李昭玘	紹聖元年四月丁卯	秘閣校理李昭玘為祕書丞	同上，卷9	
	元符二年正月辛未	罷館職	《續資治通鑑長編》，卷505	
張舜民	紹聖元年八月丁丑	秘書少監、充秘閣校理張舜民為直秘閣，權發遣陝西轉運史	《續資治通鑑長編拾補》，卷11	
	紹聖二年八月甲申	秘閣校理張舜民改直秘閣	同上，卷12	
	元符元年三月壬戌	朝散郎、直秘閣、知潭州張舜民為直龍圖閣、權知青州	《續資治通鑑長編》，卷495	

（續）

姓名	時代	黜降情況	資料出處	備註
	元符元年三月乙丑	詔張舜民差除指揮更不施行	同上，卷496	以邢恕、鄧棐奏其元祐時期變亂成憲之故
	元符二年正月辛未	罷館職	同上，卷505	
畢仲游	元符二年正月辛未	罷館職	同上，卷505	
	崇寧元年五月乙亥	朝請大夫、淮南路轉運副使畢仲游，送吏部與合入差遣	《續資治通鑑長編拾補》，卷19	
孫樸	元符二年正月辛未	罷館職	《續資治通鑑長編》，卷505	
趙叡	元符二年正月辛未	罷館職	同上，卷505	
梅灝	元符二年正月辛未	罷館職	同上，卷505	
陳察	元符二年正月辛未	罷館職	同上，卷505	
孔文仲	紹聖四年閏二月壬子	追貶梅州別駕，及遺表恩例	《續資治通鑑長編拾補》，卷14	
	崇寧元年五月乙亥	追所復贈官	同上，卷19	
孔武仲	紹聖元年閏四月甲申	禮部侍郎孔武仲為寶文閣待制、知宣州	同上，卷10	
	元符元年九月甲戌	朝散郎、管勾玉隆觀孔武仲卒	《續資治通鑑長編》，卷502	孔武仲卒

（續）

姓名	時代	黜降情況	資料出處	備註
孔平仲	元符元年九月丙辰	朝奉大夫、充秘閣校理孔平仲特落秘閣校理	同上，卷502	以平仲黨附元祐用事者，非毀先朝所建立，雖罷衡州，猶帶館職，故有是命
	崇寧元年五月乙亥	朝奉大夫、提舉永興軍路刑獄孔平仲，送吏部與合入差遣	《續資治通鑑長編拾補》，卷19	
鮮于侁	紹聖四年閏二月壬子	追諫議大夫	同上，卷14	
吳處厚	紹聖四年閏二月壬子	故朝奉郎吳處厚追貶歙州別駕	同上，卷14	
	紹聖四年二月庚辰	落寶文閣待制，依前官管勾洪州玉隆觀，池州居住	同上，卷14	
劉奉世	紹聖元年五月辛亥	樞密直學士、簽書樞密院事劉奉世為端明殿學士，充真定州路安撫史兼知成德軍	同上，卷10	
	崇寧元年五月戊辰	劉奉世落端明殿學士、知徐州	同上，卷19	
陳衍	紹聖元年六月甲戌	落遙部刺史，降左藏庫副使，添差郴州酒稅	同上，卷10	

（續）

姓名	時代	黜降情況	資料出處	備註
	紹聖元年七月丁巳	追毀出身已來文字，除名勒停，送白州編管	同上，卷10	
	紹聖三年正月丁巳	白州編管人陳衍配朱崖軍	同上卷13	
	元符元年三月	內臣陳衍抵死	《皇朝編年綱目備要》卷25	
孫覺	紹聖元年六月丙子	知渭州孫覺召知開封府	《續資治通鑑長編拾補》，卷10	
	紹聖四年二月庚辰	追職並兩官及遺表恩例	同上，卷14	
張士良	紹聖元年六月壬午	皇城使張士良添差監潁州酒稅	同上，卷10	
	元符元年三月戊午	徙士良羈管于白州	《續資治通鑑長編》，卷495	
梁知新	紹聖元年六月壬午	皇城副使梁知新添差亳州鹽酒稅	《續資治通鑑長編拾補》，卷10	
王欽臣	紹聖元年六月乙酉	詔王欽臣除集賢殿修撰、知和州	同上，卷10	
趙彥若	紹聖元年六月丁亥	翰林侍讀學士、題舉兗州景龍宮趙彥若，於開封府界居住，就近報應，國史院取會文字	同上，卷10	

（續）

姓名	時代	黜降情況	資料出處	備註
司馬光	紹聖元年七月丁巳	追所贈官並諡告及所賜神道碑額，仍下陝州各差官計會本縣於逐官墳所拆去官修碑樓，磨毀奉敕所撰碑文訖奏	同上，卷10	
	紹聖四年二月己未	故正議大夫、守尚書左僕射兼門下侍郎司馬光，追貶清海軍節度副使	同上，卷14	
	紹聖四年四月	復貶溫公朱崖參軍	《宋元學案》，卷96	
	崇寧元年五月乙亥	追復太子太保司馬光降復右正議大夫	《續資治通鑑長編拾補》，卷19	
司馬康	紹聖四年閏二月丙戌	追奪贈官	同上，卷14	
呂公著	紹聖元年七月丁巳	追所贈官並諡告及所賜神道碑額，仍下鄭州各差官計會本縣於逐官墳所拆去官修碑樓，磨毀奉敕所撰碑文訖奏	同上，卷10	
	紹聖四年二月己未	故司空、同平章軍國事呂公著，追貶建武軍節度副使	同上，卷14	
	紹聖四年四月	復貶申公昌化參軍	《宋元學案》，卷96	

（續）

姓名	時代	黜降情況	資料出處	備註
	崇寧元年五月乙亥	太子太保呂公著降復左光錄大夫	《續資治通鑑長編拾補》，卷19	
文彥伯	紹聖四年二月甲申	落河東節度、管內觀察處置等使、開府儀同三司、太原尹，特降太子少保致仕，依前潞國公	同上，卷14	
	紹聖四年閏二月丙戌	詔太師致仕文彥伯諸子並令解官侍養	同上，卷14	
	崇寧元年五月乙亥	降復太保	同上，卷19	
王巖叟	紹聖元年七月丁巳	所贈官亦行追奪	同上，卷10	
	紹聖四年二月己未	故端明殿學士、左朝奉郎王巖叟，追貶雷州別駕	同上，卷14	已罷遺表恩例
	元符元年七月乙丑	諸子勒停，永不收敘	《續資治通鑑長編紀事本末》，卷102	《續資治通鑑長編》，卷500，此事繫於「七月庚午」
	崇寧元年五月乙亥	追所贈官	《續資治通鑑長編拾補》，卷19	
趙瞻	紹聖四年二月己未	奪所贈官	同上，卷14	

（續）

姓名	時代	黜降情況	資料出處	備註
	紹聖四年二月庚辰	謚告並追奪	同上,卷14	
	崇寧元年五月乙亥	右銀青光祿大夫、謚懿簡趙瞻,追所贈官及謚告	同上,卷19	
傅堯俞	紹聖四年二月己未	奪所贈官	同上,卷14	
	紹聖四年二月庚辰	謚告並追奪	同上,卷14	
	崇寧元年五月乙亥	贈右銀青光祿大夫、謚獻簡傅堯俞,追所贈官及謚告	同上,卷19	
韓維	紹聖四年二月己未	追奪遺表致仕子孫親屬所得蔭補陳乞恩例	同上,卷14	
孫固	紹聖四年二月己未	遺表子孫親屬蔭補陳乞恩例並各與兩人,餘悉追奪	同上,卷14	
范百祿	紹聖四年二月己未	遺表子孫親屬蔭補陳乞恩例並各與兩人,餘悉追奪	同上,卷14	
鄭雍	紹聖二年十月甲子	尚書右丞鄭雍為資政殿學士、知陳州	同上,卷12	
	紹聖四年閏二月壬子	落資政殿學士,依前官差遣如故	同上,卷14	

（續）

姓名	時代	黜降情況	資料出處	備註
	元符二年七月辛酉	太中大夫、題舉崇福宮鄭雍卒	《續資治通鑑長編》，卷513	鄭雍卒
	崇寧元年五月乙亥	資政殿學士、太中大夫鄭雍追所復職	《續資治通鑑長編拾補》，卷19	
錢勰	紹聖二年十月己巳	詔翰林學士錢勰落職守本官、知池州	同上，卷12	
趙君錫	紹聖四年二月庚辰	落天章閣待制，依前官管勾亳州明道宮，本處居住	同上，卷14	
	元符元年正月癸酉	詔君錫以少府少監分司南京，亳州居住，趙子洙等一十一人各罰銅十斤。	《續資治通鑑長編》，卷494	以趙君錫等將公使庫寄納官錢借使之故
	元符二年二月乙未	少府少監分司南京趙君錫卒	《續資治通鑑長編》，卷506	趙君錫卒
馬默	紹聖四年二月庚辰	落寶文閣待制，依前官管勾南京鴻慶宮，單州居住	《續資治通鑑長編拾補》，卷14	
顧臨	紹聖四年二月庚辰	落天章閣待制，依前官管勾洪州玉隆觀，饒州居住	同上，卷14	
	元符二年四月辛卯	朝請大夫、管勾玉隆觀顧臨卒	《續資治通鑑長編》，卷509	顧臨卒

（續）

姓名	時代	黜降情況	資料出處	備註
王汾	紹聖四年二月庚辰	落寶文閣待制，依前官致仕	《續資治通鑑長編拾補》，卷14	
趙峝	紹聖四年二月庚辰	追職並兩官及遺表恩例	同上，卷14	
	崇寧元年五月乙亥	贈太中大夫趙峝追所贈官，已上告身並追毀	同上，卷19	
杜純	紹聖四年二月庚辰	追職遺表恩例	同上，卷14	
李周	紹聖四年二月庚辰	追貶唐州團練副使	同上，卷14	
安燾	紹聖四年閏二月壬寅	落觀文殿學士，依前官差遣如故	同上，卷14	
王覿	紹聖四年閏二月壬子	朝奉郎、守太府少監，分司南京、通州居住王覿改送袁州居住	同上，卷14	
	元符元年十月戊子	詔王覿特責授鼎州團練副使，澧州安置	《續資治通鑑長編》，卷503	
王珪	紹聖四年夏四月	追貶王珪	《皇朝編年綱目備要》，卷24	
歐陽棐	元符元年十月壬寅	詔朝請郎、秘閣校理、權知潞州歐陽棐落職	《續資治通鑑長編》，卷503	以棐朋附元祐大姦之故

（續）

姓名	時代	黜降情況	資料出處	備註
	崇寧元年五月乙亥	朝奉大夫、知蔡州歐陽棐，落直秘閣，差遣依舊	《續資治通鑑長編拾補》，卷19	
王鞏	元符元年十一月癸丑	詔朝散郎王鞏特追毀出身以來文字，除名勒停，送全州編管	《續資治通鑑長編》，卷504	以在元豐末、元祐中累上書議論朝政，欲盡變先朝法度之故
	崇寧元年五月乙亥	朝散郎王鞏，送吏部與合入差遣	《續資治通鑑長編拾補》，卷19	
張保源	元符元年十一月癸丑	特勒停，仍展三期敘，於峽州居住	《續資治通鑑長編》，卷504	
	崇寧元年五月乙亥	通直郎張保源，送吏部與合入差遣	《續資治通鑑長編拾補》，卷19	
韓忠彥	元符二年正月庚申	資政殿學士、太中大夫、知大名府韓忠彥降一官	《續資治通鑑長編》，卷505	
王存	元符二年正月庚申	資政殿學士、右正議大夫致仕王存降一官	同上，卷505	
	崇寧元年五月乙亥	贈右銀青光祿大夫王存追所贈官	《續資治通鑑長編拾補》，卷19	
湯戫	元符二年正月庚申	詔湯戫除名，送新州編管，永不放還	《續資治通鑑長編》，卷505	以元祐中上書，乞除楊王為左僕射之故

（續）

姓名	時代	黜降情況	資料出處	備註
	崇寧元年五月乙亥	陳州別駕湯減，更不收敘	《續資治通鑑長編拾補》，卷19	
祝望	元符二年正月庚申	祝望杖脊，配朱崖軍	《續資治通鑑長編》，卷505	以元祐中上書，乞用楊王為師，荊王為保之故
陸佃	元符二年正月乙丑	朝散郎、知海州陸佃及集賢殿修撰、知蔡州	同上，卷505	以佃係元祐餘黨之故

第六章
結論

　　透過以上幾個案例，筆者仔細蒐羅相關史料，進而條分縷析，針對每個議題，詳加梳理其間的始末、經過、發展與衍生的影響，對於北宋著稱於史冊的文字之禍，已可見其梗概，而從中可以看出一些探討的結果，以下分述之：

一　黨爭與「文禍」、「學禁」之關係

　　本文前三章，透過三個案例探討北宋的文字之禍，關於文禍的性質，其一，蘇軾的「烏臺詩案」，乃屬於新黨報復舊黨而發。此因神宗支持王安石變法，舊黨官員認為此乃盡改祖宗之制，又新法多不便於民，但在無力改變上意的情況下，多數舊黨官員或遭受罷黜，或自請外任，大致都離開朝廷的權力核心，於是神宗與王安石乃多用「儇慧少年」[1]，即蘇軾所謂的「新進」[2]之士，而王安石在「擇術為先」[3]的考量下，這些新銳多無真正的才德，以他們來執政，自然流弊

1　見元・脫脫等撰，楊家駱主編：《宋史》（臺北：鼎文書局，1994 年 6 月第 8 版，第 13 冊），卷 327，〈王安石傳〉，頁 10551。

2　見宋・蘇軾撰、明・茅維編，孔凡禮點校：《蘇軾文集》（北京：中華書局，1986 年 3 月第 1 版，2008 年 7 月第 7 次印刷，第 2 冊），卷 25，〈上神宗皇帝書〉云：「今議者不察，……招來新進勇銳之人，以圖一切速成之効，未享其利，澆風已成。」頁 738。

3　見《宋史》第 13 冊，卷 327，〈王安石傳〉載：「熙寧元年四月，始造朝。入對，帝問為治所先，對曰：『擇術為先』。」頁 10543。

叢生。面對「新法」創造出來的「新政」，多有弊害，對蘇軾來說，
如其所云：「其後臣屢論事，未蒙施行，乃復作為詩文，寓物托諷，
庶幾流傳上達，感悟聖意。」[4]然而此舉，既使神宗不悅，更使新黨官
員憤恨，於是羅織文字構陷，欲入蘇軾於罪，更希望藉此機會，將與
蘇軾有往還文字的舊黨人士，以「朋黨」之名罪之，期以一網打盡，
其後，果然有二十餘人牽連罹禍，遭受輕重不一的責罰，在這場詩禍
中，新、舊黨爭的痕跡，明顯可見。

　　其二，蔡確的「車蓋亭詩案」，乃屬於舊黨報復新黨所致。此因
新黨蔡確在神宗駕崩後，仍以顧命大臣擔任上相，然而在舊黨人士的
眼中，蔡確是個貪權固位、罪惡多端的小人，因此，舊黨在宣仁太后
的支持下回朝秉政後，即視蔡確為新黨首惡，亟欲逐之，但朝廷猶豫
不決。正逢時知漢陽軍吳處厚與蔡確有怨，故箋釋其詩上奏，言其語
涉譏訕；舊黨得其奏章，則手舞足蹈，執以為詞，交章論奏，欲置蔡
確於死地，最後又引出蔡確曾宣稱自己有「定策功」之事，大大激怒
宣仁太后，遂作出遠謫嶺南的重懲；隨後，與蔡確有關之新黨人員也
一一遭受貶竄，在這場詩禍中，新、舊黨爭的痕跡，亦顯而易見。

　　其三，蘇軾的「策題之謗」，乃屬於舊黨分裂相攻所致。此因哲
宗即位後，宣仁太后攝政，舊黨紛紛復召回朝，原是群賢畢集的榮
景，然而，因政治觀點的差別，造成蘇軾與司馬光異論，隨之，朔、
蜀兩黨齟齬不合；又因學術涵養所形成的人格傾向與行事作風的歧
異，造成蘇軾與程頤失歡，隨之，洛、蜀兩黨更是水火不容；而洛、
朔兩黨因為在學術與政治方面多有契合之處，遂形成洛、朔兩黨夾擊
蜀黨的局面。在司馬光故後的哲宗元祐年間，同屬舊黨的洛、蜀、朔
三黨交攻不已，蘇軾在元祐元年（1086）末及元祐二年（1087）末兩

---

[4]　見《蘇軾文集》第3冊，卷29，〈乞郡箚子〉，頁827。

次撰試館職策題，皆被洛、朔兩黨臺諫招摭為詞，論奏不已，致使蘇
軾不安於朝，屢乞外補，蜀黨成員也紛紛被彈奏黜降，這是被南宋‧
呂中視為難以辨其是非的「君子相攻」[5]，雖同是君子，但「朋黨」相
攻的痕跡，亦不難見也。

　　至於哲宗與徽宗親政後所形成的「元祐黨禍」，基本上是屬於
新、舊黨爭下的產物，但有所差異的是，「紹聖之禍」乃哲宗與新黨
人士共同報復舊黨所致，是典型的新、舊黨爭；至於「崇寧黨禁」，
則是在蔡京的運作下釀製而成，此時已跨越新、舊黨爭的範疇，而成
為黨同伐異的惡劣鬥爭，因此，在蔡京的主持下三立元祐黨人碑，在
第三次的碑刻中，竟多達三百零九人，這其中除了元祐黨人之外，還
包括哲宗元符年間的上疏人，以及與蔡京不相容的新黨人士[6]。在這場
巨大的黨爭事件中，完全呈現出小人道長、君子道消的局勢，舊黨顯
得毫無還擊之力。

二　關於臺諫的角色

　　從以上各起文禍與學禁事件來看，可看出主導其事者多為臺諫

5　見宋‧呂中撰：《宋大事記講義》（臺北：臺灣商務印書館，1971年，《四庫全書》
　　珍本二集），卷20云：「嘗謂自古朋黨多矣，未有若元祐之黨難辨也。蓋以小人而
　　攻君子，此其易辨也；以君子而攻小人，此其黨亦易辨也；惟以君子而攻君子，則
　　知也難。元祐之所謂黨，何人哉？程曰洛黨，蘇曰蜀黨，劉曰朔黨。彼皆君子也，
　　而互相排軋。」頁3。

6　見明‧黃宗羲撰、清‧全祖望續修、清‧王梓材校補：《宋元學案》【見沈善洪
　　主編：《黃宗羲全集》（杭州：浙江古籍出版社，2005年1月第1版），第6冊】，
　　卷96，〈元祐黨案〉載全謝山〈又跋元祐黨人碑〉云：「臣等看詳黨人碑刻共有二
　　本，一本計九十八人，一本計三百九人，雖皆出於蔡京私意，而九十八者，係是崇
　　寧初年所定，多得其真。其後蔡京再將上書人及己所不喜者作附麗人，添入黨籍，
　　冗雜至三百九人。」頁715。

官員，他們以身為「天子耳目」[7]，掌控言責為由，對被迫害者進行彈劾。而臺諫有此權力，乃朝廷所賦予，正如《續資治通鑑長編》所載曾公亮曾言：「臺諫官自前許風聞言事。」而王安石亦曰：「許風聞言事者，不問其言所從來，又不責言之必實。若他人言不實，即得誣告及上書詐不實之罪，諫官、御史則雖失實亦不加罪，此是許風聞言事。」[8]臺諫被賦以風聞言事之特權的負面影響是很大的，它極大地助長了臺諫的攻詰好勝，摭人陰私之風氣，這種言事大權，就很容易為圖謀不軌的臺諫所利用來肆意攻擊彈劾政敵，極易掀動政朝，誘發黨爭，宋代黨爭迭起，與臺諫風聞言事特權的確立關係最大[9]。可見臺諫被賦予了無上的言論權力，「不責言之必實」，「雖失實亦不加罪」，蘇軾亦曾說：「自建隆以來，未嘗罪一言者，縱有薄責，旋即超升，許以風聞，而無官長，風采所繫，不問尊卑，言及乘輿，則天子改容，事關廊廟，則宰相待罪。」[10]因此，臺諫可恣意捕風捉影，羅織構陷，亦無罪責。在擁有如此的言論權力之下，就形成了他們鬥爭好勝的性格，如仁宗年間宰相劉沆即曾言：「自慶曆後，臺諫用事，朝廷命令之出，事無當否悉論之，必勝而後已。又專務抉人陰私莫辨之事，以中傷士大夫。執政畏其言，進擢尤速。」[11]可知臺諫官員的性格自仁宗朝已然如此，而後在一次次黨爭中，臺諫即扮演了黨同伐異、排擊政敵的角色，且不達目的，勢不罷休。正因如此，大多數官員都

---

[7]　見宋・李燾撰：《續資治通鑑長編》（北京：中華書局，2004年9月第2版，第8冊），卷206，英宗治平二年十月癸卯條，載呂誨言：「臺諫者，人主之耳目，中外事皆得風聞，蓋補益聰明以防壅蔽。」頁5004。

[8]　見《續資治通鑑長編》第9冊，卷210，熙寧三年夏四月壬午條，頁5106。

[9]　此論參考蔣啟俊撰：《元祐黨爭中的臺諫研究》（廣州暨南大學歷史學碩士論文，2006年5月），頁5。

[10]　見《蘇軾文集》第2冊，卷25，〈上神宗皇帝書〉，頁740。

[11]　見《續資治通鑑長編》第8冊，卷184，嘉祐元年九月癸卯條，頁4448。

對臺諫心存顧忌，蘇軾即曾感歎地說：「與臺諫為敵，不避其鋒，勢必不安。」[12]道出了一般人對臺諫勢力的畏懼。

　　以本文所探討的案例來看，臺諫的勢力也確實橫行其間，如在蘇軾的「烏臺詩案」事件中，身為臺諫的李定、舒亶、何正臣等人，尋章摘句，累上章疏，必欲正蘇軾訕上的罪名，而當時的直舍人王安禮乘間進諫，欲救蘇軾時，神宗的回應是：「朕固不深譴，特欲申言者路耳。」[13]可看出就連皇帝也保障了臺諫論奏的權力。或如蔡確的「車蓋亭詩案」中，臺諫官員執吳處厚箋釋蔡確詩涉譏謗的奏章，就連章累疏要朝廷明正其罪；但朝廷一開始並未僅憑諫官論奏的片面之詞，即將蔡確根勘治罪，而是一方面，「詔令蔡確開具因依，實封聞奏」，一方面，「令知安州錢景陽繳進確元題詩本」[14]，以辨其是非；但左諫議大夫梁燾則力爭曰：「蔡確譏訕罪狀明白，便當付獄，不須更下安州取索原本及令確分析。」[15]可說是已主觀認定蔡確罪證確鑿，無須其他佐證，即欲正其罪責。又如蘇軾的「策題之謗」事件，洛、朔兩黨摭蘇軾所撰試館職策題之文有譏諷祖宗之意，而交章論奏蘇軾，欲明正其罪；但宣仁太后始終認定蘇軾非是譏諷祖宗而不欲治罪，此時御史中丞傅堯俞及侍御史王巖叟皆在簾前與宣仁太后一來一往，針鋒相對，糾纏不休，毫無畏避，充分展現出臺諫「必勝而後已」、不達目的則不罷休的纏訟性格。

　　臺諫在黨爭中，可謂扮演著打手的角色，無怪乎執政黨、乃至皇帝都重視臺諫的人員安排，如在蘇軾的「烏臺詩案」事件中所述，神

12　見《蘇軾文集》第 2 冊，卷 28，〈乞罷學士除閑慢差遣箚子〉，頁 817。

13　見《續資治通鑑長編》第 12 冊，卷 301，元豐二年十一月庚申條，（案：此段所引乃據田畫〈王安禮行狀〉所載。）頁 7336。

14　見《續資治通鑑長編》第 17 冊，卷 425，元祐四年四月辛亥條，頁 10277。

15　見《續資治通鑑長編》第 17 冊，卷 425，元祐四年四月戊午條，頁 10282。

宗為對李定不次拔擢，欲封其為監察御史裏行，在這當中，知制誥宋
敏求、蘇頌、李大臨三直舍人，為維護朝廷用人體制，拒絕起草詔書
而封還制書，神宗竟不惜將三人皆罷黜，而恣意妄行。其後，神宗駕
崩，哲宗即位，宣仁太后攝政，隨即召司馬光與呂公著回朝，宣仁
太后詢問施政的先務，二人皆異口同聲「乞開言路」，並「乞備置諫
員」[16]，司馬光與呂公著此舉，即是想藉由掌控臺諫勢力，為廢除新法
及打擊新黨，先作人事上的安排。其後宣仁太后過世，哲宗親政，
自「元祐」過渡到「紹聖」，政黨又經歷一次輪替，轉由新黨執政，
而新黨執政的先務，誠如王夫之所云：「紹聖之所為，反元祐而實效
之也。」[17]亦即新黨重掌政權之際，其所作為，一如元祐之始，首先便
是確立國策，推翻前朝舊政，並援引同黨，掌控言路。其後，哲宗崩
逝，徽宗即位，向太后同聽政，朝廷人事又是一番革新，臺諫又轉由
偏向舊黨的豐稷、陳瓘、任伯雨、陳次升、陳師錫、龔夬、張庭堅等
人升任，藉由他們的彈劾，新黨成員又相繼被貶黜在外。而至徽宗親
政，蔡京專權，原舊黨臺諫及官員，又陸續被逐出朝廷。可見臺諫在
政治鬥爭中所扮演的重要角色，在本文案例的論述中，亦清晰可見。

三　關於皇帝的態度

　　在本文所述的案例中，可看出「文禍」、「黨禍」或「學禁」問
題之所以形成，以及後面的發展結果，其間，除了佞臣挑撥、臺諫論

---

[16] 《宋史》第13冊，卷336，〈司馬光傳・論〉曰：「（光）一旦起而為政，毅然以天
　下自任，開言路，進賢才。」頁10771。又《宋史》第13冊，卷336，〈呂公著傳〉
　曰：「哲宗即位，以侍讀還朝。太皇太后遣使迎，問所欲言。……又乞備置諫員，
　以開言路。」頁10775。

[17] 見明・王夫之撰：《宋論》（臺北：臺灣中華書局，1980年，影印四部備要本），卷
　7，〈哲宗〉，頁8。

奏的因素之外，最高統治者的意向，可說是最後的決定關鍵，當然，這是古代封建王朝所賦予君王最至高無上的權力使然，受迫害者之命運，幸與不幸，完全操控在君王的主觀意向上。以蘇軾的「烏臺詩案」來說，雖然臺諫論奏猛烈，必欲置之死地，蘇軾在被逮捕的過程中以及下獄後，基於無盡的惶恐，甚至幾度想自行結束生命[18]；至於神宗的態度，一開始，雖秉持「欲申言者路」的立場，使蘇軾的案件變成重大的「詔獄」事件，致使蘇軾感受到「自期必死」的絕望；然而，歷經一百多天的根勘，雖然御史臺列出罪狀甚明，但最後神宗還是「獨憐之」[19]，只是責授黃州團練副使安置，甚至數年後，神宗手扎移軾汝州，有曰：「人材實難，不忍終棄」[20]之語，這可說是蘇軾在這場詩禍中不幸中的大幸。

　　其次，以蔡確的「車蓋亭詩案」來說，雖然吳處厚想以公報私仇的方式消其二十年積怨，而其奏章也成功的被舊黨臺諫操作為傾軋蔡確的工具，連章累疏上奏其罪，期依《宋刑統》所議：「指斥乘輿」的「大不恭」之罪名，處以「斬刑」[21]；至於朝廷的態度方面，當時為

---

[18] 如《蘇軾文集》第3冊，卷32，〈杭州召還乞郡狀〉云：「（神宗元豐二年），時因賀謝表章，……臣得罪下獄。定等選差悍吏皇遵，將帶吏卒，就湖州追攝，如捕寇賊。臣即與妻子訣別，劉書與弟轍，處置後事，自期必死。過楊子江，便欲自投江中，而吏卒監守不果。到獄，即欲不食求死。」頁912。又宋・孔平仲撰，王根林校點：《孔氏談苑》（上海：上海古籍出版社，2001年12月第1版，《宋元筆記小說大觀》第2冊），卷1載：「（蘇軾）下御史獄，李定、舒亶、何正臣雜治之，侵之甚急，欲加以指斥之罪，子瞻憂在必死，嘗服青金丹，即收其餘，窖之土中，以備一旦當死，則并服以自殺。」頁2236。

[19] 《宋史》第13冊，卷338，〈蘇軾傳〉云：「（軾）……逮赴臺獄，欲置之死，鍛鍊久之不決。神宗獨憐之，以黃州團練副使安置。」頁10809。

[20] 見《宋史》第13冊，卷338，〈蘇軾傳〉，頁10809。

[21] 見《續資治通鑑長編》第17冊，卷426，元祐四年五月戊寅條載：「臣等早來延和殿進對，伏蒙聖諭，令具行遣比例條列密奏。臣等略具合用條法，及責降大臣故事如左：一、準〈名例律〉，「十惡」之六曰「大不恭」，注謂指斥乘輿，情理切害

宣仁太后攝政，對於蔡確詩涉訕上的案件，起初，宣仁太后「殊不怒」，但云：「執政自商量」[22]，似不甚著意此事；而後，在臺諫續奏之下，甚至「詔令蔡確開具因依，實封聞奏。」[23]給予蔡確自辯的機會；然則，之後卻因「梁燾自潞州召為諫議大夫，至京日，北過河陽，邢恕極論蔡確有策立勳，社稷臣也。諫官以恕之言論之，日益切。宣仁始怒焉，……遂促蔡相謫命。」[24]宣仁太后最後甚至祭出重懲，下詔：「蔡確責授英州（今屬廣東）別駕、新州（今屬廣東）安置。」而呂大防及劉摯等初以確母老，不欲令過嶺，太皇太后卻說：「山可移，此州不可移。」大防等遂不敢言。既於簾前畫可而退，范純仁復留身，揖王存進說，以為不宜置確死地，太皇太后不聽[25]。就因為宣仁太后的主觀堅持，蔡確遂遠謫嶺南，甚至於四年後卒於貶所[26]，不得善終也。

其次，以蘇軾的「策題之謗」來說，舊黨於哲宗元祐元年（1086）逐漸分裂為洛、蜀、朔三黨，然而，據蘇軾自言：「始論衙前差顧利害，與孫永、傅堯俞、韓維爭議，因亦與司馬光異論。光初不以此怒臣，而臺諫諸人逆探光意，遂與臣為仇。臣又素疾程頤之姦，未嘗假以色詞，故頤之黨人，無不側目。」[27]蘇軾在與司馬光、程

者。準〈職制律〉，指斥乘輿，情理切害者斬。」頁 10305～10307。

22　見《續資治通鑑長編》第 17 冊，卷 425，元祐四年四月辛亥條，引王鞏《隨手雜錄》所載，頁 10273。

23　見《續資治通鑑長編》第 17 冊，卷 425，元祐四年四月辛亥條，頁 10277。

24　見《續資治通鑑長編》第 17 冊，卷 425，元祐四年四月辛亥條，頁 10273。

25　以上引述見《續資治通鑑長編》第 17 冊，卷 427，元祐四年五月丁亥條，頁 10326。

26　《續資治通鑑長編》第 19 冊，卷 480，元祐八年正月甲申條，引王巖叟《舊錄》云：「吳處厚奏確〈車蓋亭詩〉，諫官吳安詩、劉安世、梁燾等相繼論確詩怨謗，……，坐誣投遐荒，……屢經赦罪，無不得省，獨確四年不得還。八年正月六日卒于貶所，年五十七，天下莫不冤之。」頁 11415～11416。

27　見《蘇軾文集》第 3 冊，卷 32，〈杭州召還乞郡狀〉，頁 913。

頤失合之後，遂引發洛、朔兩黨臺諫滋生事端，屢攻蘇軾，元祐元年（1086）末與元祐二年（1087）末，蘇軾兩次所撰的試館職策題，即被洛、朔兩黨臺諫執以為詞，謂有譏諷先帝之意，欲正其罪。而當時攝政的宣仁太后，因始終認為蘇軾並無譏諷祖宗之意，因此不欲治罪，隨後，雖經臺諫官員糾纏彈奏，甚至於簾前針鋒相對，但宣仁太后終究堅持主觀認知，不以蘇軾有罪，方使蘇軾能在此事件中全身而退。這是蘇軾在北宋兩次文字之禍中，再度的蒙恩。

至於在哲宗親政的「紹聖、元符」年間，與徽宗親政的「崇寧」年間，元祐舊臣屢遭黨禍，也是皇帝的主張使然。雖然在這當中有佞臣進讒言的因素，如《宋元學案・元祐黨案》載：「（紹聖元年三月），試進士李清臣發策，有誅元祐諸臣議，……自是紹述之論大興。」[28]然而，這也正是契合了哲宗的心志，如《宋元學案・元祐黨案》即載：「哲宗心惡元祐宰執」[29]，而後，乃有「紹聖之禍」的產生。至於徽宗親政，雖然也有「（曾）布獨當國，漸進『紹述』之說」[30]的因素，但同樣也有徽宗主觀意見使然，據曾布寫給其弟曾肇的信中所言：「元祐之人，持偏如故，凡論議於上前，無非譽元祐，而非熙寧、元豐，欲一切為元祐之政，……致上意憤鬱，日厭元祐之黨。」[31]未幾，徽宗即對曾布說：「元祐小人，不可不逐。」[32]而後蔡京專政，乃有「崇寧黨禁」之禍。

28　見《宋元學案》第6冊，卷96，〈元祐黨案〉，頁708。

29　同前註，頁709。

30　見《宋史》第17冊，卷471，〈姦臣一・曾布傳〉，頁13716。

31　見《續資治通鑑長編拾補》第2冊，卷17，建中靖國元年七月壬戌條，頁640。

32　見《續資治通鑑長編拾補》第2冊，卷18，建中靖國元年九月己未條，頁657。

四　本文案例之間的關連

　　本文所選擇之議題，皆是曾經引發北宋朝廷議論喧騰的案例，乍看之下，它們彼此雖是獨立的事件，但其中實隱含著或深或淺的關連。蓋從神宗「厲精圖治，將大有為」[33]開始，重用了王安石以推行新法，當時舊黨大臣罷黜殆盡，新黨主持政權，然則，舊黨人士雖離開朝廷權力核心，但對於弊端叢生的新法，不免腹非言毀，而新黨為維護新法、固持政權，於是箝制言論，對於異議人士，自然憤恨不已。蘇軾作為敢言之士，王安石既「素惡其議論異己」[34]，蘇軾又曾以詩得罪「新進」李定，於是蘇軾成為新黨攻擊的眾矢之的，「烏臺詩案」的引發，可說是正式標幟著新、舊兩黨鬥爭中，以文字罪人的開端，不僅蘇軾被冠以「指斥乘輿」的「大不恭」罪名，最後雖蒙神宗恩賜，免以死罪，但也遭受責降黃州的罪罰；而其他舊黨人士，也以收受、或與蘇軾有往還文字之故，被指為「朋黨」，而受到輕重不一的黜降或責罰。

　　至於蔡確，《宋史》本傳載其「既相，屢興羅織之獄。」[35]著稱的例子，如宋・王明清《揮麈錄・後錄》所載：「汪輔之，……熙寧中，為職方郎中廣南轉運使。蔡持正為御史知雜，摭其謝上表有『清時有味，白首無能。』以謂言涉譏訕，坐降知虔州以卒。……興東坡之獄，蓋始于此。」[36]綜合《宋史》傳及《揮麈錄・後錄》所載，可知

33　見《宋史》第1冊，卷16，〈神宗本紀三・贊語〉，頁314。

34　見《宋史》第13冊，卷338，〈蘇軾傳〉，頁10802。

35　以上所引蔡確事，俱見《宋史》第17冊，卷471，〈姦臣一・蔡確傳〉，頁13698～13699。

36　見宋・王明清撰，穆公校點：《揮麈錄・後錄》（上海：上海古籍出版社，2001年12月第1版，《宋元筆記小說大觀》第4冊），卷6，頁3694。

蔡確素行不良，頗有羅織他人入罪的行事風格；此外，以文字罪人，蔡確可謂善啟其端，神宗元豐年間，蘇軾以〈湖州謝上表〉遭罹烏臺詩禍，竟以此為端。然而諷刺的是，在新、舊黨爭的大背景之下，哲宗即位之後，蔡確雖以顧命大臣身居上相之位，卻免不了舊黨將其視為新黨首惡而勢必除之的命運。「車蓋亭詩案」對蔡確來說雖是一場預料不到的意外，但同樣被舊黨臺諫操作為具有「指斥乘輿」的「大不恭」罪名，但與蘇軾不同的是，蔡確最後受到宣仁太后的重懲，遠竄嶺南，並於四年後卒於貶所。

　　由於蔡確與其他新黨人士在哲宗元祐年間，因「車蓋亭詩案」受舊黨迫害，貶竄不一，致使新黨懷恨在心，意圖伺機報復。果然不過數年，舊黨所仰賴的宣仁太后即於元祐八年（1093）九月崩逝，舊黨頓失依靠。而哲宗親政之後，由於心中早具紹述父志之意，而宣仁太后在攝政時期又遲遲不還政於哲宗，致使哲宗銜恨不已，再加上「哲宗心惡元祐宰執」[37]，綜合種種因素，於是哲宗正式親政後，隨即復用熙、豐新黨，其後，對元祐舊臣一波波的報復行動便隨之而來，在懲處元祐舊臣的諸多罪名中，針對他們曾經迫害蔡確一事，也是哲宗與新黨人士所重視的罪狀之一。因此可以說，蔡確的「車蓋亭詩案」，是導致「紹聖之禍」的原因之一。

　　此外，哲宗元祐初年，舊黨分裂相攻，進而產生了蘇軾的「策題之謗」事件，乍看之下，這是一樁舊黨自相攻擊非毀的事件，但沒想到一場意氣之爭，竟彼此纏鬥多年，可說是兩敗俱傷，正如《宋史紀事本末》引張溥之語所說：「洛、蜀交攻，遂分二黨，六七年間，廢罷不一，終宣仁清明之世，竟未施用，海內惜之。」[38]文中扼要的敘說

37　見《宋元學案》第6冊，卷96，〈元祐黨案〉，頁709。

38　見明・陳邦瞻撰：《宋史紀事本末》（臺北：三民書局，1973年4月再版），卷45，〈雒蜀黨議〉，頁353。

了哲宗元祐年間洛、蜀相爭的政治局勢。誠然，隨著各黨政治勢力的消長起伏，而各黨成員也隨之在宦海中載浮載沉，六、七年間，黜陟不一。

《宋史紀事本末》又說：「洛、蜀之議，呂公著等所痛，章惇等所快也。文章、理學，百代共師，而萁然豆泣。……元祐君子之失，未有大於此者。」[39] 文中惋惜著由程、蘇之爭進而衍生的洛、蜀黨爭，這種讓親者痛、仇者快的鬥爭，喪失了政治的正面意義，徒讓小人有機可乘而已，正如《宋元學案》所說：「洛、蜀相持，使小人收漁人之利，只是見不明也。」[40] 錢大昕《潛研堂文集》也說：「洛、蜀之隙，其端至微，而光庭與賈易首先攻蘇，以致朋黨之說，牢固而不可解，久之為姦臣藉口，遂成一網打盡之局。……其禍乃至如是之烈。」[41] 據此也可以說，元祐年間，洛、蜀、朔三黨的鬥爭，直接引發了蘇軾的「策題之謗」事件，然而，彼此的「朋黨」之爭，遂被新黨指以為藉口，間接的導致了日後哲宗與徽宗親政後所興發的「元祐黨禍」。是故，本文所探討的幾個議題，彼此間實存在著複雜的因緣關係。

五 「文禍」與「學禁」的比較與影響

北宋時期，發生了幾起個人重大的「文禍」事件，至哲宗、徽宗時期，更發展為嚴酷的群體「學禁」，這兩者之間有其異同。從相同的層面來說，兩者皆是出自於政治鬥爭使然，儘管發生的原因不盡相

---

39 同前註，頁354。

40 見《宋元學案》，第4冊，卷30，〈劉李諸儒學案〉，評朱光庭語，頁335。

41 見清‧錢大昕撰，呂友仁校點：《潛研堂集》（上海：上海古籍出版社，2009年1月第2版），卷2，頁34。

同，然而皆屬黨爭之下的產物則無庸置疑。至於相異之處則甚多，以下試析之：

首先，從涉及的人數來說，「文禍」多屬個人事件，其初皆以特定對象為主，如「烏臺詩案」及「蘇軾策題之謗」皆專為蘇軾而發；「車蓋亭詩案」亦專為蔡確而發，首當其衝者，皆為其本人，隨後，雖有同黨、同志被牽連罹禍，但相對屬於少數。至於「學禁」則屬群體事件，牽連之人員多不勝數，如北宋哲宗、徽宗時期所施行的「元祐學術之禁」，所禁者即泛指廣義概念的元祐黨人之學術，而所謂「元祐黨人」所指何人也？據相關史料所載，北宋徽宗崇寧年間曾三度下詔立黨人碑，三次所籍人數不一，最多一次，人數多達三百零九人，因此，群體「學禁」所涉及的人員是不勝枚舉的。

其次，從影響的時間上來說，「文禍」因涉及的對象少，只要將特定對象處置，事件則自然逐漸平息，朝廷基本上並不甚措意於此，因此其影響的時間亦相對為短。至於「學禁」則因涉及群體事件，可說是執政階級某種意識型態的作祟，因此朝廷的舉措亦相對為廣、為大，如起自北宋哲宗紹聖時期，終至徽宗宣和時期所施行的「元祐學術之禁」，直至欽宗即位才正式解除學術之禁，前後長達二十餘年，影響之時間可謂長矣。

其次，從政治影響上來說，「文禍」因多屬個人事件，牽連範圍小，因此，所引發的政治浪花可說是短暫而輕微的，所凸顯的只是被迫害者個人坎坷的政治命運而已；至於「學禁」則因屬群體事件，牽連範圍大，因此，所引發的政治波濤則是巨大而洶湧的，所凸顯的是被迫害黨派所承受撲天蓋地而來的政治黨禍，凡罹禍之人，不僅生者竄逐，死者亦難逃追貶命運，甚至刻石立籍，使黨人承受「姦黨」、「逆黨」或「不忠之臣」的歷史污名的烙印。

再者，從學術的影響上來說，兩者更可說是難以相提並論，「文

禍」的產生，基本上只是限於作者某一部分的文字內容所招致的禍
患，其人或因此而遭受政治迫害，但基本上並無礙於其學術的發展與
流傳，對整體的宋代學術文化而言，其影響是微小的。然而「學禁」
的實施，則影響至鉅，以元祐學禁的影響來說，在朝廷禁錮元祐學術
長達二十餘年的期間裡，許多文人才士的文學創作或學說思想理論，
由於被禁止流傳甚至被焚毀，於是其間多少的創作心血、智慧精華便
因此被埋沒或亡佚不全，甚而殘毀殆盡，其中許多文化內容，即因此
而湮滅於浩劫之中不復可見，實為中國學術文化的一大損失！此外，
在元祐學術被禁錮的期間裡，朝廷不准施行元祐學術政事；任官之
時，也勿以學元祐學術之人充任；至於學校，更不許以元祐學術政事
聚徒傳授，否則必罰無赦。從朝廷的這些舉措來看，無非是想徹底否
定所謂「逆黨」的一切思想學問和政事，避免其繼續影響人心，這幾
乎可視為中國學術文化的一場大災禍，在那段空窗時期，所產生學術
文化的斷層影響，是難以彌補和接續的。因此，若從「文禍」與「學
禁」的輕重關係來看，「學禁」的影響層面自然是更廣且深的。

　　藉由本文的探討，可清楚看到在北宋中後期，新、舊兩黨更迭
執政之時，兩黨皆互以文字作為政治交爭的工具。從文禍的層面來
說，雖然舉發者，有為維護政黨利益而發者，如「烏臺詩案」；有為
個人之私怨而發者，如「車蓋亭詩案」；有為黨人同志報復而發者，
如「蘇軾策題之謗」，舉發文禍之成因雖有所不同，然則，其後皆演
變成休戚相關之黨人同志以此為藉口，大張旗鼓，群起而攻之的現
象，而其人多屬臺諫官員，藉以掌控言責為由，對被迫害者進行彈
劾。至於其手段，多屬於斷章取義，藉題發揮，穿鑿附會，甚至深文
周納，必欲將對方羅織入罪而後已。而臺諫慣用之手法，即往往將文
字之害，上綱至「謗訕君親」之深意，使權禍者難以辯駁，而被置於
「指斥乘輿」、「情理切害」、「罪無可赦」之境地，以至於難以全身

而退。而在迫害政敵的過程中，臺諫官員的行動上多是屬於纏鬥不休的，一方面揣度上意，一方面左右上意，對於被迫害者之責罰若屬輕微，以為不足以洩恨，則往往進而交章彈奏，論列不已，甚至面爭於廟堂，不達目的，即不肯罷休。而值得注意的是，臺諫官員們彈劾文禍對象，不僅幾欲置之死地，甚至往往牽連無辜，包括其黨人同志、親朋好友、家族子孫等，皆多責以連坐之罪，顯現出黨禍牽延的範圍既廣且深，尤其「元祐黨禁」的禁令更顯嚴酷，往往除了自身遭禍之外，也牽連子孫，詔書常有：「諸子並勒停，永不收敘」[42]之令，探析其意，不外乎是想藉此根除對立黨之在朝勢力，使其永無翻身之地。

在本文論述的過程中，實呈現了宋代文人士大夫及其學術思想在當時黨爭的衝擊之下所承受的殘酷面向，因此，宋代的黨爭，雖然不明顯地展現在殘暴的殺戮上，然而，在思想文化層面上的扼殺，卻更呈現出深刻且劇烈的一面，這是後人回顧宋代歷史時所不應忽視的重要問題。

---

[42] 詳見本文「附錄」表格所載。

參 考 文 獻

古籍
（依《四庫全書》四部次序排列）

經部

《十三經注疏·毛詩正義》漢·毛亨傳、漢·鄭玄箋、唐·孔穎達等
　　正義（臺北：藝文印書館，1993年9月第12次印刷）
《十三經注疏·尚書正義》漢·孔安國傳、唐·孔穎達等正義
　　（臺北：藝文印書館，1993年9月第12次印刷）
《十三經注疏·論語注疏》魏·何晏等注、宋·邢昺疏
　　（臺北：藝文印書館，1993年9月第12次印刷）

史部

正史類

《漢書》漢·班固撰（臺北：鼎文書局，1995年1月第8版）
《舊唐書》後晉·劉昫等撰（臺北：鼎文書局，出版年月不詳）
《宋史》元·脫脫等撰（臺北：鼎文書局，1994年6月第8版）

編年類

《續資治通鑑長編》宋・李燾撰

　　（北京：中華書局，2004年9月第2版）

《宋本皇朝編年綱目備要》宋・陳均編

　　（臺北：成文出版社，1966年4月臺一版）

《宋宰輔編年錄》宋・徐自明撰，趙鐵寒主編

　　（臺北：文海出版社，1969年，《宋史資料萃編》第二輯 ）

《續資治通鑑長編拾補》清・黃以周等輯注，顧吉辰點校

　　（北京：中華書局，2004年1月第1版，2008年7月第2次印刷，
　　第1冊）

紀事本末類

《資治通鑑長編紀事本末》宋・楊仲良撰

　　（臺北：文海出版社，1969年）

《宋史紀事本末》明・陳邦瞻撰

　　（臺北：三民書局，1973年4月再版）

雜史類

《戰國策》西漢・劉向集錄、東漢高誘注

　　（臺南：大孚書局，1993年6月初版）

《太平治蹟統類》宋・彭百川撰

　　（臺北：成文出版社，1966年4月臺1版，校玉玲瓏閣鈔本）

傳記類

《伊洛淵源錄新增》宋・朱熹編、明・楊廉新增

（京都：中文出版社出版；臺北：廣文書局印行，1972年5月初版）

《道命錄》宋・李心傳編（臺北：文海出版社，1981年6月第1版）

《宋元學案》明・黃宗羲撰、清・全祖望續修、清・王梓材校補

沈善洪主編：《黃宗羲全集》（杭州：浙江古籍出版社，2005年1月第1版）

目錄類

《欽定四庫全書總目》清・紀昀等纂

　　（臺北：藝文印書館，1997年7月初版）

史評類

《宋大事記講義》宋・呂中撰

　　（臺北：臺灣商務印書館，1971年，《四庫全書》珍本二集）

《宋論》明・王夫之撰

　　（臺北：臺灣中華書局，1980年，影印四部備要本）

《二十二史箚記》清・趙翼撰

　　（臺北：臺灣商務印書館，1968年12月臺一版，國學基本叢書）

子部

儒家類

《朱子語類》宋・黎靖德編

　　（臺北：文津出版社，1986年12月）

雜家類

《能改齋漫錄》宋・吳曾撰

　　（臺北：木鐸出版社，1982年5月初版）

《曲洧舊聞》宋・朱弁撰，王根林校點《宋元筆記小說大觀》第3冊

　　（上海：上海古籍出版社，2001年12月第1版）

《春渚紀聞》宋・何薳撰，鍾振振校點《宋元筆記小說大觀》第3冊

　　（上海：上海古籍出版社，2001年12月第1版）

《寓簡》宋・沈作喆撰

　　（上海：上海古籍出版社，1992年，《四庫筆記小說叢書》本）

《游宦紀聞》宋・張世南撰，張茂鵬點校《唐宋史料筆記叢刊》本

　　（北京：中華書局，1981年1月第1版，1997年12月第2次印刷）

《梁溪漫志》宋・費袞撰，金圓校點《宋元筆記小說大觀》第3冊

　　（上海：上海古籍出版社，2001年12月第1版）

《鶴林玉露》宋・羅大經撰，穆公校點《宋元筆記小說大觀》第5冊

　　（上海：上海古籍出版社，2001年12月第1版）

《貴耳集》宋・張端義撰，李保民點校《宋元筆記小說大觀》第4冊

　　（上海：上海古籍出版社，2001年12月第1版）

小說家類

《孔氏談苑》宋・孔平仲撰，王根林校點《宋元筆記小說大觀》第2冊

　　（上海：上海古籍出版社，2001年12月第1版）

《青箱雜記》宋・吳處厚撰，尚成校點《宋元筆記小說大觀》第2冊

　　（上海：上海古籍出版社，2001年12月第1版）

《邵氏聞見錄》宋・邵伯溫撰，王根林校點《宋元筆記小說大觀》第2冊

　　（上海：上海古籍出版社，2001年12月第1版）

《邵氏聞見後錄》宋・邵博撰，王根林校點《宋元筆記小說大觀》第2冊
　　（上海：上海古籍出版社，2001年12月第1版）

《孫公談圃》宋・劉延世編
　　（上海：上海古籍出版社，1991年，《四庫筆記小說叢書》本）

《鐵圍山叢談》宋・蔡絛撰，李夢生校點《宋元筆記小說大觀》，第3冊
　　（上海：上海古籍出版社，2001年12月第1版）

《揮麈錄・第三錄》 宋・王明清撰，穆公校點《宋元筆記小說大觀》
　　第4冊（上海：上海古籍出版社，2001年12月第1版）

《桯史》宋・岳珂撰，黃益元校點《宋元筆記小說大觀》第4冊
　　（上海：上海古籍出版社，2001年12月第1版）

《清波雜志》 宋・周煇撰，秦克校點《宋元筆記小說大觀》第5冊
　　（上海：上海古籍出版社，2001年12月第1版）

集部

別集類

《范仲淹全集》宋・范仲淹撰、清・范能濬編集，薛正興校點
　　（南京：鳳凰出版社，2004年11月第1版）

《歐陽修全集》宋・歐陽修撰，李逸安點校
　　（北京：中華書局，2001年3月第1版，2009年1月第2次印刷）

《樂全集》宋・張方平撰
　　（臺北：臺灣商務印書館，1983年，影印文淵閣四庫全書第1104冊）

《嘉祐集箋註》宋・蘇洵撰，曾棗莊、金成禮箋註
　　（上海：上海古籍出版社，1993年3月第1版）

《曾鞏集》宋・曾鞏撰（北京：中華書局，2004年11月第3次印刷）

《忠肅集》宋‧劉摯撰（北京：中華書局，2002年9月第1版）

《蘇軾文集》宋‧蘇軾撰、明‧茅維編，孔凡禮點校

　　（北京：中華書局，1986年3月第1版，2008年7月第7次印刷）

《蘇軾詩集合注》宋‧蘇軾撰、清‧馮應榴輯註，黃任軻、朱懷春校點

　　（上海：上海古籍出版社，2001年6月第1版，2009年8月第2次
　　印刷）

《蘇轍集》宋‧蘇轍撰，陳宏天、高秀芳點校

　　（北京：中華書局，1990年8月第1版，2005年5月第3次印刷）

《淮海集》宋‧秦觀撰，徐培均箋注

　　（上海：上海古籍出版社，1994年）

《石門文字禪》宋‧釋惠洪撰

　　（臺北：臺灣商務印書館，1965年，影印上海商務印書館縮印 江
　　南圖書館藏明徑山寺本，《四部叢刊》本）

《朱熹集》宋‧朱熹撰，郭齊、尹波點校

　　（成都：四川教育出版社，1996年10月第1版，1997年5月第2
　　次印刷）

《攻媿集》宋‧樓鑰撰

　　（臺北：臺灣商務印書館，1979年，影印上海商務印書館縮印武
　　英 殿聚珍版本，《四部叢刊》本）

《隱秀軒集‧昃集》明‧鍾惺撰《四庫禁燬書叢刊‧集部》第48冊

　　（北京：北京出版社，2000年，明天啟二年沈春澤刻本）

《潛研堂集》清‧錢大昕撰，呂友仁校點

　　（上海：上海古籍出版社，2009年1月第2版）

總集類

《二程集》宋‧程顥、程頤撰

（臺北：漢京文化事業公司，1983年9月第1版，《四部刊要》本）

詩文評類

《庚溪詩話》宋・陳巖肖撰

（臺北：新文豐出版社，1985年，《叢書集成新編》，百川叢書）

《石林詩話》宋・葉少蘊撰、清・何文煥編訂

（臺北：藝文印書館，1991年9月第5版，《歷代詩話》第8冊 ）

《宋詩紀事》清・厲鶚輯撰（上海：上海古籍出版社，20084月第2版）

其他

《宋刑統》宋・竇儀等撰，薛梅卿點校

（北京：法律出版社，1999年9月第1版）

《烏臺詩案》宋・朋九萬撰

（臺北：藝文印書館，1965～1971年，《百部叢書集成》函海本）

《捫蝨新話》宋・陳善撰收錄於宋・余鼎孫、余經集錄：《儒學警悟》

（臺北：藝文印書館，1965年，《百部叢書集成〈二〉》，第二冊）

近人著作
（依著作年代之先後次序排列）

《儒學之目的與宋儒之活動》日・諸橋轍次撰，唐卓群譯

（南京：國民印務局，1937年）

《中國文化史》柳詒徵撰（上海：上海書店，1990年）

《宋明理學概述》錢穆撰（臺北：臺灣學生書局，1977年4月）

《北宋黨爭研究》羅家祥撰（臺北：文津出版社，1993年11月初版）

《宋代文學通論》王水照主編（開封：河南大學出版社，1997年）

《蘇軾年譜》孔凡禮撰（北京：中華書局，1998年2月第1版）

《北宋文人與黨爭》沈松勤撰

　　（北京：人民出版社，1998年12月第1版）

《金明館叢稿二編》陳寅恪撰（北京：三聯書店，2001年）

《斯文：唐宋思想的轉型》美・包弼德撰

　　（南京；江蘇人民出版社，2001年1月第1版）

《北宋新舊黨爭與文學》蕭慶偉撰

　　（北京：人民文學出版社，2001年6月第1版）

《宋學的發展和演變》漆俠撰（石家莊：河北人民出版社，2002年）

《朱熹論三蘇之學》涂美雲撰

　　（臺北：秀威資訊科技，2005年9月第1版）

《宋代的學術和制度研究》金中樞撰

　　（臺北：稻鄉出版社，2009年6月初版，第8冊）

《宋代政治與文學研究》沈松勤撰

　　（北京：商務印書館，2010年10月第1版）

期刊論文
（依著作年代之先後次序排列）

〈元祐蜀洛黨爭和蘇軾的反道學鬥爭〉何滿子撰

　　（《松遼學刊》，1984年第2期）

〈論蘇軾與理學〉夏露撰（載《河北學刊》，1987年第1期）

〈「烏臺詩案」前後的蘇軾〉楊勝寬撰

　　（《宜賓師專學報》，1993年第1期）

〈「烏臺詩案」與宋代法制〉殷嘯虎撰（《法治論叢》，1993年第5期）

〈車蓋亭詩案平議〉蕭慶偉撰 （《河北大學學報》，1995年第1期）

〈蘇軾「烏臺詩案」述評〉何正泰撰

　　（《四川教育學院學報》，2001年8月第17卷）

〈烏臺詩案與蘇軾「以詩托諷」〉周寶榮撰

　　（《史學月刊》，2008年第10期）

〈從元祐黨爭看蘇軾學禁及其發展〉涂美雲撰

　　（《東吳中文學報》，2010年5月第19期）

〈北宋「烏臺詩案」起因管見〉蘇培安撰

　　（《貴州文史叢刊》，出版年月不詳）

學位論文

（依著作年代之先後次序排列）

《烏臺詩案研究》江惜美撰

　　（東吳大學中國文學研究所碩士論文，1987年4月）

《烏臺詩案研究》周克勤撰

　　（西南師範大學漢語言文學系碩士論文，2002年4月）

《蔡確研究》孫澤娟撰

　　（河北大學歷史學碩士論文，2006年6月）

《元祐黨爭中的臺諫研究》蔣啟俊撰

　　（廣州暨南大學歷史學碩士論文，2006年5月）

《劉摯與北宋中後期的黨爭研究》張欣撰

　　（河北大學歷史學碩士論文，2006年6月）

《蜀黨與北宋黨爭》李真真撰

　　（山東大學歷史學碩士論文，2007年4月）

史學研究叢書・歷史文化叢刊 0602001

北宋黨爭與文禍、學禁之關係研究

作　　者	涂美雲
執行主編	陳欣欣
編輯助理	游依玲

發 行 人　林慶彰

總 經 理　梁錦興

總 編 輯　張晏瑞

編 輯 所　萬卷樓圖書股份有限公司

　　　　　臺北市羅斯福路二段 41 號 6 樓之 3

　　　　　電話 (02)23216565

　　　　　傳真 (02)23218698

發　　行　萬卷樓圖書股份有限公司

　　　　　臺北市羅斯福路二段 41 號 6 樓之 3

　　　　　電話 (02)23216565

　　　　　傳真 (02)23218698

　　　　　電郵 SERVICE@WANJUAN.COM.TW

香港經銷　香港聯合書刊物流有限公司

　　　　　電話 (852)21502100

　　　　　傳真 (852)23560735

ISBN 978-957-739-746-1

2019 年 6 月初版四刷

2017 年 8 月初版三刷

定價：新臺幣 460 元

如何購買本書：

1. 劃撥購書，請透過以下郵政劃撥帳號：

　　帳號：15624015

　　戶名：萬卷樓圖書股份有限公司

2. 轉帳購書，請透過以下帳戶

　　合作金庫銀行 古亭分行

　　戶名：萬卷樓圖書股份有限公司

　　帳號：0877717092596

3. 網路購書，請透過萬卷樓網站

　　網址 WWW.WANJUAN.COM.TW

大量購書，請直接聯繫我們，將有專人為您服務。客服：(02)23216565 分機 610

如有缺頁、破損或裝訂錯誤，請寄回更換

國家圖書館出版品預行編目資料

北宋黨爭與文禍、學禁之關係研究 / 涂美雲著

-- 初版.-- 臺北市 ：萬卷樓, 2012.01

　　面 ；　　公分

ISBN 978-957-739-746-1(平裝)

1.北宋史 2.朋黨之爭 3.宋詩

625.15　　　　　　　　　　　　　101001792